大学体育与足球训练实践研究

孙 雨 著

吉林大学出版社

·长春·

图书在版编目（CIP）数据

大学体育与足球训练实践研究 / 孙雨著. — 长春：吉林大学出版社，2024.3
　ISBN 978-7-5768-3117-7

Ⅰ. ①大… Ⅱ. ①孙… Ⅲ. ①足球运动－运动训练－教学研究－高等学校 Ⅳ. ①G843.2

中国国家版本馆CIP数据核字（2024）第073362号

书　　名：大学体育与足球训练实践研究
DAXUE TIYU YU ZUQIU XUNLIAN SHIJIAN YANJIU

作　　者：孙　雨
策划编辑：邵宇彤
责任编辑：李潇潇
责任校对：高珊珊
装帧设计：优盛文化
出版发行：吉林大学出版社
社　　址：长春市人民大街4059号
邮政编码：130021
发行电话：0431-89580036/58
网　　址：http://www.jlup.com.cn
电子邮箱：jldxcbs@sina.com
印　　刷：河北万卷印刷有限公司
成品尺寸：170mm×240mm　16开
印　　张：16.25
字　　数：227千字
版　　次：2024年3月第1版
印　　次：2024年3月第1次
书　　号：ISBN 978-7-5768-3117-7
定　　价：98.00元

版权所有　　翻印必究

前言

在当今的高等教育体系中，体育教学是促进学生全面发展的重要组成部分。作为"世界第一运动"的足球运动，以其独特的魅力和广泛的影响力，在大学体育中占据着十分重要的地位。足球对身体素质和技术技能有着较高要求，其深邃的文化内涵和激烈的竞技特性深受全世界人民的喜爱。对于大学生而言，足球运动能够提升学生的身体素质，丰富他们的精神生活，促进身心健康发展。因此，足球教学与训练应坚持"健康第一"的体育意识，以"终身体育"的教育观念为指导，不断提升学生的身体素质和专业技术水平，为促进我国足球事业健康发展贡献更多的力量。

本书分为理论基础篇、足球训练篇、技能提升篇三大部分，共包括七章内容。第一章为大学体育概述，主要论述大学体育的概念、特征等内容。第二章重点研究运动训练的原则、方法和组织实施过程，并分析运动训练中常见的损伤及预防措施。第三章主要探讨足球运动的历史和文化背景，旨在揭示足球运动的本质和精神内涵。第四章为足球运动教学训练的理论基础，包括足球教学训练的总体思想与基本要求，旨在为后续章节提供必要的理论基础。第五章从基本功训练、技术教学、战术教学，以及身体素质和心理素质训练等维度入手，详细阐述如何具体实施足球教学与训练。第六章主要论述足球运动员运动技能的提升方法，包括球感、运动智力、战术意识及个性和团队精神的培养。第七章探讨足球游戏在教学中的应用、组合训练法在足球训练中的应用以及"以赛代练"在足球教学中的应用，旨在提供创新的教学和训练策略，以提高教学和训练的效果。

由于作者水平有限，文中疏漏在所难免，敬请广大读者、同人批评指正。

孙 雨

2023 年 11 月

目录

理论基础篇

第一章　大学体育概述　　3
　　第一节　大学体育的概念、特征与地位　　3
　　第二节　大学体育的基本教育理念　　14
　　第三节　大学体育的目的与功能　　29
　　第四节　大学体育的内容与形式　　39

第二章　大学体育中的运动训练　　46
　　第一节　运动训练的基本原则与主要方法　　46
　　第二节　运动训练过程及其组织实施　　58
　　第三节　运动训练中的损伤及预防　　68

足球训练篇

第三章　认识足球运动　　75
　　第一节　足球运动的起源与发展　　75

第二节　足球运动的特点与规律　　81
　　第三节　足球运动的主要赛事及其一般规则　　89

第四章　足球运动教学训练的理论基础　　96

　　第一节　足球教学与训练的总体思想　　96
　　第二节　足球教学与训练的基本要求　　99
　　第三节　足球运动员的生理特征与竞技能力　　109
　　第四节　足球运动训练的负荷安排及其措施　　119

第五章　足球运动教学训练的实践探索　　127

　　第一节　足球运动的基本功训练　　127
　　第二节　足球技术教学与系统训练　　135
　　第三节　足球战术教学与系统训练　　149
　　第四节　身体素质训练与心理素质训练　　175

技能提升篇

第六章　足球运动员运动技能的提升　　199

　　第一节　足球运动员球感的提升方法　　199
　　第二节　足球运动员运动智力的训练与实施　　206
　　第三节　足球运动员战术意识的培养　　213
　　第四节　球员个性和团队精神的培养　　222

第七章　足球运动教学与训练质量的提升　　232

　　第一节　足球游戏在足球教学中的应用　　232
　　第二节　组合训练法在足球训练中的应用　　237
　　第三节　"以赛代练"在足球教学中的应用　　243

参考文献　　249

理论基础篇

第一章　大学体育概述

大学时期，是青年学生身心迅速发展的重要阶段，也是形成终身运动习惯和健康生活方式的关键时期。在这一时期，体育扮演着不可或缺的角色，它会对学生的身体健康产生重要影响，是塑造学生全面人格和培养学生社会适应能力的重要途径。

第一节　大学体育的概念、特征与地位

一、大学体育的概念

大学体育，有广义和狭义之分。狭义的大学体育，指的是对普通大学生进行的体育活动，是大学教育的组成部分，是学校体育的最后一个阶段。广义的大学体育，是指普通高等学校组织实施的各项体育及相关活动，是大学生以身体练习为主要手段，通过合理的体育和科学的体育锻炼过程，旨在促进大学生身体健康，增强大学生身体素质，学习体育知识、技能，培养体育道德和提高体育素养的教育过程。[1]

按传统习惯认识理解大学体育，潘懋元认为，大学体育是促进大学生身体健康，增强大学生身体素质，学习体育知识、技能和培养体育道

---

[1] 西安交通大学体育中心. 大学体育与体质健康[M]. 西安：西安交通大学出版社，2020：8.

德的教育过程。[①]从教育和组织视角看，大学体育是学校教育体系的重要部分，是由学校组织和实施的体育活动，旨在满足全体学生的运动锻炼需求。这些活动除正规的体育课程之外，还包括课外锻炼、课余训练以及各类体育竞赛。大学体育承担着为国家培养体育后备人才的重要职责，因此，也是国民体育基础的重要组成部分。

大学体育在提高学生的身心健康和整体素质方面发挥着无可替代的作用，是实施素质教育和培养全面发展人才的必然要求。《中共中央 国务院关于深化教育改革全面推进素质教育的决定》明确指出："学校教育要树立健康第一的指导思想，切实加强体育工作。"因此，必须认识到大学体育在促进学生身心健康发展中的重要作用，积极落实"健康第一""立德树人"的教育方针，不断提高大学生的身心健康水平，为培养全面发展的高素质人才打下坚实基础。

二、大学体育的特征

大学体育，是高等教育课程体系中的重要组成部分，主要通过身体练习来促进学生身心的健康发展，是实施素质教育和培养全面发展人才的关键路径。大学体育是对传统体育教学的深化改革，以身体健康为主要培养目标。与其他体育形式相比，大学体育的特征为明显的教育性和教学性。在大学体育的过程中，教师发挥着主导作用，他们设计有计划的教学活动，指导学生进行系统的学习和锻炼。大学体育不只是传授给学生某种特定的体育技能，还需要对学生进行卫生保健知识教育。课堂教学和专门性辅导是大学体育的两种主要教学形式，而身体练习是实现教学目标的主要手段。大学体育教学在整个高校教育活动中既有与其他学科共通的教育理念和方法，又有其独特的特点。它不仅有助于促进学生身体素质的提升，还有助于促进他们心理健康的发展，对于培养学生的社会适应能力、团队合作精神和领导能力等方面也起着重要作用。因

---

① 潘懋元.新编高等教育学[M].北京：北京师范大学出版社，1996：245.

此，大学体育是培养现代社会所需全面发展人才的重要环节，关注学生整体素质和能力的培养。

具体而言，大学体育的特征主要包括以下几点。

（一）教育内容的广泛性

从内容上看，大学体育教学的内容非常广泛，不仅包括体育运动的基本知识和技能，还包括与学生生活和健康紧密相关的多个领域。如教育心理学、健康心理学、营养学、保健知识、安全教育以及环境意识等。这种全面的教学内容设计旨在为学生提供一个综合性的学习体验，帮助他们在多方面提升自己的知识和技能。在体育课上，学生有机会学习各种运动项目，如田径、篮球、足球、游泳等，并且接触到这些运动的战术和策略。这有助于提高他们的身体素质和运动技能，培养他们的团队合作能力和竞技精神。大学体育课堂的实施，离不开教育心理学、健康心理学等理论基础，掌握和学习这些理论知识，学生能够更好地理解运动对缓解压力、提升情绪、增强自信的重要性，并在面对竞技压力和团队互动时，能够更加有效地控制情绪和处理人际关系。

（二）认知方式的特殊性

从认知方式上看，在体育教学中，学生的认知活动并非局限于传统学科教学中常见的形象性认知和概念性认知，而是特有的身体运动性认知。学生在学习体育技能时，需要通过身体动作来认知和掌握这些技能。这种认知方式强调动作的学习和身体的协调性，是体育教学的独特之处。在一般的学科教学中，学生通过视觉和听觉的感知来获取和理解信息，这种方式侧重形象性和概念性的认知。例如，在阅读或听讲时，学生通过形象化的例子或理论概念来理解和记忆新知识。然而，在体育教学中，除了这些传统的认知方式，更强调的是身体运动性认知，即通过身体的感觉和动作来学习和内化运动技能。身体运动性认知是一种基于动作执行和身体经验的认知过程。在这个过程中，学生通过实际参与体育活动，如跑步、跳跃、掷球等，来感知和理解这些动作的机制和效果。这种认知方式强调的是"身体学习"，学生通过不断实践和体验来掌握运动技能，而不仅仅是通过理论学习。例如，当学生学习篮球投篮时，他们不仅需要理解投篮的理论知识，如手臂角度和力量控制，更重要的是通过反复实践来感知和调整自己的动作，直到能够准确投篮。这种学习过程是高度依赖身体感觉和运动执行的，学生需要通过身体的实际动作来调整和完善自己的技能。此外，身体运动性认知还涉及对身体状态和运动环境的感知。学生在运动过程中学会感知自己的身体状态，如呼吸、肌肉紧张度和疲劳感以及如何根据环境变化，如场地条件、对手动作等，调整自己的运动策略。因此，大学体育中的身体运动性认知是一种独特的学习过程，它强调通过身体动作和感觉经验来掌握运动技能。

（三）组织形式的复杂性

从体育教学活动组织形式上看，大学体育教学活动的组织形式通常是复杂和多变的。体育教学环境通常充满挑战，需要不断适应变化的情况。同时，体育活动中的人际交往非常频繁，情感体验也十分丰富。这些特点不仅有助于学生在体育技能上的提升，还对他们的个性心理、群体观念、社会意识和意志品质等方面产生广泛而深刻的影响。通过参与体育活动，学生能够在社交、情感处理、团队合作和心理韧性等方面获得显著成长。

在大学体育教学中，环境的复杂性主要体现在多样的教学场景和活动类型上。学生可能在室内体育馆、室外运动场或者是在自然环境中参与各种体育活动。这种多变的环境能够为学生提供不同的运动体验，也要求他们学会适应不同的条件并迎接不同的挑战。例如，在户外环境中进行的越野跑或登山活动，学生不仅要学习相关的运动技能，还需要学会如何应对不可预测的天气和地形。

另外，在体育活动中，学生需要与同伴、教练以及对手进行交流和合作。通过这些互动，他们能够提升运动技能，并在社交技能、团队合作和竞争意识上得到发展。例如，在团队运动如足球或篮球中，学生学习如何在团队中发挥作用，如何通过沟通和协作达成共同目标。

体育活动常常伴随着强烈的情感体验，如比赛中的紧张和兴奋、团队合作的喜悦，以及面对挑战时的挫败感和成就感。这些情感体验对学生的情感智力和心理韧性的培养具有重要作用，帮助他们学会如何管理和表达自己的情感，以及如何在压力下保持冷静和专注。此外，大学体育教学还会对学生的个性心理、群体观念、社会意识和意志品质产生深刻的影响。通过参与体育活动，学生能够更好地了解自己的个性特点，如领导能力、适应能力和抗压能力。同时，团队运动和竞技活动中的群体互动促进了他们对群体观念和社会意识的理解。面对体育活动中的挑战和困难，学生还能够培养坚韧不拔的意志和解决问题的能力。

大学体育需要学生的深度参与和积极实践，它不只是一种身体活动，更是促进学生全面发展的重要途径。在大学体育教学过程中，学生会面临着各种运动的挑战，要承受身体上的负荷，还要应对心理上的压力。适当的体验，有助于促进他们生理机能的提升和心理状态的优化。大学体育特别注重对学生进行适应性反应训练，教师在实施体育活动时，需要考虑学生当前的健康状况和能力。在特定的人文和体育环境中，学生可以培养和强化自己的意志力和心理韧性。此外，大学体育还承载着传递积极向上精神的重要使命。大学体育强调顽强拼搏和团结奋进的行为特征，这对于促进校园文化的建设也会产生积极的影响。通过参与体育活动，学生能够学会在挑战面前保持坚持和努力，同时学习到如何与他人进行协作，共同实现目标。

三、大学体育的地位

（一）大学体育与全面发展教育

全面发展教育是指教育者根据社会主义社会的政治经济要求和人的身心发展规律及特点，有目的、有计划、有组织地对受教育者实施的旨在促进人的素质全面、和谐、充分发展的教育。全面发展的教育是由德育、智育、体育、美育和劳动技术教育等部分构成的。[①] 高校体育之所以在学校教育体系中具有基础性和不可替代的地位，是因为它构成了德育和智育的物质基础。健康的身体是学生发展其他能力的前提，没有良好的身体，德育和智育的目标将难以实现。体育活动通过增强学生的身体素质，为他们的道德和智力发展提供必要的基础。从一定意义上看，高校体育能够加速德育、智育、美育的进步。例如，体育活动中的团队合作和公平竞争能够培养学生的责任感和合作精神，这些都是德育的重要组成部分。同时，运动对提高认知能力和学习效率具有积极影响，其能够在一定程度上促进智育的发展。而体育活动中的艺术性和审美要求，则与美育紧密相连。

1.体育与德育的关系

高等学校应负责培养学生的社会主义道德和意志品质，这一责任同样适用于体育领域。实际上，体育和德育是紧密相连的，它们共同促进大学生的全面发展，这两者在教育过程中是相辅相成的。体育活动不仅仅是提高学生体能的方式，更是培养和发展道德品质及完善个性的重要手段。通过体育活动，比如团队运动、竞技比赛等，学生不仅能够锻炼身体，还能学习到诸如团队合作、公平竞争、尊重他人等重要的道德价值。这些活动为学生提供了实践道德品质的机会，帮助他们在日常生活

[①] 赵靖.马克思人的全面发展理论和大学生全面发展教育研究[D].临汾：山西师范大学，2013：22.

中应用这些价值观。在高校的教育体系中,德育应该融入体育教学之中,这是因为体育活动可以为实现大学生思想品德教育提供独特且有利的条件。例如,在体育课程和运动实践中,教师可以引导学生理解并实践社会主义核心价值观,通过具体的运动活动来体现和强化这些价值观。

(1)高校体育内容丰富多彩,吸引大学生参与。大学生普遍具有上进心、好奇心、活泼和好动的心理特征,这使得他们更倾向于参加群体活动,尤其是体育活动。高校体育活动往往以集体为单位进行,如团队运动和集体锻炼,这符合大学生的心理特征,有助于促进他们之间的交流和团队精神的建立。通过参与各种体育活动,大学生不仅能够锻炼身体,提高体能,还能通过团队合作、竞技比赛等方式培养社交技能、团队意识和竞争意识。这些体育活动为大学生提供了一个展现个性、发展品德和加强思想教育的平台。

(2)高校体育活动多采用竞赛形式,激励大学生向上。在高校中,体育活动通常采用竞赛的形式,如全校运动会、系级和班级单项赛等。这些活动会进行评比和奖励优胜者,能够在一定程度上激发大学生的上进心和积极精神。竞赛形式的体育活动鼓励学生拼搏进取,培养他们奋发有为的态度。这些体育竞赛,可以让学生意识到个人的努力对于集体成绩的重要性。他们能够学会个人的付出和努力不仅关乎自身的表现,还直接影响到团队的成败。这种认识有助于培养学生的集体荣誉感和对集体贡献的责任感,进而在社会责任和团队合作方面获得成长。另外,对于在竞赛中表现优异的学生,给予的奖励不仅给他们带来精神上的满足感,还能增强他们的幸福感。这样的奖励机制能够激励学生更加积极地参与体育锻炼和进行技能培养,同时有助于提高他们对未来个人发展的期望和动力。

(3)高校体育以健康文明影响着大学生。由于大学生通常活泼、好动且精力旺盛,各类体育活动特别适合吸引他们的注意力,使他们的剩余精力得到积极运用。体育活动不仅是学生消耗多余精力、展现运动才能的途径，还是引导他们的竞争心态转变为积极正面心态的平台。在规则明确、公平竞争的体育竞赛中，大学生不仅要努力争取胜利，还要学会遵守规则。这种环境有助于锻炼他们的体能，并在无形中培养他们自我约束和自我控制的能力。通过参与体育活动，大学生能够在竞技和遵守规则之间找到平衡，这对于他们的全面发展和品格塑造具有显著的积极效果。体育活动的参与还有助于他们树立健康的生活观念，培养积极向上的生活态度，从而在他们的整体成长和发展中起到重要的促进作用。

2. 体育与智育的关系

体育和智育之间的关系是密切且互补的，而非对立的。在教育实践中，体育与智育的关系常被误解为一种矛盾，认为投入时间于体育锻炼会削弱学习效果。然而，从现代心理学和生理学的视角看，体育活动实际上对智育有着积极的推动作用。为了有效地学习科学文化知识和技能，学生需要保持身心健康，其包括充沛的体力、旺盛的精神和乐观的情绪。体育活动可以增强体力和改善精神状态，从而有助于大学生保持积极的思维方式，提高记忆力和增强想象力。在体育锻炼中，大学生不仅可以提升身体素质，还能通过运动调节情绪，增强集中注意力的能力，这些都是学习过程中不可或缺的要素。实际上，体育对智力发展的促进作用已经得到了越来越多的认可。适当的体育锻炼不仅不会影响学习，反而能够通过改善大脑供血和氧气供应减少压力和焦虑，提高大学生的学习效率和质量。

大学生在学习过程中的脑力劳动要求大脑皮层保持高度的活跃状态，这种状态在生理上需要充足的氧气供应。体育活动在这方面起到了关键作用，因为它能加速血液循环，增强心脏功能，从而改善大脑的供氧状况，提升大脑工作的效率。参与体育运动不仅对大学生的身体健康有益，还对他们的心理状况产生积极影响。通过体育活动，学生的心理和身体素质得到改善，应对压力和挑战的能力增强。这种综合素质的提升对大学生智力的发展极为有利，有助于他们更好地掌握科学文化知识和技能。因此，体育活动对大学生的学习和智力发展起到了重要的支撑作用。通过参与体育锻炼，大学生不仅能够保持身体健康，还能提高学习效率和认知能力，这对于他们在学术和个人发展方面都具有深远的影响。

3.体育与美育的关系

体育与美育之间存在着紧密的联系。通过参与各类体育活动，大学生不仅能够使身体的骨骼和肌肉得到均衡协调的发展，还能在体育运动过程中培养包括形态美、姿势美、动作美、仪表美、心灵美和高尚情操等多方面的美感。在体育活动中，大学生学习如何优雅地进行运动，如何保持良好的姿态和形体，这些都是形体美和姿态美的表现。同时，体育运动中的流畅动作、协调运动展现了动作美。除此之外，学生在体育活动中的仪表和行为也是体育美育的一部分，包括他们的穿着、举止和运动精神等。通过参与体育活动，学生对美的感知能力也会得到一定的提升，进而提升创造美、欣赏美、表现美的能力。学生通过体育活动，能够创造美丽的运动形态，学会欣赏和感受体育运动中的美。这种美的体验和认识有助于他们的审美观念和审美能力的提升。

大学体育与德育、智育、美育，四者共同促进学生的全面发展和协调进步。体育不仅是增强大学生身体素质的途径，更是培养具有积极思想、优良品格和卓越才智的新时代优秀学子的有效手段。高校教育的根本目的在于为社会的发展和进步培养出优秀的人才。在这一过程中，德育和智育显得至关重要，因为一个人的发展不仅需要良好的道德品质和广博的知识，还需要责任感和真才实学。这样的人才能够更好地服务于人民，为国家贡献力量，为社会主义的现代化建设做出更大的贡献。体育同样占据着重要的位置，强健的体魄和良好的健康状况是完成学业和转化知识渴望为实际行动的前提。只有拥有健康的身体，大学生才能够承受学习的艰辛，将对知识的追求转化为持续不懈的努力，最终成长为对社会主义事业有益的人才。因此，高校要充分重视体育的重要地位，以培养全面发展、高素质的学生为目标，为社会培养出更多全能型的优秀人才。

（二）大学体育与全民健身

大学体育是社会群众体育普及的基础，对于全民健身运动的发展具有显著的推动作用。全民健身运动也反过来影响和丰富大学体育，对其研究的深化和发展具有巩固和促进的效果。大学体育主要针对的是大学生这一群体，而这些学生未来将服务于社会，将在大学期间学到的先进知识和理念应用到社会实践中。同时，他们会将社会发展的现状和需求反馈给学校，从而形成一个良性的互动循环。因此，全民健身运动与大学体育之间存在着紧密且互补的联系。两者互相影响，相辅相成，共同推动着体育事业的发展。作为高等教育中的重要组成部分，大学体育与全民健身运动的结合能够促进其教学方法的改革和创新。

处于青少年时期的学生，他们的身体素质水平反映着民族身体素质水平。大学体育不仅对学生的身体健康有直接影响，也在培养他们的体育兴趣和终身运动习惯等方面发挥着重要作用。通过大学体育，学生能够学习到各种体育技能和知识，掌握一定的运动方法，进而推动全民健身运动水平的提高。因此，加强高校体育工作，积极引导大学生参与体育活动，不仅对大学生的身体发育有益，还有助于培养他们对体育锻炼的热爱，帮助他们养成运动的习惯。通过参与体育活动，大学生能够增强体质，提高自身的运动技能。这样的锻炼经历可以为他们日后的终身运动和健康生活打下坚实的基础。因此，大学体育也对提升整个民族的体质和素质，乃至国家未来的竞争力具有重要意义。

（三）高校体育与终身体育

自 20 世纪下半叶以来，社会革命和新科技革命极大地推动了人们生产和生活水平的提升。这种进步带来了对身体素质和休闲生活质量更高的要求，人们越来越追求愉悦、文明和健康的生活方式。同时，现代社会的快节奏和高强度工作环境对人体健康造成了一定影响。面对这些由

第一章 大学体育概述

社会进步带来的压力和挑战，终身教育和终身体育锻炼的理念逐渐被接受和推广。该理念强调终身学习和持续锻炼的重要性，不仅可以为应对日益增长的工作和生活压力提供有效途径，也有助于提高个人的生活质量和健康水平。因此，终身教育和体育锻炼是现代社会人们日常生活的重要组成部分。

终身体育的概念超越了大学体育的范畴，它涉及从学前到学后的整个生命周期，包括儿童和青少年时期的体育以及成年后的体育活动。学校教育作为终身体育的基础，起着承上启下的重要作用，是整个终身体育体系的关键部分。在终身体育中，大学体育是提升学生体质的重要途径之一。儿童和青少年正处于生长发育的关键时期，身体的成长与知识的学习密切相关。因此，大学体育应满足学生的发展需求，同时尊重他们的心理和身体特点，采取因材施教的方式，确保学生的健康成长和高质量发展。

大学体育以培养学生终身体育意识、习惯和能力为根本目标。终身体育意识主要是指对终身进行体育锻炼的重要性的认识和理解。当学生意识到终身体育的价值时，他们更有可能自发地参与体育锻炼活动。终身体育的习惯则是在这种正确的认识指导下形成的，通过持续的体育锻炼，这种活动逐渐发展成为一种爱好，最终成为个人的良好习惯，从而能够长期坚持。在高校中，体育是一个有目的、有计划的过程。学生通过学习体育学科的各项知识和技能，以及科学的训练原理与方法，能够有效地提升自己的体质健康水平。这种系统的学习能够提高学生的运动技能，有助于培养他们对终身体育的意识和习惯，为他们未来的健康生活奠定基础。

终身体育的能力可以理解为终身体育的本领，具备了这种能力就能更好地从事终身体育锻炼。它主要包括自学、自练、自评、创造等能力。自学是指学生自主学习，主动学习陌生知识技能的行为。自练和自评能力一般是指学生在体育锻炼中能根据自身情况以及实际条件进行计划、安排、组织、实施和评估。创造能力则是学生创造性运用所学知识解决实际问题的能力。这些能力并不是孤立的，它们共同构成了终身体育能力。学生对这种能力的掌握和运用，能使学生长远受益。它对学生的终身体育起着极为重要的作用。

第二节 大学体育的基本教育理念

一、素质教育

（一）素质教育的内涵与特征

素质教育就是培育、提高全体受教育者综合素质的教育。[1]素质教育要面向世界、面向未来和面向现代化，是学校教育的主动选择，是着力培养新世纪综合型人才和新一代公民的伟大决策，是以人的发展和社会发展的实际需要为主要目的，以全面打造全体学生的综合素质为根本目的，以尊重学生个性，加强挖掘学生身心潜能，注重培养人的健全个性为根本特征的教育。[2]素质教育强调每个学生的个性和特长，鼓励学生在不同领域发展自己的兴趣和才能。与单一的应试教育模式不同，素质教育注重培养学生的批判性思维、问题解决能力、沟通能力和社会责任感。素质教育还注重情感教育和道德教育，旨在培养学生的情感智力和良好的道德观念。也就是说，素质教育致力培养全面发展的人，不仅关注学生的学术成就，还关注他们的心理健康、社交能力、艺术素养、体育素养等多方面的发展，以适应社会的全面需求。素质教育重视道德

---

[1] 西安交通大学体育中心.大学体育与体质健康[M].西安：西安交通大学出版社，2020：10.
[2] 张细谦.新世纪我国基础教育体育课程改革的价值选择[J].体育学刊，2013，20（2）：49-53.

教育、能力培养、个性发展、身体健康等,其并未把体育锻炼排在首位,但对体育锻炼进行了强调,所以"素质教育"指导思想是在素质教育的不断发展和深化过程中形成的。[1]

在实施素质教育的过程中,根据素质教育的特征开展教育工作,对教育实践具有重要的意义。素质教育的特征主要包括以下几点(图1-1)。

图 1-1 素质教育的特征

1. 全面性

素质教育的全面性特征主要体现在其培养目标上:全方位地发展受教育者的德、智、体、美、劳各个方面,使其成为有理想、道德、文化和纪律的社会主义公民。素质教育强调形成一个全面而合理的素质结构,包括思想道德、科学文化、身体健康、心理素质和劳动技能等多个层面。人的发展应当是全面的,不能仅仅局限于某一个方面。人并非单一的工具,无法也不应该只专注于某一方面的发展而忽视其他。每个人都有享受生活、发展多方面能力的权利,每个青少年都拥有丰富的情感和多样的生活需求。因此,教育也不应过于追求完美,避免将人视为可以被全面"组合"或"训练"的机器。德、智、体等各方面的发展要求是人正常成长的必然趋势,它们源于生命自身的发展需要,而非外加于人的强制性要求。人类有着多方面的需求,包括生理、心理、物质、精神、行为、认识、价值和信仰等。在任何活动中,人都以一个完整的生命体参

---

[1] 骆秉全,王坤.我国体育教育指导思想的历史演变及特征研究[J].西安体育学院学报,2023,40(3):264-271.

与和投入。因此，除非外在因素造成畸形影响，否则各种活动对人的发展总是全面的。

这就要求教育者在实施素质教育时，注意以下两点：第一，要反对教育目标的片面化。例如，将人仅作为应试机器来培养，就是一种片面化的教育目标。第二，要避免将全面发展的要求绝对化。过分追求全面发展，忽视个性的培养，同样会阻碍青少年真正实现全面发展。

2. 整体性

素质教育是促进每个青少年学生全面发展的教育，要确保每个学生都能在教育过程中获得关注和机会。坚持教育对象的全体性，意味着在教育政策制定、教育内容和方法的选择以及整个教育实施过程中，都应该将这一原则贯彻始终。这种做法不但要保障青少年受教育的权利，而且要为他们提供平等的机会，使每个人都有可能成功。尊重和保障人的发展权利，努力挖掘和开发每个人的潜能，是素质教育的重要任务。教育方式可以最大限度地增加社会发展的积极力量，减少阻碍社会发展的因素。这不仅是社会主义教育的根本性质对教育者提出的要求，也是保障社会主义共同利益的最佳手段。

3. 主体性

素质教育重视学生的主体性，其核心目的在于激发学生的积极性和主动性，发掘并调动他们的内在潜力，实现学生个性化的全面发展。素质教育观念强调，学生的发展不仅受外部因素影响，更依赖他们自身的内在因素。外部因素，如教师指导、教育资源等，提供了学习的条件和环境，但这些外部因素必须通过学生的内在动力和能力才能发挥作用。

学生的学习过程既包括接受教师的知识传授，也包括他们主动获取知识和发展自己的过程。素质教育的实践目标就是促进学生积极主动发展。然而，青少年的兴趣、爱好和自我意识等个性化心理特质往往是在成年人的影响下，在接受教育的过程中逐渐形成的。在传统的教育体系中，社会和学校常常忽视学生个体的主体地位，将教育过程简化为单向的灌输和训练。素质教育旨在改变这种单一的教育观和对学生的看法，强调将学生的主体性放在教育和教学过程中的中心位置。这意味着教育不仅是传授知识，更是培养学生独立思考、自主学习和个性化发展的过程。素质教育通过尊重和支持每个学生的个性和潜能，促进其成为具有独立人格、创新精神和社会责任感的个体。因此，素质教育对于培养适应现代社会需要的全面发展的人才具有重要意义。

素质教育作为一种发展性教育，其核心在于促进学生个性的发展，而不是选择性地教育学生。这种教育模式的重点在于强调学生的主体性，目的是让学生积极、主动、自觉地参与到教育和学习活动中。当学生能够在这种环境中学习时，教育和学习过程将变得和谐、愉快并且成功。在素质教育中，教师的角色转变为指导者和引路人，他们的任务是引导学生学习，帮助学生了解如何更有效地学习。这种教育方式尊重学生的主体性，认为学生有犯错误的权利和改正错误的义务，强调学生有权利失败并有权利开始新的生活。强调主体性的目的在于培养学生的自学能力。素质教育特别强调学生在原有基础上的自我调节和自我发展。这种方法不仅遵循循序渐进的科学原则，也符合以自学为主的教育原则。通过这种方式，学生的学习动机得以激发，学习兴趣得以培养。

一个国家要强大，靠的就是综合国力，在综合国力中，一个基础性的要素就是国民素质。实施素质教育在当代社会具有极其重要的意义，特别是当今快速发展和变化的时代。素质教育强调在知识传授的同时，培养学生的人文、社会、自然科学知识以及德育素质，即"做人"的能力。这种教育模式符合当今时代对人才的全新要求，即不只是在某一专业领域的狭义人才，而是需要具备全面素质、知识背景和能力的广义型人才。在21世纪，社会对人才的需求已经从单一的专业技能转变为综合能力的全面发展。现代社会不仅需要人们精通专业领域，还要求他们拥有广泛的知识视野、卓越的合作交流能力、创新思维和良好的决策能力。素质教育思维的提出正是为了培养具备这些特质的人才，它追求的是知识、能力和素质的高度融合及和谐统一。因为素质教育理念关注学生的实际体验和内化知识的过程，强调实践能力和综合能力的发展。在当前这个充满机遇但变化迅速的社会环境中，素质教育的重要性不言而喻。它通过促进学生的身心和谐发展，以及德、智、体、美、劳等方面的全面发展，满足现代社会对人才的需求。因此，素质教育是培养适应现代社会所需人才的迫切需要。实施素质教育，培养全面发展的人才，已成为当今社会教育的主要任务。

（二）大学体育在素质教育中的地位与作用

大学体育在实施素质教育中占据着至关重要的地位，其作用不容小觑。素质教育旨在培养全面发展的个体，涵盖身体素质、心理素质、政治素质、思想素质、道德素质、业务素质、审美素质和劳技素质等多个方面。在这些方面中，身体素质教育尤为重要，因为良好的身体素质是培养和发展其他各方面素质的物质基础。在大学阶段，体育不仅可以使学生保持健康的身体状态，还可以为他们的整体发展打下坚实的基础。健康的体魄使学生有能力更好地学习各类科学文化知识，并积极参与社会主义事业中的各项任务和工作。此外，体育活动还能够提高学生的心理素质，比如通过团队运动增强团队合作能力，通过竞技运动培养抗压能力，这些都是当代社会所需要的重要素质。大学体育的重要性还体现在它能促进学生道德素质和社会责任感的提升。在体育活动中，公平竞争和团队精神的培养有助于提升学生的道德水平和社会交往能力。同时，体育有助于培养学生的审美素质和劳技素质，如通过体育舞蹈、武术等活动培养审美观念，通过体力劳动提升劳动技能。

少年强则国强，在当今全球综合国力竞争日益加剧的背景下，国民素质成为衡量一个国家竞争力的关键因素。其中，青少年的体质健康在提升国民素质方面占据了基础和关键的位置，青少年的身体素质直接影响着国家的未来和发展命运。在这一背景下，大学体育的重要性显得尤为突出。大学体育主要教授学生必要的运动技能，激发他们对体育锻炼的兴趣，帮助学生形成良好的锻炼习惯和终身体育锻炼意识。大学体育还致力培养学生坚韧不拔和百折不挠的精神品质，也注重培养学生良好的生活习惯和人际交往技能。因此，大学体育在素质教育的实施过程中承担着至关重要的使命，它不仅是素质教育的一个重要组成部分，也是实施素质教育的主要手段之一。大学体育的实施对于培养全面发展的人才、提升国家的国民素质和增强国家竞争力具有重大意义。

1. 提升大学生的体育素质是首要目标

在大学体育中，提升学生体育素质这一目标的实现，不仅包括身体素质的增强，也包括心理发展水平的提升、体育文化素养的培养以及终身体育能力的建立。大学体育旨在通过全面的体育教育，增强大学生的体质，进而促进他们的整体健康，确保他们能以充沛的精力投入学业中。这是大学体育在短期内追求的目标。此外，大学体育还应着眼于长远目标，即提高大学生的体育文化素养，使学生掌握体育活动的基础知识、技能和方法，培养他们对终身体育活动的意识、兴趣和习惯。

2. 全面育人是整体教育目标

现代体育已经超越了单纯的身体锻炼，已经发展成为一种具有整体性和多元性功能的教育形式。这种形式的体育不仅涵盖了身体训练，还涵盖了培养心理素质、道德观念和智力发展等方面。因此，在大学体育的教学中，育心、育德、育智等多元化功能的充分发挥成了关键。通过这样的体育教学，学生的综合素质和各种能力得到全面提升，从而更好地为培养具有高素质的专门人才服务。在实施大学体育教学时，应将其作为全面育人的一部分，注重学生身心的全面和谐发展。体育教学不应该仅仅局限于传授运动技能，而应拓展到发展学生的社交能力、团队协作精神、领导能力以及面对挑战的勇气和决策能力等方面。通过参与体育活动，学生能够在实践中学习到如何与他人有效沟通、协作，如何面对竞争和挑战，以及如何在团队中发挥作用。

二、健康第一

（一）"健康第一"教育理念的内涵

"健康第一"的教育理念强调健康与教育和学习之间的关系，即良好的身体健康是一切教育活动的基础。体育在所有教育领域中应当占据首要位置，因为没有健康的身体，其他形式的教育和学习都将失去其意义和价值。换句话说，教育和学习应该建立在健康的基础之上。

"健康第一"的教育理念，强调健康在教育过程中的重要性。这里的"健康"是一个广泛的概念，并非局限于身体健康，还包括心理健康、社会健康、生殖健康等多个维度，其中身体健康是健康的基础和人类发展的基本标志。对学生进行全面的健康教育，教育他们如何保持身体健康，是极其重要的，应当受到教育者的高度重视。在素质教育中应用"健康第一"的教育理念，应该注重学生的多元健康发展。在学校教育和教学中，只有在学生的身体健康得到保障的情况下，他们在心理、社交、学业等其他方面的发展才能得到有效的支持和促进。

健康是学生学习和成长的基础。学校教育应将健康视为生命活动的基础，并作为超越文化学习负担的优先考量。[1]通过全面的健康教育，学生可以在多方面得到平衡发展，为他们的未来生活和职业发展打下坚实的基础。体育教学在促进学生身体健康方面的作用毋庸置疑，但"健康第一"的理念更进一步，强调心理健康教育的重要性。在现代社会竞争日益激烈的背景下，良好的心理素质成为学生适应社会发展、在社会竞争中立足的关键。针对当前中国高校学生群体中普遍存在的学业、就业和生活压力，心理健康教育显得尤为必要。体育活动在促进健康心理的形成和发展中起着重要作用，可以帮助学生缓解压力，提高心理韧性，

---

[1] 熊文. 学校体育"健康第一"理念的溯源、误区及再定位[J]. 体育教学, 2023, 43（4）: 4-7.

更好地应对生活中的挑战。此外,"健康第一"的教学理念还强调学生社会性发展的教育。体育通过团队运动和集体活动,能有效促进学生的社交能力、团队合作精神和领导能力的培养。在具体的体育教学中,教师应有意识地培养学生与人交往的能力,这对学生未来进入社会、快速适应社会环境具有重要的作用。

整体来看,"健康第一"的教育理念强调学生在掌握体育技能和知识的基础上,应养成经常参加体育锻炼的习惯,并培养积极参与体育锻炼的意识。这一理念涵盖德、智、体、美、劳等多方面的发展。健康不仅指身体上没有疾病和衰弱的状态,更是指身心的完满状态和良好的适应能力。因此,健康包括躯体健康、心理健康、社会适应良好和道德健康这四个方面,这些方面共同构成了当前对健康的全面理解。在学校体育教学的组织和管理中,健康应成为教育活动的起点和重点。这意味着体育教学不仅要教授学生如何进行体育锻炼,更要关注这些活动对学生整体健康的影响,确保学生的身体、心理、社会适应能力和道德健康得到充分的发展和提升。在新时代,"健康第一"的教育理念具有多元化的特点,它不仅是实施素质教育的重要指导方针,也是科学发展观中"以人为本"核心价值观的直接体现。通过将健康置于教育的核心,学校体育旨在促进学生全面健康地发展,为学生的全面成长和未来的社会生活打下坚实的基础。这种教育方式强调对学生身心的全面关怀,致力培养健康、全面发展的学生。

(二)"健康第一"在大学体育中的实施必要性

1. "健康第一"理念符合世界发展潮流

随着社会的发展和人们生活方式的变化,全球范围内越来越关注健康对于个人发展和社会进步的重要性。在这样的背景下,将"健康第一"的理念融入大学体育,不仅是对学生健康的重视,也是对全面教育理念的一种贯彻和实现。

在当代社会，健康已经被视为人类发展的关键指标之一。这不仅仅指的是身体健康，还包括心理健康、社会适应能力等。对于大学生来说，这个阶段是他们从青少年过渡到成年的关键时期，身体和心理都在经历重要的变化。在这个阶段注重健康，特别是通过体育锻炼来维护和提升健康，对于他们的长远发展至关重要。体育锻炼对于维持和提升学生的身体健康水平至关重要。随着生活方式的变化，青少年和年轻人面临着越来越多的健康挑战，如久坐、肥胖、心血管疾病等。体育活动可以帮助他们增强体质，提高免疫力，从而减少这些健康风险。此外，体育锻炼还有助于提高睡眠质量，改善情绪状态，对于学生的学习和生活都有积极影响。

在大学体育中实施"健康第一"的教育理念，对于促进学生的心理健康同样重要。大学生活充满了压力和挑战，包括学业压力、人际关系的处理、职业规划等。体育活动能够作为一种有效的压力缓解方式，帮助学生放松心情，释放压力。通过团队运动和集体活动，学生还可以建立社交网络，提高自信心，这对于他们的心理健康水平的提高和社会适应能力的培养具有重要意义。另外，体育还能够培养学生的社会技能和团队精神。通过参与体育活动，学生可以学习如何在团队中协作，如何领导和被领导，如何面对竞争和挑战。这些技能对于他们未来的职业生涯和社会生活都极为重要。

2."健康第一"理念适应现代社会发展的需求

"健康第一"这一教育理念在当今全球一体化和激烈竞争的背景下，显得尤为重要，因为它符合现代社会发展的需求。在全球范围内，国家之间的竞争日益激烈，尤其是在人才和劳动力素质的竞争方面。高素质人才的培养根源于教育，这意味着教育系统必须适应新时代的要求，培养出既具备正确政治思想，又具备扎实科学知识和能力，同时拥有强健体魄的专业人才。在这个过程中，学校教育必须注重学生身心素质的培养，促进学生的健康发展，这正是"健康第一"教育理念的核心。这种理念要求摒弃不再适应新世纪要求的教育思想、体育内容和方法，而是要全面贯彻党的教育方针，加强体育教学，使学生的身体健康发展成为优先关注的重点。

从国家层面来看，实施"健康第一"的理念对于培养高素质人才具有重要意义。一个国家的发展不仅依赖其经济实力，更依赖人民的整体健康水平和素质。在这个意义上，通过体育促进学生的健康发展，不仅有助于培养出身心健康的人才，还有助于推动社会主义现代化建设，为中华民族伟大复兴贡献力量。

3. "健康第一"理念对于学生发展有着深远的意义

一方面，参与体育健身活动有助于学生强身健体，增强他们抵抗疾病的能力。这种身体上的健康状态对于学生来说至关重要，因为它直接影响到他们的学习效率和生活质量。健康的身体可以为他们提供更多的能量和精力，以应对日常生活和学习中的各种挑战。另一方面，体育活动能够促进学生智力的发展，帮助他们在学习和生活的其他方面取得更好的成绩。运动可以促进大脑的血液循环，提高记忆力和注意力，从而帮助学生在学习过程中取得更好的成绩。此外，体育活动中的团队合作、战略规划和快速反应等要素能够锻炼学生的思维能力和决策能力，这些技能对于他们的智力发展和综合素质的提高同样重要。

三、终身体育

（一）终身体育的含义与特征

终身体育作为一种体育教学理念，强调在体育教学中培养学生持续参与体育活动的能力和习惯。终身体育需要由体育教师引导，通过多样化的教学策略和手段，满足学生的体育需求，激发他们对体育锻炼的兴趣，增强他们的终身体育意识，帮助他们形成长期的体育运动习惯。这样，学生即使离开学校，也能够自发地继续参与体育锻炼。简而言之，终身体育理念强调的是一种持续的、面向未来的体育参与态度。它鼓励学生在学校阶段打下坚实的体育基础,并将这种积极的态度延续到他们的未来生活中,确保体育活动成为他们生活的持久组成部分,从而有利于他们长期的身体和心理健康。其含义包括两个方面的内容:一是指终身坚持学习与参加身体锻炼,将体育视为生活中始终不可缺少的重要内容;二是指在终身体育思想的指导下,以体育体系化、整体化为目标,为个人在不同时期、不同生活领域中提供参加体育活动机会的实践过程。[①]

体育不仅仅是学校教育的一部分,更是每个人一生中始终不可或缺的活动。这种持续的学习和锻炼有助于促进个人的全面发展,包括身体健康、心理健康以及社会适应能力。它鼓励个人在不同的生活阶段都能积极参与体育活动,无论是在学校、职场还是退休后,都能通过合适的体育锻炼维持健康和活力。因此,高校需要在终身体育思想的指导下,建立一个体系化、整体化的体育系统,为个人在不同的生活阶段和不同的生活领域中提供参与体育活动的机会。这包括为不同年龄、不同身体条件、不同兴趣的人群提供多样化的体育项目选择,以及确保在各种生活环境中都能访问到适宜的体育设施和资源。这种体系化的体育实践过程旨在确保每个人都能在生命的任何阶段找到适合自己的体育活动,从而使终身体育成为可能。

具体来看,终身体育理念的特征主要包括以下几点。

1. 体育锻炼时间的终身性

在传统体育中,体育锻炼和学习通常被限定在学校教育阶段,重点放在学习和掌握各种运动技能上。然而,终身体育的理念突破了这一局限性,将体育和锻炼的时间范围延伸至个体的一生。在终身体育理念下,体育锻炼不应仅仅是学生时代的活动,而是一个持续的、贯穿个人整个

---

① 王德平,黄朕. 大学体育与健康教程[M]. 西安:西安电子科学技术大学出版社,2020:18.

生命历程的活动。体育应该适应学生的生长发育和心理健康的客观规律，并关注健身活动的长期性。体育不仅要在学校阶段教授学生运动技能，更重要的是培养学生对体育的爱好和兴趣，帮助他们养成持续锻炼的习惯和能力。终身体育强调的是一种持续参与体育活动的生活方式。这种参与不仅能为个人带来即时的健康和幸福感，还能长期对其整体福祉产生积极影响。

2. 体育锻炼群体的全民性

终身体育理念强调体育锻炼和健康生活方式不应局限于特定的群体，如在校学生，而是应面向整个社会的所有成员。这意味着每个人，无论年龄、性别、职业还是社会地位，都应成为终身体育的参与者和受益者。在大学体育中，教师应鼓励学生培养对体育锻炼的兴趣和习惯，让学生认识到体育锻炼的重要性，并将其视为一生中持续的活动。这不仅有助于学生在校期间的身体和心理健康，更为他们日后走出校门，走进社会后的持续参与体育奠定基础。

终身体育理念的对象不仅包括学生群体，还包括社会大众。体育是一个长期、系统的工程，涉及个人的生存和健康，这两者是社会和时代发展的主流。健康是人们生活的重要基础，而体育健身与日常生活紧密相连，因此，无论个人的年龄或社会身份如何变化，健康都应是终身体育的目标。

3. 体育锻炼目的的实效性

终身体育是将体育锻炼紧密结合个人的具体需求和社会发展，使其成为个人生活方式的一部分，而不仅仅是学校教育的一个环节。在实践中，终身体育的参与应根据个人的身体状况、兴趣、生活习惯和工作环境进行个性化的调整和选择。体育锻炼不是一种"一刀切"的模式，而是需要根据每个人的具体情况来制定合适的锻炼内容、方式和方法。这种方法有助于确保体育活动对个人来说更具吸引力和可持续性，从而更容易融入他们的日常生活、学习和工作中。在现代社会中，人们越来重视提高生活质量，其中包括通过选择适合自己的体育活动来改善身体健康和心理健康状况。因此，终身体育的实施必须具有强烈的针对性和实效性，以确保体育锻炼真正满足个人的需求，并对提高生活质量产生积极影响。

在大学体育中，终身体育理念的体现是通过选择适合学生需求的教学内容和方法，来提升学生对体育知识和技能的掌握，并增强他们的终身体育意识和能力，使学生在毕业后无论走向何方都能够继续积极参与体育锻炼，从而在整个生命周期中保持健康和活力。

（二）终身体育理念与大学体育的相通之处

1. 共同的体育目标：育人

大学体育具有多元教育价值的追求，致力通过体育活动促进学生在体育、智育、德育和美育等多个维度的全面发展。这些方面的综合发展对学生的个人成长和未来的社会参与至关重要。大学体育教学特别注重培养学生的终身体育意识和能力，这不仅有助于学生在校期间保持良好的身体健康，更重要的是为他们未来的生活提供了一个健康和有活力的基础。终身体育理念则进一步强化这种教育的持续性和普遍性。体育活动不应该仅仅在学校教育阶段受到重视，更应该贯穿个人的整个生命过程。终身体育理念鼓励每个人在不同的生活阶段继续参与体育活动，以维持和提高身心健康，从而更好地实现个人价值和对社会的贡献。

2. 共同的体育手段：健身

在终身体育理念下，个体被鼓励在其一生的各个阶段积极参与体育健身锻炼。这种参与不仅局限于在校期间，而是延伸到人的整个生命周期，包括职业生涯和退休后的生活。终身体育理念的核心在于培养个体终身参与体育锻炼的习惯和意识，确保他们在不同生命阶段都能享受体育活动带来的身心益处。同样，大学体育采用体育健身作为其主要的教学手段。在大学体育中，学生通过各种体育活动，不仅能锻炼身体，提高体能，还能促进自身的心理健康和社会适应能力。大学体育教学不仅关注学生在校期间的身体健康，更重视培养他们的终身体育意识，为他们未来持续参与体育锻炼奠定基础。

3. 共同的体育任务：掌握体育知识，提高运动能力

在终身体育的实践中，个体参与体育健身锻炼的能力和质量在很大程度上依赖对体育知识的理解和掌握。科学的体育知识能够指导个体选择最适合自己的锻炼方式，避免运动伤害，同时确保锻炼效果最大化。此外，了解不同体育项目的基础知识和技能对于个体持续参与体育活动、保持身心健康至关重要。与此同时，大学体育教学重视学生对体育知识和技能的掌握。在大学阶段，体育不仅仅关注学生体能的提升，更加重视教育学生如何科学地进行体育锻炼，包括正确的运动技巧、运动规则理解、健康的运动习惯培养等。

（三）终身体育理念在大学体育中的实施

1. 转变传统体育教学思想

在终身体育教学理念的指导下，大学体育教学需要从根本上改革传统的体育教学思维模式。从体育教学的内容、方法以及评价体系等各个方面入手，培养和提升学生的终身体育意识和能力。具体来说，大学体育教学不再单纯关注学生运动技能的掌握，而是更多地关注如何将体育活动与学生的日常生活、学习和工作紧密结合。在选择体育教学的内容时，应当注重选择那些与学生日常生活关系更密切、相关性更强的体育项目，这样可以更有效地培养学生的运动习惯。同时，体育教学评价体系应从单一的技能掌握转变为综合评估学生的体育价值观、态度、意识和行为习惯。这种转变有助于激发学生对体育的兴趣和热情，培养他们长期参与体育活动的意愿。在教学过程中，教师应当摒弃过度关注技能指标的观念，转而关注学生在体育方面的整体发展。终身体育教学理念是高校体育教学改革的指导思想，也是大学体育教学发展的落脚点。

2.重视学生终身体育意识的培养

培养学生对终身体育的意识是大学体育的一个重要方面。终身体育意识建立在对终身体育理念的深刻理解之上,它是激发学生主动参与体育学习和活动的关键内部动力。在现代社会,人们普遍面临着快节奏的生活和高压的工作环境,这不仅带来了生理上的负担,还伴随着心理上的压力。为了实现更高质量的生活,维持身心健康显得尤为重要。体育运动是维持良好身心状态的有效途径,对于学生在校期间以及毕业后在社会上的身心素质发展都有着显著作用。体育健身锻炼不仅是释放身心压力的方式,更是重塑健康状态的过程。它对于应对生活、学习和工作中的挑战具有不可忽视的重要性。通过体育活动,个体能够维持良好的身心状态,有效提升生活质量和学习、工作效率。此外,坚持参与体育锻炼对于大学生的社会性发展具有重要促进作用。通过体育活动,学生能够增强自身的身心适应能力,更好地适应社会生活,提升面对压力的能力。因此,在大学体育中,重视学生终身体育意识的培养是至关重要的。通过体育,学生不仅在校园内受益,也能在走出校园、步入社会后继续受益。

3.关注学生需求与社会需求的统一

在大学体育中实施终身体育理念,应重点培养学生健康的生活态度和方式,这对于个体适应现代社会的生活、工作和发展至关重要。终身体育的理念强调满足学生的个人需求和社会的整体需求,保证个体的健康发展与社会发展需求之间达到协调一致。为此,大学应通过体育教学促进学生的全面发展,满足社会对健康、专业人才的需求。教师应充分理解学生的学习和发展需求,运用个性化的教学方法开展体育教学,不断提高学生的综合体育素养。

第三节 大学体育的目的与功能

一、大学体育的目的

大学体育的目的应该从学生身心形成和发展的客观规律出发,运用体育教学手段锻炼学生的身体,也就是用体育教学方法研究和锻炼身体,增强学生体质,培养体魄健康、形体优美、精力充沛、勇于克服困难,能够适应各种自然环境,愿为祖国献身的高级专门人才。[①] 大学体育的目标在于通过体育课程的具体教学活动达到预期效果,它既是体育教学的起始点,也是最终目标,即通过体育锻炼,促进学生的身体和心理健康,培养和塑造他们的人格和品德。此外,这一过程旨在促使学生在多方面获得成长,实现身心的和谐与发展。

具体来看,大学体育的目的主要包括以下几点。

(一)增进学生身心健康,增强学生体质

大学时期对于学生来说是关键的成长阶段,他们会在智力和知识上迅速发展,而且身体和心理都处于塑造和成熟的关键时期。因此,大学体育在此阶段发挥着至关重要的作用。

大学生基本上都处于18至25岁的年龄段,他们的身体正处于增长和发展的状态。全面的体育锻炼,可以促进学生身体的正常发育和生理机能的完善,显著提升其心理健康水平。参与体育活动,能够有效增强心肺功能、肌肉力量和耐力等,提高学生的体质,增强他们对各种自然环境和潜在健康风险的适应和抵抗能力。此外,体育活动可以作为缓解学习压力的一种途径,帮助学生放松心情,提高情绪管理能力,从而促

---

① 田建国.高等教育学[M].济南:山东教育出版社,1990:405.

进心理健康。参与团队体育活动还可以提高社交技能，培养团队合作精神和领导能力，这对个人的全面发展和未来的职业生涯都至关重要。

（二）使学生掌握体育的基本知识、技术和技能

学生是否能够养成持续锻炼的习惯，很大程度上依赖他们是否掌握了必要的体育知识和技能，以及他们能否应用这些知识来自我监督和评估自己的体育活动。

在高等教育阶段，学生的体育不仅仅是关于技能的训练，更重要的是对体育知识的理解和应用。如果大学生缺乏这些基本的体育知识和技能，他们可能会发现很难持续地参与体育锻炼和活动。因此，大学体育的责任是通过多种方式激发学生对体育的兴趣，传授给他们关于体育的基本知识和科学的锻炼方法。通过学习体育知识，学生可以更好地了解如何有效地进行体育锻炼，理解不同运动的技术要点，以及如何预防运动中的伤害。同时，掌握这些技能和知识还可以帮助学生自我调节运动强度和频率，保持身体和心理健康。此外，大学体育还致力培养学生的运动习惯和提高他们的运动技术水平。培养运动习惯是一个渐进的过程，需要持续和系统的努力。大学体育通过提供多样化的体育课程和活动，为学生提供了探索不同锻炼方式的机会。这些体育活动不仅包括传统的球类运动、田径、游泳等，还包括瑜伽、舞蹈、健身操等更加多元化的选择。通过参与这些活动，学生可以找到自己感兴趣的运动项目，从而更容易形成长期的运动习惯。

体育课程不仅教授学生运动的基本规则和技巧，还通过专业训练帮助学生提高运动技能。例如，在篮球、足球或排球等团队运动中，学生不仅学习基本技术，还学习如何在比赛中进行团队合作和战术布置。对于个人项目如田径和游泳，重点则放在提升个人技术和体能上。除此之外，大学体育还注重培养学生的自我管理能力和健康意识。通过教育学生如何制订合理的运动计划、遵循健康的饮食习惯以及如何进行有效的

身体恢复，学生能够更好地管理自己的身体健康。同时，通过参与体育活动，学生能够体验到运动带来的积极影响，如缓解压力、改善心情和增强自信，这些都有助于鼓励他们将运动作为一种生活方式。

（三）培养学生的体育能力

通过体育课和各种课外体育活动，学生有机会学习和实践不同的体育技能。这些活动不仅仅局限于提升学生的运动技术，更重要的是，它们提供给学生学习如何组织和管理体育活动的机会。例如，学生可以通过参与体育课程学习如何组织体育竞赛，包括赛事规划、团队管理、比赛规则的应用等。这些技能对于今后在社区或职场中组织群众性体育活动非常有用。除此之外，大学体育还鼓励学生学习基础项目的训练方法，以及如何有效地指挥和调动学生队伍。这不仅有助于学生在校期间参与体育活动，还能为他们将来在社会上承担体育教练或组织者的工作打下基础。能够承担一些普及项目的裁判工作也是大学体育的一个重要方面，这有助于学生理解运动竞赛的规则和公正性的重要性。

（四）培养学生良好的道德情操

学生在参与体育活动过程中，无论是在团队协作、竞赛中的公平竞争，还是在面对挑战时的坚持不懈，都体现了个人的道德情操。体育可以在克服困难、遵守规则、尊重对手和团队合作中，培养学生的高尚品德。体育活动中的各种情景，如团队竞技、个人挑战、胜利的喜悦和失败的沮丧，都是教育学生处理复杂情感、培养正面态度和强化意志力的绝佳机会。通过体育活动，学生可以学习到如何在团队中发挥作用，如何面对压力和挑战，以及如何以积极的态度对待竞争和合作。此外，大学体育还包括对那些在体育方面有特殊才能的学生进行专门训练的任务。对这些学生进行专业训练，不仅可以提高他们的运动技术水平，使他们成为群众性体育活动的骨干，还可以为国家运动队培养优秀的后备人才。

二、大学体育的功能

(一) 健身功能

强身健体是大学体育的本质功能,这是由大学体育的基本属性所决定的。人体是一个极为复杂的有机系统,它包含众多的结构和功能。人的身体健康和生活能力依赖这一复杂系统的良好运转,这种状态既受遗传因素的影响,也与后天的生活习惯和环境密切相关。体育运动,可以为人体各个器官系统提供刺激,这种刺激在适当的强度和数量下能够对人体的系统、组织和器官产生积极的效果,促进肌肉和骨骼的发育,促进心肺功能的提升和整体体能的增强,从而提高个体的生理健康水平。简而言之,体育活动是维持和提升个人身体健康的重要途径,是对人体全面健康的有效促进。

1. 体育运动对神经系统的作用

在人体中,神经系统负责接收、处理和响应来自身体内部和外部环境的信息。神经系统的主要功能包括感知外部环境的变化、控制身体的运动、协调器官功能,以及维持身体的内环境稳定。神经系统,由中枢神经和周围神经两部分构成。中枢神经系统是全身动作的统帅和指挥中心,而周围神经则负责连接中枢神经与身体的各个部分。神经系统的基本功能是控制和调节身体各部分以适应不断变化的外部环境。

一方面,适当的体育运动可以改善脑部的血液供应状况,这对于增强大脑皮质神经细胞的耐受力具有重要意义。当身体进行运动时,血液循环加速,从而增加脑部的血流量和氧气供应,促进大脑功能的改善和增强。另一方面,体育运动还能显著提高神经系统的反应能力和灵活性。定期的体育锻炼不仅能提升肌肉的协调性和灵活性,也能提升神经系统的协调能力。这种提升使身体能够更快、更准确地响应外部刺激,增强身体的整体反应能力。另外,体育运动可以增强人体对外界环境的适应能力和对疾病的抵抗力。通过锻炼，身体能够更好地应对环境变化和潜在的健康威胁。运动可以加强免疫系统，提高身体的整体健康水平，从而减少疾病的风险。

2. 体育运动对心血管系统的作用

心血管系统，由心脏、血管和血液构成，是维持生命活动不可或缺的系统。心脏作为泵送血液的动力源，通过血管将血液运送到全身各个部位，血液则负责携带氧气和营养物质以及排除代谢废物和二氧化碳。

适当的体育运动，能够促进心脏结构和功能的良性变化。定期的运动可以加强心肌功能，提高心脏的泵血效率。因为心脏每次收缩时能够泵送更多的血液，从而在静息状态下减少心脏的负担。此外，锻炼还有助于降低心脏病和高血压等心血管疾病的风险，提升血液的质量。运动促进骨髓制造更多的红血细胞，这些红血细胞能够增加血液的氧气携带能力。同时，运动还有助于提高血液中的高密度脂蛋白（好胆固醇）水平，同时降低低密度脂蛋白（坏胆固醇）和甘油三酯的水平，从而改善血液状况。定期的锻炼能够增强血管的弹性，改善血管壁的健康状况，从而降低动脉硬化的风险。运动还能改善血管内皮细胞的功能，这对于维持血管的健康和防止血栓形成至关重要。

3. 体育运动对呼吸系统的作用

呼吸系统主要负责气体交换，即为身体提供氧气并排出二氧化碳。它由鼻腔、喉、气管、肺等器官构成，这些器官共同工作以维持身体所需的氧气和碳排放的平衡。在呼吸过程中，当吸入空气时，空气通过呼吸道进入肺泡，在这里，氧气通过肺泡壁进入血液，同时血液中的二氧化碳通过肺泡壁进入肺泡中，随着呼气被排出体外。这个过程是持续进行的，以确保身体细胞获得足够的氧气并排出废气二氧化碳，对于支持身体所有活动和功能至关重要。

适当的体育运动，能够在一定程度上促进呼吸器官结构的变化。规律的运动能增强肺部和胸部肌肉，提高肺的扩张能力。体育运动可以增加肺活量，即每次呼吸时肺部能够吸入和呼出的气体量。更大的肺活量有助于提高氧气的吸收效率和二氧化碳的排放能力。定期进行有氧运动，如跑步、游泳或骑自行车，还能够提高呼吸频率和深度，从而增加氧气的摄入和二氧化碳的排出。长期的运动还能增强呼吸肌肉（特别是膈肌和肋间肌）的力量和耐力，使呼吸过程更为高效。随着呼吸系统效率的提高，身体的氧化过程也变得更加高效，这对于改善运动表现、增强体能和提高整体健康水平都是非常重要的。此外，强健的呼吸系统还有助于提高身体对环境变化的适应能力，如在高海拔地区的适应能力，以及增强对呼吸道疾病的抵抗力。

4.体育运动对运动系统的作用

运动系统主要负责支持身体结构、产生运动并维持身体的稳定性。运动系统主要由骨骼、肌肉、关节、韧带和其他结缔组织组成，共同协作以实现身体运动和维持姿势。

体育运动可以改善肌肉中的血液供应情况，从而促进肌肉结构和功能的良性变化。运动时，肌肉需要更多的氧和营养物质来支持它们的活动，这促使血液循环加速，从而增加肌肉的血流量。随着时间的推移，这可以帮助提高肌肉的耐力和力量，使肌肉更加健壮。体育运动还能够强化骨骼的结构，并提高骨骼的性能。重量承载和抗阻运动如举重、跑步和跳跃可以刺激骨骼的生长和密度增加。这种"骨适应"过程有助于预防骨质疏松症，同时提高骨骼的强度和耐力。体育运动还能够增强关节的牢固性，并提高关节的柔韧性和灵活性。定期的运动和适当的拉伸可以保持关节的活动范围，减少关节僵硬和疼痛，同时增强关节周围的肌肉和韧带，从而提高关节的稳定性和防止受伤。因此，通过持续和适当的体育运动，个体能够使其运动系统保持在最佳状态。

（二）美育功能

大学体育的美育功能主要体现在它能够结合体育活动中的美学价值，

培养学生对美的感知、鉴赏和创造能力。在现代教育中，将体育与美育相结合，使之实现功能交叉和互补，已成为教育发展的一个重要趋势。

体育活动中蕴含着具有美学价值的体育精神，如公平竞争、团队合作和个人毅力等方面的社会美和精神美。在大学体育教学中，通过直观的美感体验和体育动作美的实践创造，学生能够更深入地理解和欣赏体育运动的美学内涵。例如，体操、舞蹈和武术等运动可以展现运动的物理技巧，并展现动作的艺术性和美感。学生在参与这些运动的过程中，不仅可以锻炼身体，也可以培养对美的感知和欣赏能力。此外，体育活动还可以激发学生对体育运动的热情，引导他们主动探索和创造新的运动形式和动作，从而提高他们的创造性思维和艺术表达能力。

具体来看，大学体育的美育功能主要体现在以下几个方面。

1. 塑造人体美

从美学理论上看，人体美属于自然美的一部分，包含人的形体、相貌和姿态的美。在现代社会中，人体美还代表了一种"健康、力量和美"的审美观。这种审美观强调的是通过体育实践后天创造的美，即通过体育锻炼改善和优化人的身体形态和运动形态。在大学体育活动中，学生通过各种体育练习和运动，能够有效地塑造和改善身体形态，使之更加挺拔、匀称、协调和丰满。例如，常规的体育活动如游泳、跑步、健美操等能够增强身体的力量和耐力，提高身体的协调性和灵活性，从而让人的体态显得更加健康和有力量。此外，体育运动还能增进个人的自信和活力，这些内在品质的提升也会反映在外在的姿态和风采上。体育锻炼不仅仅是一种身体活动，还是一种精神和情感的培养，能够使人们展现出现代人的风姿，体现出积极向上、充满朝气的生活态度。因此，大学体育的美育功能之一是通过体育锻炼，塑造出一种符合现代审美标准的人体美。这种美不仅体现在外在形态的美感上，也体现在运动中展现出的力量、协调和优雅上，以及个人的自信和精神状态上。大学体育的美育功能在很大程度上有助于弥补人体先天美的不足，是对现代人体美的完整表达和体现。

2. 培养性格美

性格美是指个人内在的品质、态度和行为方式，这些特质反映了一个人的社会美。通过参与各种体育活动，学生能够培养和加强特定的性格特质。例如，参与需要勇气和冒险精神的运动，如跳水、跳伞和滑雪，可以培养学生的勇敢和自信；练习射击、射箭和击剑等精密运动可以提升专注力并使学生变得更加果断；而柔道、摔跤、举重等力量和耐力运动则有助于培养学生顽强和坚韧的性格。此外，团队运动如足球、篮球和排球等能够增进友爱、互助和团结精神，而攀岩和登山等极限运动则能够培养学生面对困难和挑战时的耐力和坚定精神，田径、游泳等个人竞技项目可激励学生持续进取，不甘落后。现代体育运动不仅能够赋予学生美丽的肌体，更重要的是能够丰富他们的精神世界，提升他们美的品质和情操。通过体育运动培养出来的性格美，不仅是个人内在美的体现，也是个人在社会中交往和生活的重要基石，是个体未来在社会中发展的宝贵财富。因此，大学体育在培养学生的性格美方面有着不可或缺的重要作用。

3. 培养行为美

行为美作为人的社会美的一种重要表现，主要体现在个人的社会行动和态度上。在体育活动中，学生不仅学习技术和技能，更重要的是学习到如何通过体育精神和运动实践展现出高尚的行为美。体育活动中，尤其是竞技体育，常常要求运动员展现出超越个人利益、全力以赴为团队、民族和国家争光的精神。这些精神体现了人的行为美的核心——为更高的目标和价值不懈奋斗。例如，在国际比赛中，运动员为国争光的精神不仅提升了个人的荣誉，也成为激励民族精神的重要力量。

在大学体育中，通过各类体育活动的参与，学生能够学习到如何为团队奉献、如何在竞争中保持公正和诚信、如何在面对挑战时展现坚韧和毅力。这些行为美的体现不仅限于运动场上,同样适用于日常生活和未来的社会实践。体育运动所培养的行为美,包括自律、团队协作、勇敢面对挑战、尊重他人和公平竞争等,都是现代社会所崇尚的重要价值观。通过体育活动的参与和实践,学生不仅可以提升自己的身体素质,并在行为上获得一定磨炼,学会如何以一种积极、健康和富有道德感的方式行动。

4. 创造运动美

运动美是一种特殊的美学体验,它不仅体现在运动员的动作和技巧上,还体现在运动本身的节奏、韵律和情感表达上。体育运动不仅塑造了人体的外在美和内在精神美,还创造了一种独特的、动态的美——运动美。在不同的体育项目中,运动员们通过精心训练的动作和技巧,展示出运动的多样性和艺术性。例如,体操运动中的优雅翻转、跳水运动中的精准跳跃、花样滑冰中的华丽旋转等,都是运动美的绝佳展现。这些运动不仅仅是对身体能力的挑战,更是一种艺术表演,能够给观众带来美的享受。

在大学体育教学中,教师可以引导学生理解并欣赏这些运动美。通过观看和分析高水平的体育比赛和表演,学生可以学习到运动中的美学原则,如动作的流畅性、技术的准确性、表演的情感表达等。此外,学生通过参与体育活动,也能亲身体验和创造运动美,从而在运动实践中提升自己的审美能力。

(三)社会综合教育功能

1. 传递体育知识、技能和文化

体育是人类生产生活中不断形成的文化活动,是一项宝贵的文化遗产,因此必须通过一定的活动来传递这种文化。体育就是承担这个职责的最好助手。通过体育,人们可以学习体育知识,掌握锻炼身体的办法,并且可以让人认识到体育对人的健康的价值,促进人们形成一定的体育意识，养成体育运动的习惯，从而形成健康的生活方式。通过引导青少年参加体育比赛，观看体育比赛，他们对体育规则和文化有进一步的认识，从而起到传递体育文化的作用。

2.激发爱国热情，振奋民族精神

体育运动因其普遍性、国际性、竞争性和对抗性，在近代社会中成了展示国家和民族兴衰、精神风貌的重要途径。

一方面，体育运动是跨越国界和地理限制的全球活动。在这个平台上，来自不同国家和民族的运动员以公平竞争的方式展现各自的体育水平和精神风貌。这种跨国界的交流和竞争，不仅促进了文化的相互理解和尊重，还增强了国家间的友好关系。另一方面，国际体育赛事已成为国家和民族形象的重要展示窗口。在这些赛事中，运动员不仅是个人的竞技者，更是国家和民族的代表。他们的表现，无论是技术水平还是精神风貌，都被视为国家实力和民族精神的象征。特别是当运动员取得胜利时，国歌奏响、国旗升起的时刻，无疑是激发民族自豪感和爱国情怀的强烈时刻。此外，体育运动员在国际舞台上的表现，对国内民众产生深远影响。每当运动员取得胜利或展现出优异的精神风貌时，都能激发国内民众的民族自尊心、自信心、自豪感和荣誉感。这种影响力不仅凝聚着民族精神，还激发人们的爱国热情，促进国家凝聚力的增强。

大学体育作为培养未来社会主体的重要环节，通过体育运动的过程，培养学生的爱国情怀和民族精神。学生通过参与体育活动，不仅学习运动技能，更重要的是学习到体育精神和民族荣誉感。这种教育不仅对学生个人的发展至关重要，也对国家的长远发展和民族精神的传承具有深远的意义。

3.教导社会规范，发展人际关系

体育活动本身具有一套规范和规则，这些规范和规则不仅体现在运动技术上，更在社会行为上发挥作用。例如，在进行体育运动时，运动员必须遵守相关规则，如比赛规则、纪律和行为准则。遵守体育规则，可以培养学生的纪律性和规范意识，使他们学会在集体中保持秩序，尊重规则和权威。此外，体育运动还教导学生如何在竞争中保持公平竞争的精神，如何在失败中保持坚韧不拔以及如何在成功时保持谦逊。这些都是社会生活中不可或缺的品质。另外，体育活动作为一种社交活动，对于发展人际关系有着显著的作用。在体育活动中，学生需要与他人协作，共同达成目标。在这一过程中，学生之间的相互理解和沟通能力得到加强。例如，在团队运动中，个人的行为必须服从团队的整体利益，这不仅有助于提升团队合作的能力，也有助于强化团结互助的精神。体育运动还是一种跨越文化和语言障碍的全球性活动，它通过促进国际的交流，增进国与国之间的理解和尊重。

第四节　大学体育的内容与形式

一、大学体育的内容

（一）基本内容

大学体育的基本内容包括体育与健康理论和知识、田径、各类球类运动、体操、健美操以及各种传统民族体育活动等。体育与健康的理论教学，旨在加深学生对体育在社会、国家层面以及个人未来生活和职业生涯中作用的认识，帮助学生以更加理智和自觉的方式参与运动和身体锻炼，使他们意识到健康的重要性，理解有利于身体健康的生活环境。同时，学生还能学习到基本的保健技能和方法，以保持良好的身体状态。其他各类实际运动项目主要包括以下几种。

1. 田径运动

田径，是田赛、竞赛和全能比赛的统称，主要包含跑步、跳跃、投掷等多种项目的综合性运动，在大学体育教学中占有重要位置。通过专业的教学，学生能够理解田径对于维护身体健康的关键作用，还能深入学习跑、跳、投等运动的基本概念和特点。在这一过程中，学生将掌握既基础又实用的田径技巧，了解如何有效利用田径运动提升自己的体能。同时，田径教学还包括对基本裁判规则的学习和比赛组织技巧的培训，旨在为学生提供全面的田径运动知识和技能。

2. 球类运动

球类运动主要包括篮球、排球、足球、网球、乒乓球和羽毛球等运动项目。将这些不同的球类运动纳入教学范围，能有效地帮助学生深入了解各项球类运动的发展背景和竞赛的普遍特点。通过这些课程，学生可以掌握各种球类运动的基本技巧和策略，学习到参与竞赛、担任裁判及组织比赛所需的相关知识和技能，为他们全面理解和参与各类球类运动打下坚实的基础。

3. 体操运动

体操运动主要包括技巧体操、跳马、单杠和双杠等项目。通过参与体操运动，学生能够深入了解体操的文化背景及对身体锻炼的重要价值。学生将通过这些课程，学习到体操运动的基本理论和特性，并掌握实用性较强的体操动作，学习如何通过体操运动来加强体能训练、进行休闲活动或参与竞赛。此外，体操运动的训练对于提高学生的力量、平衡性、灵活性和身体协调能力等方面也具有显著效果，有助于全面提升学生的身体素质。

4. 健美运动

健美运动，主要包括健身健美、健美操、体育舞蹈、民间舞蹈、韵律操和艺术体操等多种形式，旨在让学生熟悉并掌握健美运动的核心特点，理解其基本原则和规则。通过学习，学生能够掌握基本的健美运动技巧和实用的动作组合，还能创编一些简单的动作。此外，参与健美操等活动也非常有助于学生优化体态和姿势，同时增强他们的节奏感和身体表现力，促进其全方位的身体和审美素质发展。

5.民族传统体育

民族传统体育，包括武术、导引养生功及各种具有民族特色的体育项目，是大学体育教学的重要组成部分。这些项目能使学生深入了解中国丰富多彩的民族传统体育文化，还能学习到有效的健身和自卫技能。在学习过程中，重视基本功和基本技能的掌握至关重要，还需传授和强调中国传统武术中的"武德"精神、在练习武术时的礼貌行为，以及如何将武术训练与培养爱国心、民族自豪感等内在品质相结合。通过这些内容的学习和实践，学生能够提升身体素质，深入理解中国传统文化的魅力和价值。

（二）任选内容

大学体育中的任选内容是一种灵活多变的教学组成部分，其主要目的是适应各地区的特定教学条件，丰富当地的体育教学资源。这些任选内容通常与地方文化密切相关，具有鲜明的地域特色，并符合当地社会的体育需求。这样的教学内容不仅有助于学生学习与当地文化相契合的体育知识和技能，还能增强学生对本地文化的认识和尊重。

由于这些任选内容可能不在标准体育教学大纲的详细规划之内，因此在选择这些内容时，需要制定明确的教学要求和标准，以确保教学的有效性和针对性。教师在制订教学计划时，不仅要考虑内容的文化性和特色性，还要兼顾其实用性，确保所选内容能够满足学生的兴趣和需求，同时与整体教学目标相协调。总体而言，这部分内容的选择和实施应当旨在为学生提供更广泛、更具特色的体育学习经验，促进他们全面发展。

二、大学体育的组织形式

（一）体育教学

体育教学在大学体育中占据着核心的地位，作为体育的主要方式，它不仅是学校体育工作的关键环节，也是达成学校体育目标的基本路径。体育教学分为两个重要部分：理论课教学和实践课教学。

1. 理论课教学

理论课教学主要通过系统讲授体育相关理论知识，帮助学生深入理解体育的科学原理和文化价值。这种教学形式关注运动技术的传授，强调对体育背后深层次知识的探讨和理解，如运动生理学、运动心理学、体育史、体育社会学等领域的内容。在理论课的教学过程中，教师的角色极为重要。他们是知识的传递者，是引导学生进行深入思考的导师。教师需要准备丰富的教学材料，结合现代体育的发展趋势和实际应用，引导学生从多角度理解和评价体育活动。例如，通过分析不同运动项目的技术特点和策略，或探讨体育活动对个人健康的影响，教师可以帮助学生建立起对体育运动全面而深刻的认识。

理论课的教学内容并非局限于课本知识，还应包含最新的体育研究成果和实践案例分析。通过讨论、研究和思考，学生能够获得更为全面和深入的体育知识，这对于他们未来无论是在体育领域的职业发展还是个人生活中的体育实践都具有重要意义。

2. 实践课教学

实践课教学是通过实际的身体运动来锻炼和提升学生的体能和运动技能。这种教学形式以学生的参与和体验为核心，旨在通过各种体育活动和运动实践，促进学生身体素质的全面发展。实践课教学不仅涉及传统的运动项目如篮球、足球、羽毛球等，还可能包括现代健身运动、体操和舞蹈等形式。在这种教学模式下，教师的角色转变为指导者和协调者。他们通过精心设计的课程安排，确保每个学生都能够参与到适合自己能力和兴趣的运动活动中。教师在课堂上指导学生学习基本的运动技巧和规则，同时强调运动安全和正确的体育锻炼方法。教师鼓励学生发挥创造性和主动性，使学生在运动过程中学会自我探索和自我挑战。

实践课教学的重点在于通过实践活动提高学生的运动能力，同时培养他们的团队合作精神、竞争意识和公平竞技的态度。这些技能和态度对于学生未来的社会生活和职业发展都具有重要价值。此外，通过参与多样化的体育活动，学生可以更好地认识自己的身体，提高对身体健康的自我管理能力，从而形成终身体育锻炼的习惯。

（二）课外体育活动

课外体育运动是指在正式的体育课程之外，学生自主参与的各种体育活动。这些活动可以是自发的或者是由学校、社团组织的。课外体育活动，是大学体育的重要组成部分和延伸，扮演着极其重要的角色。它的主要目的在于提供一个平台，使学生能够将在体育课上学习到的知识和技能应用于实际的体育活动中。其目的是让学生将课上所学的知识与技能在课外进行具体的实践。一般来说，课外体育活动主要包括早操与课间活动。

1. 早操

早操是学生日常生活和学习中的重要组成部分，它在学校日常教学活动和维护校园秩序中具有重要作用。每天早晨，学生通常会参与早操活动，这些活动一般在室外进行，包括一系列轻松的身体运动，旨在唤醒身体，准备迎接新的一天。早操的持续时间通常控制在 15 到 20 分钟。考虑到学生上午需要参加课堂学习，因此早操的运动量应适度，以避免过度疲劳。活动的内容可以多样化，如广播体操、轻松跑步或其他基本的身体素质练习，这些活动能够激活学生的身体，提高他们的集中力和学习效率。关于早操的组织形式，一般采用集体活动和个人活动相结合。这样既能够加强学生之间的团队协作和交流，又能提供给学生一定的自主性，让他们根据自身的兴趣和身体状况选择适合自己的活动。

2. 课间活动

课间活动是学生在日常课程间隙所进行的一系列身体活动，通常发生在课间休息时间。这些活动旨在帮助学生从连续的学习中抽出身来，进行身体上的休息和放松。这样的活动有助于缓解由于长时间坐着而产生的身体疲劳，调整他们的精神状态，为接下来的学习带来新的活力。课间活动的形式多样，可以包括轻松的伸展运动、短暂的散步或者一些简单的户外游戏等。这些活动旨在让学生的身体得到适度的运动，同时为他们提供一个放松心情、与同学交流的机会。这种短暂的活动对于维持学生的身体健康和心理平衡都是非常有益的。

通过这种方式，课间活动可以提高学生的身体健康水平，能够有效提升他们的学习效率。当学生能够在紧张的学习之间得到适当的休息和身体活动时，他们就更有可能保持清醒的头脑和积极的学习态度。

（三）课余体育训练

课余体育训练是大学体育活动的重要组成部分，它主要针对那些对体育运动充满热情、身体素质较好和在某些运动项目上具有特长的大学生。这种训练的主要目标包括以下两个方面：一方面是提升这些学生的运动技能和水平，使他们在各种体育竞赛中展示出色的表现，并为学校在不同级别的体育比赛中选拔优秀运动人才。另一方面是培养学校的体育骨干，这些体育骨干不仅在自己的专项运动中表现出众，还能够指导和推动校园内的群众体育活动。为了实现这些目标，课余体育训练需要精心规划和执行。训练计划必须考虑到参训学生的年龄特点、运动基础、生理和心理特征，以制定出适合他们的专门训练方案。另外，训练过程中需要遵循科学的体育训练原则，采用合适的训练方法，旨在确保学生能够在增强体质的同时，安全有效地提高运动技能和运动成绩。通过这样的课余体育训练，学生能够提升自己的运动技能，并在团队合作、领导能力等多方面得到锻炼和成长。

（四）课余体育竞赛

课余体育竞赛包括校内和校外的各类体育运动竞赛。这些竞赛不仅具有明显的竞争性，还兼具趣味性，能够有效地激发学生的参与热情，推动学校群众体育运动的发展。课余体育竞赛的举办不仅能增强学生体质，还能展示学校体育教学、课外体育活动和课余体育训练的成效。这类竞赛可以为学生提供一个展示自身体育技能、运动水平的平台。通过竞赛，学生可以检验自己在体育课堂和训练中所学的技巧和知识，也是他们提升自我、挑战自我的机会。在竞赛的过程中，学生可以锻炼自己的身体，还能在精神和心理层面得到提升，如学习如何面对竞赛压力、如何与队友协作、如何在竞赛中展现良好的体育道德和竞赛精神。此外，课余体育竞赛还是增强学生之间交流的有效途径。这种形式的活动，可以增强学生的团队精神和集体意识，增进学生之间的友谊，提高他们的社交能力。

第二章　大学体育中的运动训练

　　大学体育中的运动训练是一个综合性的教育过程，旨在提升学生的体能水平、运动技能和心理素质。运动训练强调身体能力的提升，注重学生团队合作、竞技精神和自我挑战的能力培养。运动训练的实施遵循着科学的原则和方法，确保训练既高效又安全。在运动训练过程中，教练员和体育教师应根据学生的身体条件、技能水平和个人需求设计训练计划。这些计划通常包括各种体能训练、技巧练习和战略学习，旨在全面提升学生在特定运动项目中的表现。同时，教练员应教授学生如何正确使用体育器材、遵守运动规则以及如何在运动中保护自己免受伤害。这些内容都是开展足球教学与训练的重要依据，可以帮助教练员和运动员在足球领域中达到更高的专业水平和更好的竞技状态。

第一节　运动训练的基本原则与主要方法

一、运动训练的基本原则

（一）竞技需要原则

　　竞技需要原则是根据提高运动员竞技能力及运动成绩的需要，从实

第二章 大学体育中的运动训练

战出发,科学安排训练的阶段划分及训练的内容、方法、手段和负荷等因素的训练原则。[①]

竞技需要原则能够显著提高运动员在特定运动项目中的竞技能力和运动成绩。这一原则的核心在于根据运动员的实际情况和专项需求,科学地规划训练的各个方面,包括训练的阶段划分、训练内容、方法手段以及负荷等。这种方法能够确保训练紧密结合专项运动的特点和竞赛需求,进而提升训练的针对性、实战性和实效性。在运动训练中,目标的设定对于指导运动员的行为至关重要。所有的训练计划和策略都应以成功参加比赛和实现预期比赛结果为最终目的。因此,训练的所有组成部分,包括选择的内容、方法和手段以及运动负荷和节奏的安排,都应紧密围绕比赛的具体需求。另外,不同的运动项目有着不同的竞技特点,这就要求运动员在各个项目中展现出不同的竞技能力。为了确保训练内容与运动员所参与项目的竞技需求相符,教练员和运动员必须全面、深入地理解他们所从事运动项目的竞技能力结构特点。这样,就可以更准确地选择合适的训练内容,并有效地安排和组织训练活动,从而发挥出运动员的竞技潜力。

在大学体育中,遵循竞技需要原则应重点明确训练目标,理解和体现运动项目的基本要求和特征。运动训练的目标应全面而集中地反映出运动项目的核心竞技需求,成为指导训练活动的基础。对于参与的特定运动项目,需进行细致的分析,以准确把握其专项能力的结构特征。不同的运动项目有其独特的技能和能力要求,因此理解这些特点是选择合适训练内容和方法的基础(表2-1)。之后,基于竞技需求,科学地选择训练的负荷内容和手段,考虑专项竞技能力的主导因素以及运动员自身的实际情况。选择的训练内容和方法应与运动员的个人能力、体质条件和专项需求密切相关。注重训练负荷内容的合理结构,在确定训练内容比例时,要综合考虑运动员的技术水平、训练阶段的具体任务以及运动

[①] 田晓玉. 运动训练学学习指导[M]. 长春:吉林大学出版社,2011:11.

项目的特点。这有助于确保训练既系统全面，又高度专注，具有较强的针对性。

表2-1 不同项群竞技能力基础条件的作用[1]

基础条件	体能主导类			技能主导类				
	速度性	快速耐力性	力量性	表现难度性	表现准确性	隔网对抗性	同场对抗性	格斗抗性
形态	++	+++	++	+++	++	++	++	+++
机能	+++	++	+++	++	++	++	++	++
协调	++	++	+	+++	++	+++	+++	+++
智力	+	+	+	++	+++	+++	+++	+++
知识	+	+	+	++	++	++	++	++
性格	++	++	++	++	++	++	++	++
动机	+++	+++	+++	+++	+++	+++	+++	+++

注：+++表示决定性作用；++表示重要作用；+表示基础作用。

（二）动机激励原则

动机激励原则是采用多种策略和手段来激发运动员的内在驱动力和参与热情。这一原则的核心是激活运动员的内在积极性和自发性，同时促进其独立思维、创新能力和自我管理的发展。通过这种方式，运动员被鼓励以最大的努力和效率完成训练任务，实现自身技能和能力的最大化提升。简而言之，动机激励原则关注通过心理和情感层面的影响，促进运动员在训练中的积极参与和持续进步。

---

[1] 范运祥，荆光辉.体育运动负荷控制与测评[M].长沙：湖南师范大学出版社，2003：38.

在实施动机激励原则时，有几个关键点需要特别注意。

1. 加强训练的目的性教育和正确价值观教育

通过教育和心理学方法，逐渐引导运动员建立起明确的训练目标和积极的训练动机。训练和比赛的目的若不明确，很难激发运动员的自觉行为。鉴于运动员在年龄、知识水平、能力、人生观念及生活环境方面存在差异，他们对参与训练的价值观和认知程度也不尽相同。教练需要帮助运动员理解运动训练对国家、民族、家庭和个人的重要性，并从多角度、多层次引导他们认识参与训练的意义。这种目的性教育应该贯穿于整个训练过程，以促进运动员的全面发展。

2. 激发运动员参与训练和比赛的兴趣

为了提高运动员对训练和比赛的兴趣，应当采取符合他们年龄和个性心理特征的不同方法。特别是在儿童和少年运动员的早期训练中，应采用游戏化和趣味化的方法进行全面训练，以保持他们对体育活动的热情。如果过早地或过度地专注于某一专项训练，可能会导致年轻运动员对训练感到厌烦，影响他们的长期参与和发展。因此，保持训练的多样性和趣味性，对于激发和维持运动员的训练兴趣至关重要。

3. 注意正确地运用动力

在运动训练中，平衡精神、物质和信息的动力，有助于提高运动员表现。具体到实际应用，需要根据具体情况对这些动力进行适当的强调。同时，理解和调整个体与集体动力之间的关系，确保个体动力在共同目标下得到有效发展，从而增强整体的动力。此外，在应用动力时，要精确掌握刺激量的适当程度，避免过度或不足，以达到最佳的训练效果。还需要注意，根据运动员的不同表现和贡献，合理分配激励，以确保每个运动员都能得到适当的激励和认可。

（三）有效控制原则

有效控制原则是指在整个运动活动及训练过程中，对训练负荷的内容、规模和实施方式进行精确掌控并及时调整。这种控制是为了确保训练活动能够沿着预定的路径高效运行，并达成设定的训练目标。有效控制原则要求教练员和运动员对训练负荷的各个方面都有深刻理解，包括训练的强度、频率、持续时间和恢复期。此外，有效控制还包括对运动员的反应和进步进行持续监测，以便在需要时对训练计划进行适时调整。例如，如果一个运动员显示出过度疲劳的迹象，教练员可能需要调整训练强度或频率，以避免过度训练和潜在的伤害。反之，如果运动员表现出超出预期的进步，教练员可能会增加训练负荷，以进一步提高运动员的能力。

1. 制订科学的诊断计划

制订科学的诊断计划是实现训练目标和保证训练过程按照预定方式进行的关键。制订诊断计划不仅要考虑训练的整体目标，还需要关注运动员的具体训练状态，并且要定期进行评估和调整。在制订诊断计划时，需要确定评定的内容、时间和标准。这些内容应包括运动员的竞技成绩、竞技能力水平以及对训练负荷的适应性。例如，可以通过测试运动员的体力、技能、战术水平等方面来评估其竞技能力。

评定的时间，应根据训练周期和运动员的需要来安排。例如，在训练初期，重点可能是评估运动员的基础体能和技术水平；而在赛季临近时，则可能更多地关注竞技状态和特定技能的精细化训练效果。此外，评定的标准也需要根据运动员的特定情况和运动项目的特点来制定。不同运动项目和运动员的特点会影响评定的内容和方法。例如，力量型运动员的评定标准会与耐力型运动员的不同。

2. 高度重视训练信息的采集和运用

为了确保运动训练过程中的有效控制，应对训练中的动态变化，应该充分重视训练信息的收集和利用。这需要采用多种检测和评估方法，如生理学、心理学、生物力学和生物化学测试，以及其他运动训练学的诊断手段。这些方法可以帮助教练收集关于运动员竞技能力、训练效果，以及其他相关影响因素的综合信息。基于这些信息，教练和训练员能够及时做出调整决策，并针对训练计划的不同阶段提出必要的修改建议。

3.及时对训练计划进行必要的修订和调整

虽然在制订训练计划时，应尽可能追求科学性和预见性，但由于人体的复杂性和各种主客观因素的影响，理论上的训练设计往往难以完全与实际训练需求相符合。实际上，由于运动员身体状态的波动和外部环境的变化，训练计划可能需要进行调整和修改。因此，教练需要在训练中根据实际情况的变化，及时、准确、客观地检查评估结果，主动进行必要和适宜的调整。这样的调整有助于保证运动员顺利完成训练目标，实现状态的有效转变，这是实施最优训练控制的关键所在。

（四）系统训练原则

系统训练原则是指在运动训练中按照科学、有序、逐步的方法来组织和实施训练。这一原则的核心在于运动训练不但要持续进行，而且需要循序渐进，根据运动员的身体状况和技能水平逐步增加训练强度和难度。运动训练不是一蹴而就的过程，而是需要长期、持续努力地活动。为了达到竞技运动的高水平，运动员需要经历长时间的训练，持续不断地提升自己的能力和技术。在训练过程中，不能急于求成，而应根据运动员的实际情况和能力逐步增加训练的强度和难度。忽视这一点可能导致运动员的过度训练，甚至受伤。反之，合理地循序渐进地增加训练负荷，不仅能有效提高训练效果，还能帮助运动员更好地适应训练的强度，避免训练中的潜在风险。

在运动训练中，系统训练原则的实施要点主要包括以下两点：一是保持训练的系统性。二是按阶段性特点组织训练过程。为保持训练的系统性，需要从以下几个方面入手。

1.健全多级训练体制

各国的训练体制虽然有所不同，但都是以保证运动员能够经历系化的长期训练为基本前提的。在我国，训练体制通常分为三个主要阶段：学校阶段的课外训练、体育专业学校的专业训练以及高水平运动队的高级训练。每个阶段都具有特定的训练职责，旨在为运动员的不同成长阶段提供适宜的训练和发展。为了确保运动员在其竞技生涯的关键时期获得最优表现，不同层次的训练必须有效衔接起来，形成一个统一的发展链条。这样可以防止训练过程中出现断层，保证运动员从基础到高级阶段实现连续、有序地发展。

2. 建立和强化正确的训练动机

一个强烈且正确的训练动机能够激发运动员的内在动力，使他们能够自发地投入艰苦的训练中，并持之以恒地追求卓越。实现这一目标的关键在于理解和利用运动员的个人目标、兴趣和激励因素。教练和训练团队应深入了解每位运动员的个人愿望和驱动力，包括他们对成就的渴望、对竞争的热爱或对个人和团队荣誉的追求。明确这些因素后，教练可以通过个性化的方法和策略来调动运动员的积极性，使训练更加符合他们的个人目标和期望。此外，通过设定清晰的目标和阶段性的里程碑，可以帮助运动员看到自己的进步和成就，从而进一步增强他们的训练动机。通过实时的反馈和适时的奖励，可以强化运动员的正向行为和努力，激发他们的内在动力。

3. 科学地制订训练计划

要实现运动员在竞技运动中的最佳表现，必须精心规划和设计长期的训练活动。科学地制订训练计划，是整个训练过程的蓝图和指南。只有在细致周到的训练计划指导下，运动员才能在激烈的竞争中取得优异成绩。一个科学的训练计划应涵盖运动员的长期目标，并根据这些目标制定逐步实现的策略。这个计划应包含各种训练活动、恢复期、竞赛准备等环节，以确保运动员的身体和心理都能达到最佳状态。此外，训练计划还需考虑到运动员的个体差异，如身体条件、技能水平和心理承受能力。科学的训练计划不仅仅是训练内容的安排，还包括对运动员进步的跟踪和评估，以便及时调整和优化训练策略。

4.提供有力的社会保证

在现代运动训练中，社会的全面支持和保障是运动员能够持续、高效训练的关键要素。运动训练不再仅限于运动员与教练员之间的互动，而已成为与社会多方面紧密相连的活动。因此，确保运动员在各方面得到充分支持是实现系统训练成功的重要条件。社会保障的范围非常广泛，包括运动员的教育、职业发展、经济状况、家庭和个人生活等。这些因素直接影响运动员的训练质量和心态。因此，社会各界需共同努力，为运动员提供稳定的学习和生活环境，保障其经济安全，以及解决其他可能影响训练的个人和家庭问题。这样的社会保障将在很大程度上促进运动员在训练中的精力集中和持续进步，进而为运动训练活动提供强有力的支持和保障。

除此之外，在系统训练原则下，运动训练过程的安排和实施需按照一定的步骤和顺序展开。这些步骤遵循既定的训练程序，从而确保训练的连贯性和有效性。例如，跨越数年的全面训练计划通常会被划分为几个不同的阶段：基础训练阶段、专项技能提高阶段、达到竞技巅峰阶段以及维持竞技状态阶段。同样地，持续4至12个月的一个完整训练周期也会被细分为准备期、比赛期和恢复期。甚至在单次训练课程中，也会有明确的三个部分：热身准备、主要训练内容和训练总结。这样的分阶段组织旨在确保运动员能够在不同训练阶段中有效提升，最终达到最佳竞技状态。

（五）周期安排原则

周期安排原则是根据运动员身体机能的生物节律、竞技状态的周期性变化规律以及比赛安排的周期性特征来组织训练过程的方法。这种原则考虑到了运动员的生物钟和体能周期，以此作为安排训练计划的基础。

运动训练不是一个静态或均衡的过程，而是一个动态、循环往复且逐步升级的过程。因此，训练内容和训练负荷的安排应符合运动员体能的自然变化规律，以确保运动员在不同阶段都能得到适当的训练，最大限度地提升他们的竞技能力。

在运动训练中贯彻周期安排原则，需要做到以下几点。

1. 掌握各种周期的序列结构

在运动训练中，根据周期安排原则，教练员需要深入掌握和区分不同的训练周期。这些周期按时间跨度不同，可分为多年训练周期、年度训练周期、大训练周期、中训练周期、小训练周期和日训练周期等。每种周期都有其独特的时间跨度和应用范围，理解这些周期的时间构成，对于制订合理的训练计划至关重要。以大训练周期为例，大训练周期可能包含几个月的训练时间，着重于某个特定的训练阶段或比赛前的准备。运动员竞技状态的发展与大周期相应的阶段划分，如表2-2所示：

表2-2 竞技状态的阶段性发展与大周期划分[①]

竞技状态发展过程	生物学基础	任务	训练时期
形成	适应性机制	提高一般竞技能力，促进竞技状态的形成	准备期
保持	动员性机制	提高专项竞技能力，发展稳定的竞技状态，创造新成绩	比赛期
消失	保护性机制	积极恢复，消除心理/生理疲劳	过渡期

2. 选择适宜的周期类型

在实施运动训练的周期安排时，需精心选择合适的周期类型，以确保训练的有效性和目标的达成。例如，在规划年度训练时，教练员需要决定是否采用单一周期、双重周期或多周期的方法。同样，周训练的安排也需谨慎，它可能包括增量训练、强度加强训练或赛前训练等类型。

[①] 田麦久.运动训练周期的宏观设计[J].福建体育科技，1993（2）：1-22，60.

周训练被视为组织训练活动中的一个关键单位，它可以根据不同的训练目标和内容划分为基础训练周、赛前训练周、比赛周和恢复周等类型。每种类型的周训练计划都会有其独特的负荷变化特性，以适应各种训练任务的需求。因此，教练员需要综合考虑运动员的具体情况和训练目标，以选择最合适的周期类型进行训练安排。

3.处理好决定训练周期时间的固定因素与变异因素的关系

适宜比赛条件出现的周期性特征和人体竞技能力变化是周期安排原则的主要依据。其中前者是固定因素，后者是变异因素。固定因素主要指训练周期的时间，通常与比赛日程的安排紧密相关。例如，重要的比赛日期往往会提前一年设定，这些日期通常与运动项目的最佳比赛条件相一致。而人体的竞技能力变化受生物节律等多种因素影响，并非不可改变的。科学的训练安排可以使运动员在关键时刻达到最佳的竞技状态。尽管比赛日期固定，但通过精心设计的训练计划，教练员可以有计划地调整运动员的体能和技术水平，确保其在比赛日处于最佳状态。这要求教练员深入理解运动员的生物节律，并灵活调整训练计划以适应比赛的特定需求。

4.注意周期之间的衔接

把一个完整的训练过程划分成若干个较小的周期之后，人们往往会忽视各周期之间的衔接，主要表现在注重训练过程的阶段性而忽略了连续性。整个训练过程中不同时间跨度的周期组成了一个持续发展的过程，因此在具体的训练过程中应特别注意周期之间的衔接。

二、运动训练的主要方法

运动训练方法是在运动训练活动中，提高竞技运动水平、完成训练任务的途径和办法。[①] 运动训练的方法是由多个要素构成的，包括运动

---

① 范永胜，张艳秋，梁智恒.运动训练基础理论与方法[M].哈尔滨：哈尔滨地图出版社，2006：121.

的实施动作和组合、运动量的控制与调整、训练过程的规划和变化、信息传递的方式和工具，以及外部环境条件的影响和调整。具体而言，运动动作和组合指的是具体的身体练习流程及其在不同练习间的组合方式；运动量控制与调整则涉及运动强度、量度及其性质的多样性；训练过程规划和变化包括训练的时间安排、参与人员的组织、器材使用、内容选择以及练习步骤的调整；信息传递方式和工具则指教练通过语言、视觉辅助工具如图表、视频等进行教学的方法；而外部环境条件的影响和调整包括训练环境的气氛、场地、设备、器械等因素的适应与调整。这些要素共同作用于运动训练，确保训练的有效性和效率。

　　运动训练方法，是教练员用来实现训练目标和提升运动员竞技水平的重要工具。从竞技运动的发展历程上看，训练方法的创新和科学应用对于提升运动项目整体水平具有十分重要的作用。每一种新的科学训练方法的出现不仅代表了训练原理的实际运用，也是对实践经验的高度总结。因此，准确理解和掌握各种训练方法的作用与特性，对于成功地实施运动训练计划、高效控制运动员能力的发展以及科学地提升运动员在各个项目上的竞技能力至关重要。

　　运动训练方法的分类有很多种，根据不同的标准，它们可以被分为多个类别。以提升竞技能力为目标，训练方法可以被划分为体能训练方法、技能训练方法、战术能力训练方法等。从训练内容的角度来看，可分为分解训练法、完整训练法、变化训练法、循环训练法等。根据训练负荷中氧气代谢的不同，训练方法可以被划分为无氧训练、有氧训练和无氧有氧混合训练等。此外，考虑到训练过程中不同的外部条件，还可以分为语言训练法、示范训练法、助力训练法、加难训练法等。

　　在运动训练中，教练员的指导工作需要遵循宏观的科学理念，也要精通各种具体的训练方法。这里，宏观控制运动训练的主要方法分为两种：模式训练法和程序训练法。

　　模式训练法主要根据一个明确定义的目标模型来组织和管理训练过

第二章 大学体育中的运动训练

程，这种方法通常涉及四个核心要素：明确的训练目标、评估手段、评定标准以及实施的训练方法。操作上，首先要分析影响运动员竞技水平的多种因素，并收集这些因素的关键参数。接着，建立一个反映这些因素如何影响竞技水平的结构模型，并依据模型的评估标准来定期检查运动员的竞技状态。对训练结果持续评估，可以发现与预期目标之间的差距，并据此调整训练方案，以确保训练过程不断向既定目标靠近。

程序训练法是基于训练过程的时间序列和训练内容的系统性特征，将多样化的训练内容按步骤有序编排成训练程序，并依此组织训练活动的方法。这种方法旨在实现对训练过程的科学控制，并包含训练程序、检查手段、评定标准、训练方法等四个关键组成部分。程序训练法的运用是一个闭环过程，其中包括正向控制通道和反馈调控通道。正向控制通道利用训练程序和训练手段来引导运动员竞技能力的发展方向。反馈调控通道则通过评定标准和检测手段来获取运动员的当前状态和表现，从而允许教练员基于这些信息调整和优化他们的指导策略。这种方法的应用旨在确保训练活动既符合既定目标，又能灵活适应运动员的实际情况和需要。

具体来看，运动训练基本的操作方法包括分解训练法、变换训练法、间歇训练法、重复训练法、持续训练法、完整训练法、比赛训练法等。其中分解训练法是将完整的技术动作或战术配合过程分解成几个部分，接着对这些分解出的部分分别进行专项训练。变换训练法是通过改变运动负荷、练习内容和练习形式，增强运动员的适应力和应急反应能力。这种多样性可以避免训练内容的单调性，激发运动员的兴趣和动力。间歇训练法是在有机体尚未完全恢复的情况下，按照规定的间隔时间反复进行练习。重复训练法是指在不改变其结构和外部负荷的情况下，多次重复练习同一动作，每次（组）练习之间有足够的休息时间。持续训练法是在较长时间内，以相对固定的运动强度持续地进行练习，旨在提高运动员的耐力和持久力。完整训练法强调技术动作或战术配合从开始到结束的完整练习，有助于运动员理解和掌握整个动作的流程。比赛训练法是模拟真实比赛条件下的训练，严格遵守比赛规则和要求。这种方法旨在提升运动员在实际比赛中的表现，增强他们的比赛适应能力。

第二节　运动训练过程及其组织实施

一、运动训练过程概述

（一）运动训练过程的含义

运动训练过程是指通过运动员系统接受训练活动，从而使运动员竞技能力与专项运动成绩不断得以提高所经过的一系列程序。[1]也就是说，在运动训练过程中，应按时间顺序安排一系列训练活动，这些活动包括明确的步骤和方案。为了达到最佳的训练效果和竞技成绩，运动训练过程需整合训练内容、方法和负荷，并根据不同阶段的需求进行调整。这样的过程不仅关注时间上的安排，还包括训练的全面规划，以确保运动员能够在竞技领域持续进步和发展。

（二）运动训练过程的结构模式

运动训练过程可以从时间和内容两个主要维度进行分析。时间维度涉及不同训练阶段和周期，它们在时间轴上表现出一定的互相关联性和整体的顺序。内容维度主要包括各类训练素材，如体能、技能、心理等，这些内容在空间上的组合和比例构成了训练的多样性。不同运动项目的训练过程在这两个维度上都有独特的特点，但都遵循一定的结构模式进

---

[1] 蒋立兵，易名农.现代体育教育技术[M].武汉：中国地质大学出版社有限责任公司，2012：104.

第二章 大学体育中的运动训练

行组织。运动训练过程的结构模式主要包括运动员初始状态评估、训练计划的制订、执行及过程中的检查与评估等关键步骤，如图2-1所示：

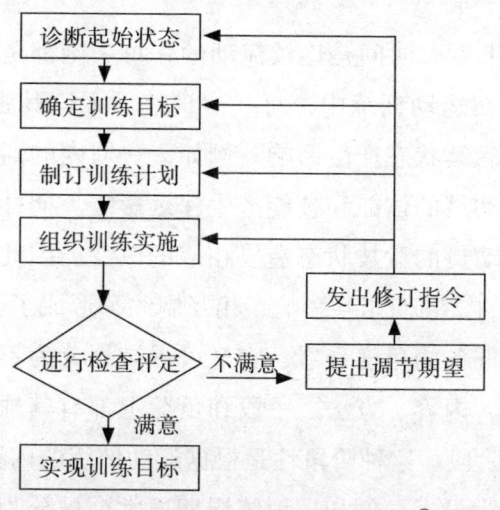

```
诊断起始状态
    ↓
确定训练目标 ←
    ↓
制订训练计划 ←
    ↓
组织训练实施 ←
    ↓                发出修订指令
进行检查评定 —不满意→ 提出调节期望
    ↓ 满意
实现训练目标
```

图 2-1 运动训练过程的基本结构[①]

运动训练过程的有效组织和实施取决于对运动员当前状态的准确诊断。诊断运动员的初始状态，可以为整个训练过程提供一个明确的起点。确定训练目标，主要为训练过程设定明确的目标状态，并为后续的检查和评估提供标准。基于对运动员现状的理解和训练目标的明确，结合可利用的训练条件，制订出的训练计划相当于对整个训练进程的理论设计，它主要描述从当前状态到期望目标的转变路径。在实际执行运动训练时，训练过程中的检查和评定是一个不断的信息反馈过程，保证训练活动能够按照预定计划有效进行。对特定指标的测量和与既定训练目标的比较，可以及时发现和诊断问题所在。然后，根据这些反馈信息，对训练过程的不同环节进行必要的调整和修正，以确保训练效果符合预期，最终实现设定的训练目标。通过这样一种动态、循环的过程，运动训练既可以保持其系统性，又具备一定的适应性和灵活性。

---

① 田麦久.关于运动训练过程的系统研究[J].体育科学，1988（2）：21-26，94.

（三）运动训练过程的基本特性

1.连续性与阶段性

从时间维度上看，时间是连续流动的，每一刻都是前一刻的延续和下一刻的基础。在运动训练中，每一次训练，无论其强度或时长如何，都会对运动员的后续状态产生影响。例如，一周内的高强度训练会在随后的时间里对运动员的体能和技能产生深远影响。同样，训练的间断或放松，也会对运动员的竞技状态造成相应的改变。因此，训练过程的每一步都不是孤立的，它们相互影响、相互制约，形成了一个连续的整体。然而，从内容和任务的角度来看，它又可以被划分为不同的阶段。每个阶段在训练任务、内容、方法、手段和负荷上都有其独特的特点，这些特点区别于其他阶段。这种阶段性是根据运动训练的内在规律来划分的，而不是简单的人为设置。例如，训练周期通常会被分为准备期、竞赛期和恢复期等不同阶段，每个阶段都有特定的训练目标和方法。

以足球战术阵型的发展历史为例，可以清晰地看到这两个特征如何在一个具体的领域中得到体现。自1863年现代足球规则确立以来，足球战术阵型经历了从最初的无组织攻防到后来更加复杂和科学的战术布局。这个过程不仅呈现出阶段性的特征，即不同时期主导足球界的特定阵形，如五后卫、四后卫或三后卫体系，也体现了一个连续的发展过程，每一种新的战术阵形都是在旧的基础上发展和演化出来的，如图2-2所示：

运动训练的连续性表明，无论训练的时间长度如何，每一次训练都是前一次训练的延续，并为后续训练奠定基础。连续的训练有助于不断增强运动员的体能、技术和心理素质。而阶段性则体现了训练内容和方法的变化，它要求训练计划必须考虑到运动员在不同训练阶段的特定需求和目标。这样，通过将训练过程分为不同的阶段，并确保这些阶段之间紧密相连，运动员的训练就可以在保持系统性和连续性的同时，有效适应不同的竞技和身体需求，从而最大化训练效果。运动训练的连续性和阶段性共同作用，为运动员提供了在不断变化的训练条件下，持续进步和发展的可能。

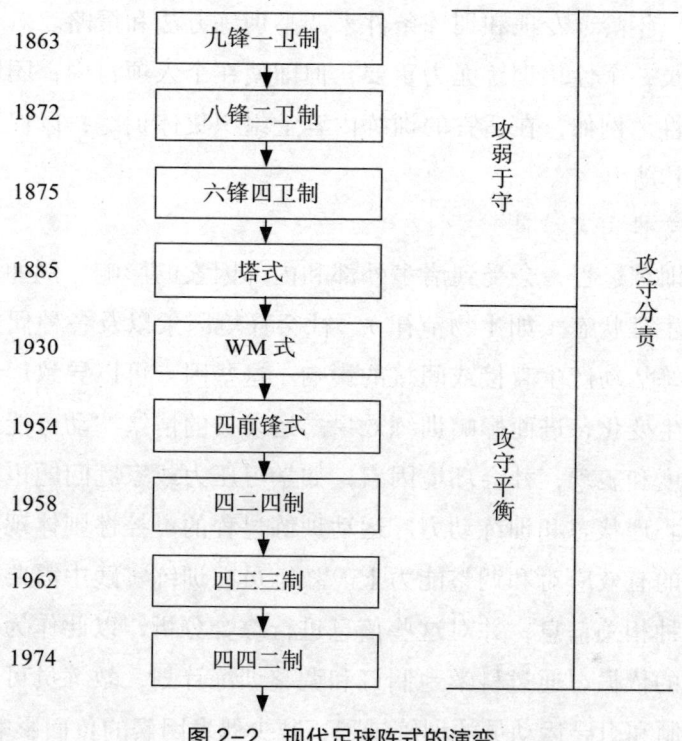

年份	阵式	特征
1863	九锋一卫制	攻弱于守
1872	八锋二卫制	
1875	六锋四卫制	
1885	塔式	攻守分责
1930	WM式	
1954	四前锋式	攻守平衡
1958	四二四制	
1962	四三三制	
1974	四四二制	

图 2-2　现代足球阵式的演变

2. 集群性与个体性

在竞技体育的世界中，无论是集体项目还是个人项目，运动员都需要在一个团队环境中培养和发展，这表明训练过程具有显著的集群性。一个成功的运动队伍不仅依赖各个成员的个人技能，还依赖团队的整体凝聚力和合作能力。这种集群性体现在运动员之间的协作、教练员的指导以及整个支持团队的努力上。特别是在集体项目中，整个队伍的凝聚力、协作能力和团队精神通常与运动成绩成正比。因此，训练过程不仅要注重技战术水平的提升，还要强调团队凝聚力的建设，这就要求运动训练既要有组织性也要有目标性。然而，运动训练的个体性同样不可忽视。每位运动员的生理和心理特征、技术水平、竞技能力和训练需求都是独特的。因此，训练计划需要在考虑整体团队需求的同时，也要充分考虑到每位运动员的个体差异。这意味着教练员需要根据每个运动员的特定需求、年龄、专项和训练条件来调整训练方法和策略。对于个人项目的运动员，个性化训练尤为重要，但即使在个人项目中，团队训练也有其必要性。例如，在适宜的训练内容上组织集体训练，以促进学生学习和激发其动力。

3. 多变性与可控性

运动训练过程，会受到诸多外部和内部因素的影响。例如，运动员的情绪、生理状态（如生物节律）、社会环境因素以及各种偶发事件都可能对训练活动产生直接或间接的影响。这些因素可以导致运动员的竞技状态发生变化，进而影响训练效果。运动员的情绪波动可能影响训练中的专注度和表现；社会环境因素，如学习压力或家庭问题也可能影响运动员的心理状态和训练动力。运动训练过程的可控性则体现在对这些多变因素的有效应对和调整能力上。教练员在训练实践中需要关注并及时获取各种相关信息，并对这些信息进行综合分析，以此作为调整原有训练计划的依据。通过科学地制订和调整训练计划，教练员可以在一定程度上控制和引导运动员的训练进程，减少偶发因素的负面影响。例如，了解运动员的个性和生物节律，可以帮助教练员更好地安排训练时间和内容，提高训练的有效性。因此，在运动训练过程中，教练员的任务不仅是设计一个科学、系统的训练计划，还包括不断监控、评估和调整这一计划，以适应运动员不断变化的需要和外部环境的变化。这种灵活性和适应性是运动训练成功的关键，也是运动训练科学性与艺术性结合的体现。这种动态的调整，可以最大限度地提高运动员的竞技能力，帮助他们顺利地实现从现实状态到目标状态的转变。

二、运动训练计划及其制订

(一)确定运动训练计划目标

在制订运动训练计划时,首先需要确立明确、具体的目标。这个过程实际上是从理论到实践、从概念到具体操作的转换。首先,需要将整体训练目标拆分为可测量的目标指标。例如,如果总体目标是提高运动员的竞技水平或在某项赛事中获得特定名次,则需要将这些目标分解为更具体的子目标,如提高特定技能、增强体能等。接下来,进一步细化这些子目标,直到它们变得具体且可测量。例如,如果目标是提高速度,那么具体的子目标可能是在一定时间内加快运动员的短跑速度。此外,这些目标还需要被时间化,即将它们分配到训练计划的不同阶段。对于每个时间段,都需要明确具体的训练任务、预期的训练负荷和期望达到的效果。

(二)运动员起始状态的诊断

在运动训练中,对运动员起始状态的评估是一项关键步骤,其目的在于揭示运动员当前的实际水平与所设定目标之间的具体差异。这种评估类似于医学上的诊断,旨在通过细致的检查来分析和确定运动员的能力和技能水平,以及他们与既定训练目标之间的具体差距。诊断过程不仅涉及识别这些差距,还包括了解这些差距产生的原因,如技术不足、体能问题或战术理解不深等。

诊断的有效性体现在其能够准确反映出运动员当前状态与训练目标之间的差异程度。这意味着评估的内容必须直接与训练目标相关,能够提供实质性的信息,帮助指导后续的训练计划。客观性则关系到诊断结果的可信度。为确保结果的客观性,评估应尽量消除主观偏见,保证不同的评估者在相同条件下得出相似的结论。这要求使用标准化的评估工具和方法,以减少个人主观判断的影响。而可靠性则指的是评估过程的精确性,即评估手段、工具和条件对结果精确度的影响。评估工具和方法的选择应保证稳定性和一致性,以便在不同时间或不同环境下重复使用时,都能得出相似的结果。

(三)确定实现目标的手段

确定实现目标的手段就是找到有效的方式来消除运动员当前状态与目标之间的差距,确保他们从现状顺利过渡到目标状态。在此过程中,"手段"指的是广泛的、基于原则的策略。这些策略应当被详细记录,并作为运动训练计划的一部分。它们可以为训练过程提供宏观的方向和指导,帮助教练员和运动员更清晰地了解为实现目标所需采取的具体步骤和策略。

(四)制订运动训练计划实施细则

在制订运动训练计划时,要将整个训练过程分成不同的阶段,并为每个阶段设定具体的训练任务和重点。同时,需要规划运动员在训练中所承受的运动负荷如何随时间变化以及恢复措施的安排。除此之外,选择合适的训练方法和手段,并为它们设定合理的运动负荷也是必不可少的。另外,制定出对训练效果进行检查和评定的具体内容、标准和时间点,以及所采用的方法和手段,都是这一过程中不可忽视的环节。还要明确规定在不同时间跨度(如每周、每月、每日)内的训练时间,以确保整个训练计划的有效实施。

(五)评审运动训练计划

运动训练计划的评审环节是对计划的全面评估和审查,确保其在各个方面都达到预期标准。这一过程主要是对计划的系统性、可行性、必要性、明确性、全面性和可操作性等关键方面进行细致的检查和分析,以便发现并提出可能需要的改进和调整建议。这项评审工作可以根据计

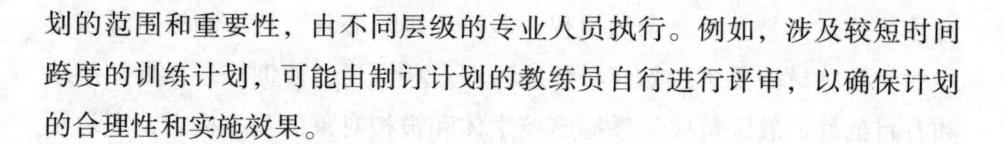

划的范围和重要性，由不同层级的专业人员执行。例如，涉及较短时间跨度的训练计划，可能由制订计划的教练员自行进行评审，以确保计划的合理性和实施效果。

（六）审查批准运动训练计划

经过细致的评审之后，这个训练计划需要以书面的形式提交给上级管理部门进行最终的批准。只有得到正式批准，这份训练计划才能成为指导运动训练实施的正式文件。对于那些涉及较短时间跨度的训练计划，其审批过程通常由计划的制订者自行决定。一旦获得批准，训练计划便进入实施阶段，至此，整个运动训练计划的制订过程也随之完成。

三、运动训练过程的实施与控制

运动训练过程的实施与控制，实际上是对训练计划的执行情况进行持续监督。在实施运动训练过程中，教练员要通过对训练计划实施情况的持续监测，收集反馈信息，并据此对运动员当前的训练状态进行深入分析。这种分析不只是涉及确定训练指标，还包括对实施过程中的任何问题进行及时而准确的诊断。为了保证运动员能够有效地从当前状态过渡到目标状态，教练员需要对训练计划中那些不符合运动员实际情况的部分进行调整，修改那些妨碍运动员顺利实现状态转移的因素，保证整个训练过程尽可能沿着最佳的状态转移通道发展。有效的训练控制，可以保证运动员平稳且高效地进入目标状态。这要求教练员精通训练科学和运动员的个体特征，能够灵活调整训练计划，应对训练过程中出现的各种变化。

具体来看，有效地控制运动训练过程，需要做到以下几点。

（一）掌握关于控制和训练控制的基本理论与方法

为了确保运动训练的有效性和科学性，教练员必须深入学习并掌握关于控制和训练控制的基本理论与方法。这是因为运动训练不仅是一项身体活动，也是一个复杂的过程，涉及生理、心理、技术和战术等多个层面。教练员需要了解如何科学地管理这些元素，使训练过程更加高效和有目的性。教练员应该掌握施控主体和被控对象的基本概念，在运动训练中，教练员通常是施控主体，而运动员是被控对象。然而，这种关系并不是绝对的，因为在不同的训练环节中，同一教练员或运动员可能既是施控者又是被控对象。例如，教练员在制订训练计划时是施控者，但在运动员反馈和训练结果分析中，他们也可能成为被控对象。另外，教练员还需要理解运动训练控制的基本原则和策略，如如何设置和调整训练负荷、如何设计和实施训练计划，以及如何进行运动员的技能和体能评估等。教练员应该熟悉运动训练中的各种测试方法和技术，这些技术可以帮助他们更准确地评估运动员的训练效果和身体状态。

（二）及时获取控制训练过程所需的重要信息

在运动训练过程中，教练员应及时获取控制训练过程所需的重要信息。教练员可以通过多种方式收集关键信息，从而确保训练的有效性和目标的实现。首先，课堂观察是获取信息的基础途径。通过直接观察运动员在训练中的表现，教练员可以评估运动员的技术水平、体能状态以及训练的响应。这种观察不仅包括运动员的身体表现，还包括他们的情绪反应和心理状态。其次，教练员可以通过日记记录来积累和分析信息。教练员日记和运动员训练日记都是宝贵的信息源。通过这些日记，教练员可以跟踪运动员的长期进步，了解训练计划的有效性，以及对运动员的个别化需求做出适当的调整。此外，专门的测试，如体能测试、技能评估和心理测试，可以提供量化的数据，有助于更精确地理解运动员的能力和进步。这些测试结果可以帮助教练员科学地调整训练计划，确保运动员处于最佳的训练状态。教练员也应关注各种比赛活动、学术研究成果以及通过国际与国内互联网获取的相关信息。这些外部信息源能提供有关最新训练方法、技术发展趋势和竞技体育领域的新知识。

(三) 保持信息反馈道路的畅通

教练员需要灵活运用各种信息传递方式，确保及时、准确地反馈信息给运动员，以便运动员能够及时调整和优化他们的训练和表现。一是同步信息的传递。这种方式在运动员进行持续时间超过半秒的练习时尤为重要。教练员通过即时观察，向运动员提供及时的反馈，使运动员能够在练习过程中即时调整自己的动作。这种方式特别适用于技术动作的微调和矫正。二是快速信息传递。在这种方式下，教练员在运动员完成练习后的 25 秒内向运动员提供反馈。这种迅速的反馈有助于运动员记住刚刚进行的动作，并能更快地从教练员的指导中学习和改进。三是滞后信息的传递。教练员在训练结束后，对整个训练课的信息进行归纳、分析，然后与预先设定的训练目标和指标进行比较。这种方法有助于运动员对训练过程有一个全面的理解和评价，为下一次训练做好准备。为了使信息反馈更有效，教练员需要确保信息是明确的、具体的、建设性的。此外，教练员还应鼓励运动员积极参与信息交流，表达自己在训练中的感受和看法，从而实现双向交流。通过维持开放、积极的沟通氛围，教练员和运动员可以共同工作，持续提升训练效果。

(四) 善于对训练计划进行必要、及时的调整

在运动训练的控制过程中，教练员必须具备对训练计划进行及时和必要调整的能力。这种调整基于对运动员当前状态的细致诊断，以及从各种信息来源中汲取的反馈。教练员通过诊断运动员的表现，确定训练中哪些部分需要改进或调整，以保证训练过程与运动员的实际需求和目标保持一致。进行这些调整的目的是确保训练计划的持续优化，使运动员的训练效果不断逼近理想状态。每次调整后，教练员需要通过进一步的检测和评估来验证这些调整的效果，并根据评估结果进行再次调整。这一循环过程不断进行，直至运动训练过程完全符合预定的目标和标准。

简而言之，有效的训练控制不仅包括对运动员状态的持续监测和评估，还需要教练员能够灵活地对训练计划进行调整，以适应运动员的实际表现和需要。通过这种方式，训练过程能够持续改进，更好地实现设定的训练目标。

第三节 运动训练中的损伤及预防

一、运动训练中发生损伤的常见原因

（一）运动前准备活动不充分

运动前准备活动的不充分是运动训练中发生损伤的常见原因之一。这是因为，充足的准备活动能够有效地唤醒运动员的身体，使之从静息状态平稳过渡到更高强度的运动状态。在没有进行适当热身的情况下，身体的肌肉、韧带和关节等组织可能还处于相对僵硬和未激活的状态，这会增加在运动中受伤的风险。

运动前的热身活动通常包括轻微的有氧运动和有针对性的伸展运动。轻微的有氧运动，如慢跑或跳绳，有助于提高身体的核心温度，使肌肉变得更加柔软和有弹性，同时加快血液循环，为肌肉和其他组织提供更多的氧气和营养物质。此外，适当的伸展运动有助于提高关节的活动范围和灵活性，减少在进行复杂或高强度运动时的肌肉拉伤或撕裂的可能。热身运动还有助于提高神经系统的反应性和协调性。在热身过程中，身体逐渐适应运动的节奏和强度，神经系统也在不断调整，以确保在接下来的训练中肌肉能够有效、协调地工作。因此，在进行运动训练之前，进行充分的热身准备和伸展动作是十分必要的。热身运动，需要覆盖到将要使用的主要肌肉群。例如，进行跑步训练的热身应该包括腿部肌肉的有氧运动和伸展。热身的时间和强度也应根据即将进行的运动强度来

第二章 大学体育中的运动训练

调整。另外，进行的伸展动作不应该太剧烈或过于迅速，应该是渐进的，以避免肌肉拉伤。

（二）运动场地存在安全隐患

不安全的运动场地则可能会增加运动员受伤的风险。原因多样，从地面不平、湿滑，到设施损坏或不当的使用，都可能成为导致运动员受伤的隐患。损坏的器材不仅无法达到预期的训练效果，还可能直接导致伤害。例如，篮球场上断裂的篮筐，足球场上破损的球门，或健身房中损坏的器械，都是潜在的安全隐患。这些问题可能导致运动员意外碰撞、被挤或者其他形式的伤害。

为了预防由于场地安全隐患引起的损伤，必须做到以下几点：第一，定期检查和维护场地设施。这包括检查场地表面是否平整、无杂物，确保地面干燥且无滑脱危险。对于室内场地，还需要确保充足的照明和良好的通风条件。第二，对于所有的运动器材和设施进行定期的维修和检查。损坏的设备应立即修复或更换，以确保运动员的安全。第三，为运动员提供适当的安全指导，教授他们如何正确使用运动器材，以及在特定运动环境下应采取的安全措施。

（三）过度训练或技术不当

在训练强度过高或者运动技术执行不当的情况下，运动员的身体会受到不必要的压力，进而增加受伤的风险。过度训练指的是超出运动员当前体能水平和恢复能力的训练强度或频率。这种情况下，身体没有足够的时间来适应和恢复，导致肌肉、骨骼和关节等受到持续压力，可能会引起慢性疼痛、肌肉疲劳、关节损伤等。过度训练不仅对身体造成损害，还会影响运动员的心理状态，导致疲劳、情绪波动、动力下降等问题。另外，运动技术的正确执行对于预防受伤至关重要。例如，举重时错误地举起和放下技巧、跑步时不正确的脚步着地方式、游泳时不当的呼吸和划水技术等,都可能导致肌肉拉伤、关节扭伤或其他形式的损伤。

二、常见的运动训练损伤及处理办法

(一)肌肉拉伤

这是一种常见的运动损伤,通常发生在肌肉突然过度伸展时。处理方法:立即停止活动,采取 RICE 方法(休息、冰敷、压迫、抬高),必要时寻求医疗帮助。避免在恢复期间进行剧烈运动。

(二)扭伤

扭伤常发生在踝关节和膝关节,表现为剧烈疼痛、肿胀和活动受限。处理方法:同样采取 RICE 方法,严重时应立即就医。

(三)关节脱臼

关节脱臼是指由于外力作用导致关节脱出正常位置。处理方法:不要尝试自行复位,应立即就医,以免造成进一步损伤。

(四)骨折

运动中的外力撞击或摔伤可能导致骨折。处理方法:保持伤处固定,尽量不要移动,并迅速就医进行专业处理。

(五)软组织挫伤

软组织挫伤是指直接撞击导致的软组织损伤。处理方法:冰敷以减轻肿胀,休息以促进恢复。

处理运动损伤时,最重要的是及时正确的判断和处理。轻微的损伤

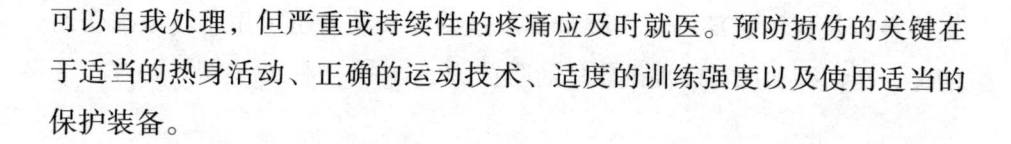

可以自我处理，但严重或持续性的疼痛应及时就医。预防损伤的关键在于适当的热身活动、正确的运动技术、适度的训练强度以及使用适当的保护装备。

三、运动训练中损伤的预防措施

（一）科学合理安排运动量及运动强度

在运动训练中，训练计划应根据运动员的身体状况、年龄、技能水平和专项需求量身定制。对于每个运动员，训练量和强度应与他们的身体适应能力和训练目标相匹配。过度训练或训练强度过高往往是造成运动损伤的主要原因。因此，监控运动员的身体反应并据此调整训练计划十分重要。运动训练应遵循渐进性原则，即逐渐增加训练量和强度，以促进身体适应并提高性能。例如，开始时可安排轻量级训练，随着运动员适应性增强，逐步增加训练的强度和复杂性。另外，还应给予运动员充足的恢复时间，这样身体才能修复并适应训练的压力。

（二）加强运动中的保护与帮助

在运动训练过程中，如果缺乏适当的保护和帮助往往容易导致受伤。恰当的保护措施不仅能增加运动员的安全感，还能预防意外伤害的发生。此外，运动员需要掌握一系列自我保护技巧。例如，在高处跌落或着陆时，应该屈膝并紧靠双腿，以此相互保护，避免对膝关节和踝关节造成损伤。若感觉重心不稳、即将摔倒时，应学会执行各类翻滚动作，减缓与地面的直接冲击。对于普通健身者和专业运动员来说，正确使用各种保护装备也至关重要。应根据不同运动项目易受伤的部位，选择合适的保护支具。例如，足球运动员为防止踝部受伤可采用特定的绷带绑扎方法；拳击运动员为保护手腕应使用绷带裹手；防止足弓下陷应使用保护支持带以及保护腰部的皮质腰带等。这些保护装备也可用于轻微损伤的情况，在训练和比赛前提供额外的防护。

（三）加强运动员的医务监督工作

运动员应接受定期体格检查，根据各运动项目的常见伤害特点进行有针对性的检查。这样做可以及时发现各类因训练过度造成的损伤，如有必要，还应定期进行 X 光检查。体检的目的是发现潜在的健康问题，并提供及时的医疗干预。在选拔新的运动员时，应进行全面的健康检查。对于那些无法承受高强度训练的运动员，如有先天性缺陷或者伤病史，特别是若其伤病在特定运动项目中较为常见、治疗困难或需要较长恢复时间的情况，不应选入队伍。例如，患有髌骨软骨病的运动员不适宜参加篮球、铁饼、跳高等运动项目，而有椎板骨折的运动员则不宜参与举重或体操等项目。运动员的自我报告也是医务监督的重要组成部分，可以作为医生医学观察的重要补充，反映运动员在训练和比赛过程中的身体反应。

足球训练篇

第三章　认识足球运动

　　足球运动是通过运动员用脚控制球的技巧，结合队员间的技术和战术配合，在场上进行攻守转换，以进球的多少作为判断胜负标准的一项团队体育项目。这项运动在全球范围内的普及程度较高，影响巨大，观众数量众多，市场价值显著，被公认为是"世界第一运动"。足球运动不仅是一项体育活动，它在人们的日常生活中扮演的角色和所承载的意义远超过运动本身。它已经成为全球文化的重要组成部分，深受各地人民的喜爱和追随。

第一节　足球运动的起源与发展

一、古代足球运动的起源

　　关于足球运动的起源，不同学者有着不同的看法，但可以肯定的是，足球的早期形式出现在许多不同的国家。例如，中国古代的蹴鞠，是一种类似于现代足球的游戏，起源于战国时期，后来在汉朝和唐朝广受欢迎。在古希腊和罗马，也存在着类似的球类游戏，如古希腊的 Episkyros 和罗马的 Harpastum。

　　在我国战国时期，蹴鞠又名"蹋鞠""蹴圆""蹴球""筑球""踢圆"等，"蹴"意为用脚蹴、蹋、踢，"鞠"指的是一种外层用皮革包裹、内部填充米糠的球。因此,"蹴鞠"是古代人们用脚跳动、踢或蹋这种皮球的活动,这与现代的足球有些类似。尽管如此,就游戏方式而言,蹴鞠在当时并不能完全算作一项竞技性的足球运动。

至汉代时期,蹴鞠活动不仅具有娱乐性质,受到各阶层的欢迎,而且还具备了一定的军事性、表演性和竞技性的特点。在李尤的《鞠城铭》一书中,首次对蹴鞠的比赛规则进行了介绍:"圆鞠方墙,仿象阴阳。法月衡对,二六相当。建立长平,其例有常。不以亲疏,不有阿私。端心平意,莫怨莫非。鞠政犹然,况乎执机。"

唐朝是蹴鞠运动发展的鼎盛时期,足球的制造技术也发生了明显变化。人们创造出用多边形拼接成球形的足球,并使用动物膀胱作为球的内胆,在其中充气,使得足球能够在空中弹跳。在这个时期,人们还发明了筑球和白打两种踢球技法。从唐代开始,蹴鞠运动传入日本,其中白打踢法在日本各地广受欢迎。尽管足球技术得到了极大的提升,但它逐渐失去了竞技对抗的特性。在一些元代出土的文物中,可发现当时出现了男女参与足球活动的场景。另外,足球运动还在散曲中有所体现,并出现了男女对踢的场景。明代时,朱元璋明令禁止蹴鞠活动,尽管如此,全国各地仍有许多蹴鞠爱好者。随着时间的推移,一些贵族和宫女开始热衷于蹴鞠,使得这项运动成了他们休闲娱乐的一种方式。到了清代,统治者倾向于推广满族的运动项目,并限制了汉族的蹴鞠运动。因此,清代中期几乎不再见到足球的踪迹,只有在极少数地区偶尔可以见到蹴鞠运动。然而,蹴鞠作为一种运动形式并未完全消失,它被清代统治者保留并转变为一种冰上游戏。

二、现代足球运动的发展

在中世纪的欧洲,尤其是在英格兰,形成了一种名为 folk football 的游戏,这种游戏在各个村庄间流行,没有统一的规则,常常伴随着暴力和混乱。19世纪中叶,在英国,为了减少混乱并将足球转变为一种有组织的运动，各学校开始制定自己的足球规则。1863年，英国伦敦成立了世界上第一个足球机构——英格兰足球协会（FA），并制定了一系列统一的足球规则，标志着现代足球的诞生。

随着现代足球在英国的兴起，这项运动开始向全球传播。到了19世纪，包括阿根廷、比利时、意大利等在内的多个国家陆续成立了自己的足球协会。1885年，英格兰率先成立了职业足球俱乐部，开创了职业足球的先河，随后其他国家也纷纷效仿，相继建立自己的职业足球俱乐部。足球运动因此得到了迅速发展，并在欧洲多国广泛流行。由于各国渴望举办大型足球赛事，但受制于缺乏国际性的足球组织，无法有效协调各国的足球运动和比赛，因此1904年5月21日，来自法国、比利时、丹麦、瑞典、西班牙、荷兰、瑞士等七个国家的足球协会代表在巴黎召开了一次重要会议。在此会议上，他们成立了首个国际性质的足球组织——国际足球联合会（Fédération Internationale de Football Association，FIFA，简称国际足联），该组织成为国际奥林匹克委员会的一部分。最初，英国对加入国际足联持怀疑态度，拒绝参与。至1905年，英格兰足球协会终于接受并申请加入国际足联，随后苏格兰等多地也相继成为其成员。

1870年，足球界首次明确制定了越位规则，而后在1925年对这一规则进行了重要的修订。这次修订明确规定，当无球进攻球员在对方球门线后方，且在其与球门线之间少于两名对方球员时，将被判定为越位。新的越位规则的实施对足球技战术的发展产生了深远影响，不仅提高了防守难度，还强调了攻守的平衡。这项规则的变化促使了战术的演变。1930年，英国的埃尔贝·契甫曼率先创造了明确分工的攻守平衡的"WM"阵型，一度在国际足坛占据主导地位。至20世纪50年代初，匈牙利人通过创造四前锋打法有效地对抗了"WM"阵型，并逐步替代了它。1958年，巴西人发明了"四二四"阵型，针对四前锋阵型在防守上的弱点，实现了攻守人数的平衡，从而推动了足球技战术在短短30年内的快速发展。到 1974 年,荷兰人引入了整体型打法,从此足球运动主要采用全攻全守的模式,进入"全面型"时代。

三、我国足球运动的发展

足球运动在我国的发展可分两个大的阶段来阐述:一个阶段是中华人民共和国成立前我国足球运动的发展;另一个阶段是中华人民共和国成立后我国足球运动的发展。在这两个大的阶段,足球运动又经历了不同的发展时期。由于篇幅有限,这里主要介绍中华人民共和国成立后足球运动不同的发展阶段。

(一)初期发展阶段

中华人民共和国成立后,政府对足球运动的重视和支持显著提升,为足球运动的发展奠定了坚实的基础。

1951 年,天津举行了中华人民共和国成立后的首次全国足球比赛,随后选出了超过 30 名运动员组建国家足球集训队,这支队伍在中华人民共和国足球运动发展的早期阶段扮演了关键角色。1954 年,多个省市开始建立自己的足球集训队,并开展专业化的训练。1955 年 1 月,中国足球协会成立,标志着中国足球运动的正式组织成立。从 1956 年起,我国开始举办甲、乙级足球联赛,并实施了运动员和裁判员的等级制度。1958 年的全国足球训练工作会议上,提出了"勇、快、巧、准"的足球风格,为中国足球的未来发展指明了方向。在 1959 年第一届全运会上,足球被纳入正式比赛项目,进一步推动了足球运动的普及和发展。1960 年,中国足球队在"中、朝、越、蒙"四国足球对抗赛中荣获冠军,标志着中国足球运动水平的一个高峰。这一时期,中国足球经历了从起步到逐渐成熟的重要过程。

（二）起伏徘徊阶段

20世纪六七十年代，全球足球运动正在迅速发展，尤其是1974年第10届世界杯足球赛标志着足球运动进入全攻全守的新时代。

20世纪60年代初，中国政府努力克服困难，积极采取措施促进足球运动的发展。1964年，中华人民共和国国家体育运动委员会（简称国家体委）发布了鼓励全国大力发展足球运动、迅速提升技术水平的决策，并将北京、上海等地区指定为足球发展的重点城市。同时，推广"三从一大"的训练原则，并在全国实施甲、乙级联赛的双循环升降级制度。期间，国家队得到重新组建，培养出一批杰出的足球运动员，技术水平明显提升，并取得了一些显著成绩。

1977年，北京举办了中国足球历史上首次的国际足球邀请赛，后来演变为"中国长城杯国际足球锦标赛"。1978年，全国足球甲、乙级联赛的双循环升降级制度恢复实施。1979年，国际足联恢复了中国足协的合法地位。70年代末，中国女子足球运动在多个城市展开，培养了一批女足运动员。在这段时间内，中国队参加了多项重要赛事，包括1974年第7届亚运会、1976年第6届亚洲杯和1978年第8届亚运会，为中国足球的进一步发展奠定了基础。此阶段，中国的大众足球运动迅速发展，拥有广泛的群众基础。随着经济的发展和人民生活水平的提升，业余足球成为人们日常生活的一部分。

（三）探索发展阶段

自20世纪80年代起，中国足球步入了一段改革与探索的新阶段。这一阶段主要集中于足球队伍领导体制的改革和制度建设。1985年底，国家体委设立了足球办公室，统筹管理全国的足球训练、竞赛和国际交流等多方面，这一举措取得了显著成效，并谨慎地朝着协会制和俱乐部制的方向发展。

1981年，北京召开的全国足球工作会议明确了新时期中国足球的发展方向。会议提出了"振奋精神，勤学苦练，坚持'三从一大'，注重快速运动中的技术提升，培养既能进攻又擅长防守的全面型运动员"的指导思想，为中国足球运动指明了前进的方向。

1983年，中国足协在得到国际足联和亚洲足联的认可后，成功举办了"广州国际女子足球邀请赛"，这不但大力推动了中国女子足球的发展，而且为1991年在广州举办的第一届女子世界杯足球赛奠定了坚实的基础，同时促进了全球女子足球运动的发展。

1985年，中国作为东道主在北京成功举办了第一届国际足联16岁以下柯达杯世界锦标赛。这次赛事不仅加深了中国足球运动员与世界各国同行之间的友谊和团结，也大力推动了国内青少年足球的发展。整个80年代，中国足球队积极参与多项重大国际比赛，并取得了一系列鼓舞人心的成绩。在1981至1982年间，中国队在第12届世界杯预选赛亚太区决赛中荣获第三名。1984年，中国队在第8届亚洲杯足球赛中获得了亚军。1987年，中国队在第24届奥运会足球预选赛中表现出色，获得了参加1988年汉城（现为首尔）奥运会决赛的资格，尽管在决赛中未能出线，但这是中国足球队首次冲出亚洲的重大突破。1992年，中国足协邀请了来自德国的知名教练施拉普纳执教国家队，同年，中国队参加了在日本广岛举行的第10届亚洲杯足球赛，最终取得第三名。然而，足球运动发展迅猛，亚洲各队水平日益提高，在1993年的世界杯预选赛亚洲赛区小组比赛中，尽管中国队努力拼搏，但最终未能获得小组出线权。

自1994年起，中国足球走进了职业联赛时代。联赛最初被划分为甲A（包括12支队伍）和甲B（包含14支队伍）两个级别，并实行了升降级制度。到了1998年，甲A联赛的队伍数量增至14支。经过十年的发展，到2003年，中国职业足球联赛已经历了一段不断成长的过程。在这一时期，中国足球协会陆续推出了一系列重要的法规文件，为联赛的标准化发展提供了有力的支撑。各个俱乐部也开始积极引进外籍教练和球员，这对提升中国足球水平起到了显著的推动作用。

2004年，中国足球职业联赛进行了重大调整，更名为中国足球协会超级联赛和中国足球协会甲级联赛。2012年，国家体育总局正式批准在山东省建设国家足球学院，旨在培养高水平的足球人才。同年，中国超级联赛的俱乐部开始大举投入资金，引进外援，以增强各队的竞争力。

2016年，中超联赛在国际足坛的转会市场上掀起了巨大波澜，吸引了众多知名球员和教练的加盟，这一"名牌效应"在一定程度上提升了中超联赛的国际影响力。

当前，应该清晰地认识到，中国足球虽在亚洲有所表现，但成绩并不稳定。要在亚洲足坛站稳脚跟，甚至在世界足球舞台上有所作为，中国足球仍需脚踏实地、勇于创新，持续不懈地努力。近年来，为了扭转足球运动的不佳局面，我国进行了一系列的尝试和探索。2021年，国家体育总局官网发布《体育总局关于开展全国足球发展重点城市建设工作的指导意见》，明确提出了到2035年，要将足球打造成为中国建设体育强国的标志性事业。这一目标的提出，体现着我国对足球运动长远发展的重视，也为未来中国足球的发展方向和重点提供了指导。通过多方努力，相信我国足球有望在未来实现质的飞跃，提升在国际足坛的竞争力。

第二节　足球运动的特点与规律

一、足球运动的特点

足球运动有着"世界第一运动"的称号，它是在同一个场地，两方队员用脚来踢球，进行攻和守的体育项目。它是世界上最受人们喜爱、开展最广泛、影响最大的体育运动项目。有些国家将足球定为"国球"。一场精彩的足球比赛，吸引着成千上万的观众和数以亿计的电视观众，因而成为电视节目中的重要内容。有关足球消息的报道，在世界各种报刊上都有所体现，当今足球运动已成为人们生活中不可缺少的组成部分。足球运动之所以能成为世界第一运动，不仅在于足球运动蕴藏着丰富的内涵，还在于其独特的魅力。

（一）团队的集体性

足球运动的本质在于它是一项集体竞技运动，其胜利不仅取决于个体球员的技术和能力，更重要的是整个团队的协作和战术执行。在足球场上，每名球员的角色和职责都是团队战略的一部分，无论是进攻还是防守，都需要球员之间的紧密配合和默契理解。从进攻上看，足球不是简单的个人表演，而是需要通过团队成员的协作来完成的。从守门员到前锋，每个位置的球员都有可能参与到进攻中。中场球员在控球和传递时，需要与前锋和边锋协调动作，创造进球机会。同时，后卫会在适当的时机参与进攻，增加攻势的压力。这要求球员不仅要有良好的个人技术，还需要有极强的场上观察能力，能够迅速做出判断并找到最佳的传球和移动路线。从防守上看，当对方球队发起进攻时，防守球员需要紧密配合，通过协同移动和包夹来阻止对方的进攻。中场球员在防守时也扮演着重要的角色，他们需要迅速回撤，帮助后卫形成防守网。因此，一支优秀的足球队不只是由11名技术高超的球员组成，更关键的是这些球员如何协同作战，以及他们如何在教练的战术指导下发挥整体的战斗力。

每名球员的独特技能和风格对于球队来说都是宝贵的资源，但是关键在于如何将这些资源整合在一起，形成一个协调一致的整体。教练员的作用在这里尤为关键，他们需要根据每位球员的特点，以及球队整体的风格和对手的特点，制定出适合的战术布置。教练员还需要在比赛过程中进行及时调整，应对场上的变化。一个卓越的足球队是由多个部分组成的有机整体，每个部分都有其独特的作用，但他们之间又紧密相连，

第三章　认识足球运动

互相支持。只有当所有球员都围绕着共同的目标和策略工作时，团队才能发挥最大的潜力。

（二）竞技的对抗性

在足球比赛中，球员之间的身体对抗是最直观的对抗形式。比赛中，球员们在抢夺球权时，经常会出现身体接触和碰撞。例如，在争夺头球时，球员们会跳起争抢，这不仅考验他们的跳跃能力和头球技术，还考验他们的身体协调性和对抗能力。在拼抢地面球时，球员们往往要展示出强大的身体力量和良好的平衡能力，以防被对方球员挤压或推倒。另外，足球运动的对抗性还体现在战术和策略上。在现代足球中，战术布置和策略运用成为决定比赛胜负的关键。每支球队都会根据自身的特点和对手的弱点制定出相应的战术，以期在比赛中占据上风。这种战术对抗不仅要求球员们拥有出色的技术能力，更要求他们具备良好的战术意识和团队合作精神。

足球比赛的核心在于双方球队为控制球权、攻门得分以及防守自家球门而展开的激烈竞争。这种竞争不仅仅局限于球场的每一寸土地，而且在某些区域，尤其是两个罚球区附近，竞争的激烈程度更是达到了顶峰。在足球比赛中，球的控制权常常意味着比赛的主动权。因此，球员们在争夺球权时往往表现出极强的对抗性。这种对抗不只是体力上的较量，更是技术和意识的博弈。比如，在中场争夺球权时，球员们需要展现出良好的身体对抗能力和抢断技巧，同时要具备快速判断形势并做出最佳选择的能力。当比赛转移到罚球区附近，竞争的激烈程度会急剧升级。这是因为罚球区是直接关乎比赛胜负的关键区域。进攻方球员在这个区域内力图创造射门机会，而防守方球员则竭尽全力阻止对手得分。在这个过程中，身体接触和对抗不可避免，球员们需要在保持身体平衡和防止犯规的同时，尽可能地争取发球权。因此，足球运动具有很强的对抗性，这也是足球运动充满激情和魅力的重要原因之一。

(三)技术的多变性

技术的多变性是足球比赛广受欢迎的重要因素之一，它使每场比赛都充满不确定性和挑战性，为球迷提供丰富的观赛体验。每位球员都有自己独特的技术特点，如控球、传球、射门、盘带、头球等。这些技术的运用和组合，能够为足球比赛增添无限的可能性和变化。例如，一名擅长盘带的球员可能会在对抗中利用个人技术创造突破，而擅长传球的球员则能通过精准的传递来打开局面。在团队层面，不同球队会根据自己的技术特点和队员能力，形成各具特色的比赛风格。有的队伍可能偏重于控球和地面传递，追求流畅的配合；而另一些队伍则可能侧重于快速反击和长传冲吊，以速度和力量为主。这些不同的战术选择，使得足球比赛呈现出丰富多彩的风格。另外，比赛中的情况千变万化，球员和教练员需要根据比赛的实际情况不断调整技术和战术。例如，在落后时可能需要加强进攻，而在领先时则可能选择加固防守。运动员们需要在比赛中不断地进行技术上的调整和变化，以应对不同的比赛态势。

(四)战术的复杂性

在足球比赛中，每支队伍都有其独特的战术布局，这取决于球员的能力、教练的战术思维和对手的战术安排。战术布局的多样性是足球复杂性的一个重要体现。从经典的4-4-2阵型到更现代的3-5-2或4-3-3，每种布局都有其优势和劣势，适应不同的比赛风格和对手。战术的选择不仅反映了球队的打法，也反映了对比赛的适应和调整能力。此外，球员之间的配合和位置转换也是足球战术复杂性的重要方面。球员需要根据比赛的进程和对手的布局，灵活调整自己的位置和角色。例如，一名中场球员可能需要在防守时回撤帮助后防，而在进攻时则需要推进到前场发起攻势。足球战术还包括对球权的控制和转换，这涉及如何在失去球权时迅速组织防守，以及在夺回球权后如何有效发起进攻。有效的传球策略、控球技巧和快速转换能力是成功执行这些战术的关键。因此，足球的战术复杂性是由多种因素共同作用的结果。

（五）运动的艰苦性

足球运动要求球员具备卓越的身体素质，包括速度、力量、耐力和灵活性，这些都是通过长时间、高强度的训练才能达到的。球员在比赛和训练中不断挑战自己的身体极限，这种持续的身体负荷不仅对肌肉和心血管系统构成挑战，还可能导致伤痛和疲劳。除了身体上的需求，足球还要求球员具备高度的技术技能，包括控球、传球、射门、防守等方面。这些技能的精练需要无数小时的练习和反复演练。在高速和高压的比赛环境中，保持技术的精准和高效是一项极大的挑战。球员需要在瞬息万变的比赛中做出快速决策，这要求他们具备出色的游戏理解能力和场上视野。从战术上看，足球运动对球员的要求同样严苛。足球不仅是一项个人技术的展示，更是一项团队合作的艺术。球员需要理解并执行复杂的战术布局，这需要对战术理论的深入理解和与队友之间的默契配合。在比赛中，对战术的快速适应和调整对球员的心理和智力提出了挑战。此外，足球运动的艰苦性还体现在心理层面。球员需要承受来自比赛、训练、媒体和球迷的巨大压力。他们需要学会正确面对失利、批评和外界的期望，同时保持自信和动力。心理韧性在足球中尤为重要，它帮助球员在逆境中保持坚韧，把失败转化为学习和成长的机会。因此，足球运动员需要在身体、技术、战术和心理各方面展现出色的能力，才能在这项运动中取得成功。这种全方位的挑战使得足球成为一项极具挑战性的运动，而正是这种挑战性使得足球深受全球亿万人的喜爱。

二、足球运动的规律

（一）非乳酸速度耐力训练的生理变化规律

足球运动以有氧耐力为基础，结合有氧、无氧和混合氧供能的特征，强调在高速度下进行长时间运动而不产生大量乳酸的能力。

在足球运动中，非乳酸速度耐力训练主要指的是在较高的运动强度下，通过有氧代谢为主要能量供应方式，进行持续的运动训练。这种训练模式使得运动员能在避免产生大量乳酸的情况下，保持较高的运动速度和强度。此类训练对心肺功能、肌肉耐力和代谢效率的提高尤为重要。从生理变化角度上，非乳酸速度耐力训练有助于增强心肺功能。定期进行非乳酸速度耐力训练的运动员会使心脏肌肉得到增强，心室容量增大，心脏泵血效率提高，从而能够在运动期间更有效地输送氧气和营养到身体各部位。此外，肺部功能也得到改善，肺活量增加，气体交换效率提高，使得运动员在高强度运动下能更好地维持氧气供应。非乳酸速度耐力训练还有助于提高代谢效率。运动员的身体会逐渐适应在较高强度下利用更多的有氧能量途径，减少无氧代谢过程中乳酸的积累。这意味着运动员在比赛中可以进行更长时间的高速奔跑和高强度竞技，而不会因乳酸积累导致肌肉疲劳和力量下降。在足球比赛中，运动员需要频繁进行短时的冲刺、急停和方向变换等高强度活动。非乳酸速度耐力训练可以保证运动员在进行这些动作时维持较高水平的表现，同时减少疲劳感，提高比赛的持续性和效率。

（二）综合性战技术训练的运动规律

足球运动具有以技术、技巧为基础，以战术意识为灵魂，以身体、心理和意志力为保证，突出综合性技战术训练的运动规律，如图3-1所示：

第三章 认识足球运动

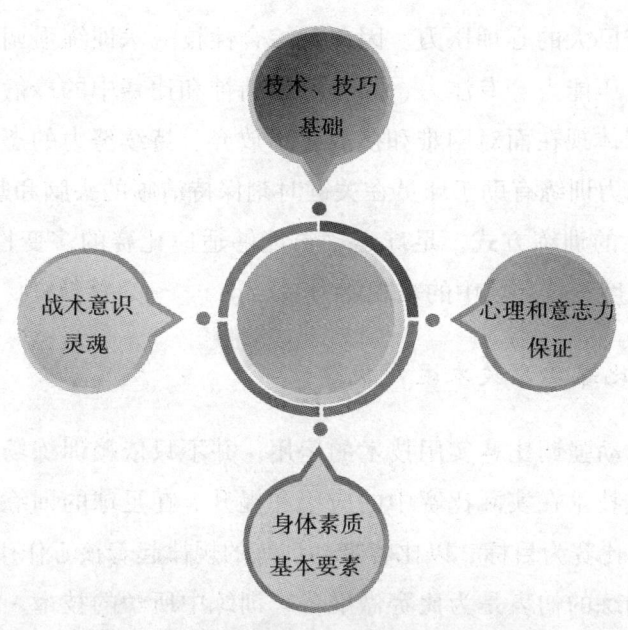

图 3-1 综合性战技术训练的运动规律

技术和技巧是足球训练的基础,包括球员的基本动作如控球、传球、射门、盘带等。这些基本技能的掌握是球员能在比赛中有效执行战术布局的前提。因此,综合性技战术训练强调技术技巧的反复练习和精炼,以确保球员在高压和快速变化的比赛环境中能够准确、迅速地执行这些技能。

战术意识是足球运动的灵魂。球员不仅要理解和执行教练制订的战术计划,还需要具备一定的即时决策能力、对比赛形势的理解和对对手战术的适应能力。在训练中,教练员可通过模拟比赛情景、分析真实比赛录像和团队讨论等方式来提高球员的战术意识和应变能力。

身体素质是足球运动员必须具备的基本要素。强健的体魄、出色的耐力、快速的反应能力和良好的协调性是比赛中取得成功的重要保障。因此,教练员主要通过针对性的体能训练,如力量训练、耐力跑、敏捷训练等,来提高球员的身体素质。

心理和意志力的培养同样不可忽视。足球是一项高强度的竞技运动,常常伴随着巨大的心理压力。因此，综合性技战术训练强调心理素质的培养，如抗压能力、专注力、团队协作精神和比赛中的冷静判断。意志力的锻炼则体现在面对困难和挑战时不放弃、持续努力的态度上。这些心理和意志力训练有助于球员在关键时刻保持清晰的头脑和坚定的决心。通过综合性的训练方式，足球运动员能够适应比赛的多变性和复杂性，提高在高强度竞技环境中的表现能力。

（三）比赛实用技术运用规律

足球运动强调比赛实用技术的运用，并不只依赖训练场上的技术练习，更注重技术在实际比赛中的应用和提升。在足球的训练和比赛过程中，这种以比赛为目标、以比赛带动训练的规律起着核心作用。

足球训练的初衷是为比赛做准备，训练中所学的技术、战术和体能练习都旨在提升球员在实战中的表现。然而，真正的比赛环境远比训练更加复杂和不可预测，它涉及对抗性更强、压力更大、变化更快的情景。因此，足球运动强调在实际比赛中运用和提升技术的能力，因为只有在真正的比赛中，球员才能完全体会和适应这种高强度、高压力的环境。比赛实用技术的运用不仅包括基本技能如控球、传球、射门等，还包括如何将这些技能有效融入战术执行、如何在高压环境下做出快速决策，以及如何根据比赛情况灵活调整战术。这些在比赛中的应用能力是训练所无法完全模拟的，需要球员在实战中不断学习和适应。此外，比赛还可以作为一种反馈机制，帮助球员和教练团队了解哪些训练方法有效，哪些需要改进。通过分析比赛中的表现，可以调整训练计划，更加具有针对性地提升球员的技术和战术能力。因此，足球运动中的训练与比赛形成了一个相互促进的循环，即通过训练提高比赛表现，同时利用比赛经验来指导和改进训练。

第三节 足球运动的主要赛事及其一般规则

一、足球运动的主要赛事

(一) 国际足联世界杯

国际足联世界杯(FIFA World Cup),简称"世界杯",是全球足球界备受瞩目的赛事。这项赛事代表着足球领域的最高荣誉和最顶尖的竞技水平,其知名度和全球影响力甚至超越了奥运会。世界杯的举办周期是每四年一次,通常安排在奥运会的间隔年。

作为全球足球发展的重要推动力和普及化的重要途径,世界杯被誉为足球界的"生命之杯"。历史上,2002年,中国国家足球队首次闯入世界杯的舞台,参加在韩国和日本共同举办的第17届赛事。在世界杯的辉煌历史中,巴西队以其无与伦比的足球技艺和战绩脱颖而出,成为夺冠次数最多的国家,共计五次捧起世界杯冠军奖杯。巴西队在获得三次世界杯冠军后,被永久授予了前世界杯奖杯——雷米特杯的收藏权。现行的世界杯奖杯被称为大力神杯,自1974年起由德国队首次捧起并一直沿用至今。德国队也是历史上四次夺得世界杯冠军的强队之一。这两座奖杯共同象征着世界杯的悠久历史和足球运动的最高荣耀。世界杯不仅是球队之间的竞技盛事,更是全球亿万球迷共同关注和庆祝的体育盛宴。

世界杯的比赛结构分成两部分:预选赛和决赛。在预选赛阶段,比赛被划分为六个主要的地区赛区:欧洲、南美洲、亚洲、非洲、北美洲以及大洋洲。每个赛区根据自身特点和条件制定了各自的预选赛规则。国际足联的会员国(地区)代表队需在各自的赛区中竞争,以争夺晋级到世界杯决赛阶段的资格。世界杯决赛阶段的名额最初为16个,1982年增加到 24 个，1998 年又扩大到 32 个。① 目前，国际足球联合会世界杯决赛阶段的名额已经由 32 支扩充至 48 支，自 2026 年世界杯开始生效。从赛制上看，主办国自动获得一个决赛阶段的名额，其余的名额则由国际足联根据各赛区的足球水平进行分配，不同的赛区会获得不同数量的决赛名额。自 1938 年的第三届世界杯起，赛事规则允许前一届的冠军和东道主国自动晋级决赛阶段。然而，在 2002 年韩日世界杯上，由于上届冠军法国的不佳表现，国际足联决定更改规则。从 2006 年开始，前届冠军也必须参与所在区域的世界杯预选赛，这意味着只有东道主保留了直接晋级决赛阶段的资格。值得一提的是，即使在南非世界杯上，东道主国南非未能晋级小组赛，国际足联仍未废除东道主自动晋级的规定。世界杯决赛阶段的主办国应为国际足联的会员国（地区），且这些会员国（地区）需要向国际足联提交申办申请（两个会员国可联合申办）。主办国由国际足联全体会员国（地区）通过投票选出。在决赛阶段，共有 32 支球队在主办国进行比赛，竞逐世界杯冠军。在决赛阶段，32 支球队通过抽签分为 8 个小组，每组包含 4 支球队。这些球队在小组中进行积分赛，每个小组的前两名共 16 支球队晋级下一轮。晋级后的 16 支球队将按照预先设定的规则进行赛程安排，不再进行抽签，随后展开单场淘汰赛，直至最终决出冠军。

（二）奥运会足球赛

1896 年在希腊举办的第一届奥运会上，足球属于一种表演项目。自 1900 年的第二届奥运会起，足球则升级为正式比赛项目。根据国际奥林匹克委员会的规定，只有非职业化的足球运动员有资格参加奥运足球比赛。1979 年，规则进一步细化，明确规定来自欧洲和南美的运动员若曾参加过世界杯，将不能参加奥运会足球赛；而其他地区的运动员则不受此限制。奥运会足球比赛的决赛阶段由 16 支队伍组成，这些队伍是通过

---

① 凌明德.健康快乐体育[M].上海：同济大学出版社，2001：100.

预选赛脱颖而出的。具体来说，欧洲派出 4 支队伍，亚洲和非洲各派出 3 支，北美洲和南美洲各有 2 支队伍参赛，加上上一届的冠军队伍以及当届奥运会的东道主队伍。在决赛阶段，比赛首先分为 4 个小组进行预赛，每组的前两名进入下一轮。这些队伍随后被编成两组，通过交叉比赛的方式进行复赛。在复赛中，每组的第一名队伍将争夺金牌和银牌，而两组的第二名竞争铜牌和第四名的排名。这样的比赛方式确保了奥运会足球赛的竞技性和观赏性，同时为世界各地的足球运动员提供了展示才华的舞台。

（三）欧洲足球锦标赛（欧洲杯）

欧洲足球锦标赛，通常被称为欧洲杯，是由欧洲足球协会联盟（UEFA）主办的一项国家级足球赛事。它是仅次于 FIFA 世界杯的另一项重要国际足球比赛，主要由欧洲国家的国家队参加。欧洲杯的历史可以追溯到 1960 年，当时的比赛规模相对较小，但随着时间的推移，它已经发展成为全球最受瞩目的足球赛事之一。每四年举办一次，赛事吸引了欧洲最顶尖的国家队参加，竞争非常激烈。随着时间的推移，比赛的方式经历了多次变化。最初，欧洲杯的参赛队伍数量较少，但随着足球在欧洲的普及和发展，参赛队伍数量逐渐增加。在最近几届赛事中，参赛队伍已经扩展到 24 支，这些队伍通过预选赛获得参赛资格。欧洲杯是展示高水平足球技艺的赛事，也是各国文化交流和加深国际友谊的重要平台。这项赛事每届都吸引着数以百万计的观众关注，无论是在现场还是通过电视和网络直播。它不仅是欧洲优秀的球员和球队展示他们才华的重要平台，还能够在一定程度上促进欧洲各国之间的相互理解和尊重。

（四）亚洲杯足球赛（亚洲杯）

亚洲杯，是亚洲足球联合会（AFC）组织的一项国际男子足球赛事，每四年举行一次。作为亚洲最重要的国家级足球赛事，亚洲杯在全球范围内仅次于美洲杯，是历史上第二古老的洲际国家队比赛。其创办时间比欧洲足球锦标赛早四年，首次举办于1956年。亚洲杯是亚洲地区最高水平的国家级比赛，参赛队伍必须是亚洲足球联合会的成员国。自1997年起，亚洲杯的冠军队伍还代表亚洲足联参加国际足联联合会杯。在2004年之前，亚洲杯通常与欧洲足球锦标赛和奥运会在同一年举行，这在一定程度上影响了其吸引力。为了提高亚洲杯的知名度和影响力，亚洲足球联合会决定将赛事安排在体育赛事较少的单数年份举行。因此，原本计划在2008年举行的亚洲杯被提前到2007年举办，并决定维持每四年一次的举办频率。

二、足球竞赛的一般规则

（一）比赛时间

足球比赛通常持续90分钟，分为两个45分钟的半场，中场休息时间不超过15分钟。比赛的具体时间可能会根据裁判员的判断进行调整，以补偿受伤处理、时间拖延或其他原因所导致的时间损失。补时的具体时长由裁判员根据实际情况决定，通常在一到六分钟之间。

（二）队员人数与换人

每支球队上场队员数量上限为11人，包括一名门将。如果某队场上队员少于7人，比赛将无法进行（足球比赛也有9人制、7人制和5人制，但多用于训练）。在奥运会足球赛事中，每队每场比赛最多可使用三名替补队员。替补队员和在场球员未经裁判许可，不得随意进出比赛场地。此外，守门员和其他位置球员在比赛中不能随意交换位置，若有此类需求，必须经裁判同意后方可执行。

（三）裁判员

在一场规范的足球比赛中，裁判工作由一名裁判员、两名助理裁判

第三章 认识足球运动

和一名第四官员组成。裁判员拥有场上的最高判决权，负责确定比赛是否需要延长时间、是否需要推迟或中止比赛。助理裁判的职责包括指示球员越位和球出界的情况，并在必要时辅助主裁判做出判罚，但他们并不拥有最终的判决权。第四官员由竞赛规程指派，同时在其他三名比赛裁判中的任何一名不能担任执法工作时上场替补。

（四）任意球

在足球比赛中，任意球有两种。第一种是直接任意球，通常针对的是违规行为，如恶意踢人、打人、绊倒对手等，以及使用手臂拉扯、推搡对手或手触球等情形。对于辱骂裁判员或他人的行为也会被判给直接任意球。执行直接任意球时，球员可以直接射门得分。若这类违规行为发生在罚球区内，将被判罚点球。第二种是间接任意球，主要针对危险动作、阻挡对手或在定位球情况下的连续踢球等违规行为。执行间接任意球时，球员不能直接射门得分。只有当球在进门前被其他队员接触后，才能计入得分。在罚球区内犯下的这类违规不会被判罚点球。不论是直接还是间接任意球，防守方的球员都必须站在距离足球至少9.15米的位置。如果防守方球员未能遵守这一规定，裁判员可以向他们出示黄牌。

（五）点球

罚球区内的直接任意球犯规将导致判罚点球。在执行点球时，除了执行罚球的球员和守门员外，其他球员都不得进入罚球区。如果防守方球员进入罚球区并且点球进球，那么进球有效；如果没有进球，则需要重新罚球。相对地，如果是进攻方球员先进入罚球区，无论点球是否进球，都需要重新执行点球；如果点球未进，则判给防守方球门球。守门员在点球执行期间可以在球门线上左右移动，但不允许向前移动。

（六）红、黄牌

在足球比赛中，裁判员根据犯规的严重程度，可以出示黄牌或红牌。红牌用于严重的犯规情况，如恶意犯规或暴力行为。当球员故意手球、辱骂他人，或在同一场比赛中累积两张黄牌时，也将被出示红牌。

黄牌用于警告球员的不当行为。这包括违反体育道德的行为、用语言或行动表达不满、连续犯规、故意拖延比赛时间，以及未经许可擅自进出球场的行为。黄牌是对球员行为的警告，而红牌则意味着球员被罚下场，不能继续参加当前比赛。

（七）越位

在足球比赛中，越位的判定需要满足以下条件：当球员在同伴传球的瞬间，位于对方半场，并且比对方最后第二名队员更靠近对方球门线，此时认为该队员处于越位位置。如果该球员与对方最后第二名队员位置平行，则不会被判定为越位。裁判员会对处于越位位置的球员进行判罚，如果他们的越位行为影响了比赛，包括干扰比赛的进行、妨碍对方队员或利用越位位置获得不正当优势。越位规则旨在保持比赛的公平性和秩序，避免球员通过越位获得不正当的比赛优势。

（八）暂停比赛

在正式的足球比赛中，比赛通常不会中断，除非出现特殊情况，比如，球员受伤或场上发生突发纠纷，这时裁判员会吹哨暂停比赛。比赛恢复时，将从比赛被暂停时球所在的位置通过坠球的方式重新开始。足球比赛中的道德标准通常很高。例如，当球队注意到场上有球员受伤时，通常会主动将球踢出边界。在比赛恢复时，对方球队通常也会通过将球踢回的方式表示体育精神。这种做法是足球比赛中公认的体育道德准则之一。

第三章　认识足球运动

（九）进球

当足球完全穿过球门线，且在此之前没有违反比赛规则，球从球门柱间和横梁下越过时，即判定为进球得分。

（十）计胜方法

在足球比赛的分组循环赛阶段，球队的得分制度是每赢得一场比赛积 3 分，平局积 1 分，输球则不得分。小组的最终排名取决于各队的积分总和。如果球队之间的积分相同，将根据比赛前确定的特定排名标准来决定各队的最终名次。这些标准通常包括球队之间的直接对决结果、总进球数或净胜球数等因素。

（十一）比赛开始

在比赛开始之前，通常通过抛硬币的方式来决定哪一方拥有开球或选择场地的权利。开球方由一名球员在裁判员发出开始信号后执行开球动作，即将放置在场地中央的球踢入对方半场。在开球之前，所有球员应位于各自的半场内，而非开球队的球员还需保持离球至少 9.15 米的距离。只有在球滚动一周后，比赛才正式开始。执行开球的球员在球被其他球员触及之前，不得再次触球。当一方进球后，对方队伍将以同样的方式重新开球以继续比赛。在下半场开始时，两队需要交换场地，并由原来开球队的对手执行开球。

第四章 足球运动教学训练的理论基础

要想实现技术和战术水平的显著提升，就必须建立在科学的足球教学训练的基础之上。随着足球运动本身的持续发展以及大学层面足球教学实践的不断深化，大学足球教学的理论基础和要求变得更加多元和丰富。这些要求对提升大学足球教学的效果，进一步推动足球运动的发展具有重要的指导意义。

第一节 足球教学与训练的总体思想

一、重视兴趣培养

兴趣是一种内在的驱动力，它能够激发人们参与并享受足球带来的乐趣。在高校足球教学与训练中，兴趣影响着学生对这项运动的热爱程度，关系着他们的成长和未来的成功。足球运动不只是一种体育活动，实际上它也是一种游戏，它的娱乐性是吸引人们参与的主要因素。当学生对足球充满兴趣时，他们将更加积极地参与训练，更加主动地提高自己的技能，这不仅有助于他们的技术提升，还能增强团队合作和体育精神。

第四章　足球运动教学训练的理论基础

要培养学生对足球的兴趣，首先需要改变传统的训练方式，使之更加生动有趣。训练内容应根据学生的身心发展特点和发育规律进行设计和安排，避免单调重复和过度的训练，以免造成学生的厌倦和抵触。例如，可以通过小型比赛、技巧挑战、趣味接力等形式，将趣味性融入训练过程中。此外，让学生参与足球训练的规划和决策过程也是培养兴趣的有效方式。学生可以参与制订训练计划，选择他们感兴趣的技巧和战术进行练习，这种参与感和自主性能极大地提升他们对足球的热爱。教练员还可以在足球训练中，利用正向反馈和鼓励来进一步激发学生对足球的兴趣。教练员和同伴的正面反馈不仅能提高学生的自信心，还能加强他们对足球的热情。这种正向激励机制可以通过表扬、奖励或团队活动来实现。通过讲述足球历史、名人故事或举办观赛活动，学生可以更深入地了解足球文化，从而激发对足球的兴趣。足球不仅仅是一场比赛，它还蕴含着丰富的历史和文化，了解这些历史和文化能够让学生更加尊重和热爱这项运动。

二、遵循客观规律

大学足球教学与训练应遵循足球运动的客观规律并紧跟现代发展趋势，通过科学的训练规划，全面提升球员的技术、战术理解水平以及体能和心理素质。足球，作为一项遵循明确规律的运动，其技战术的发展与时代的进步和社会的发展密切相关。因此，现代足球训练应基于现代足球的特征，并着眼于其未来发展，从而科学地规划训练内容，确保训练和球员培养与现实需求及世界足球发展趋势保持一致。

随着现代足球的演变，对球员的要求也在不断提高，不仅仅局限于专业技巧，还包括全面的运动能力、团队配合、沟通和交流等方面。因此，教练员在足球训练中不仅要注重球员基础技能的培养，还要重视发展他们的思维能力和创新能力。在训练中，教练员要鼓励球员严格遵循训练标准，同时根据技战术的演变不断调整和丰富训练内容。在开展足球教学与训练时，应保证训练内容与足球运动的客观规律相契合。例如，在技战术训练中，教练员需要关注足球战术的最新趋势，如控球战术、快速反击等，并将这些元素融入训练中。此外，体能训练也应根据球员的实际情况和比赛需求进行科学规划，以增强球员的耐力和力量并加快速度。另外，教练员需要理解每个球员的个体差异，并据此调整训练方法。这不仅有助于提高球员的技术水平，还有助于增强他们的自信心。

三、注重教育导向

足球训练的核心目标在于培养既具备人格素质又具有竞技能力的运动员，帮助他们赢取比赛荣誉并实现个人目标。这要求在足球教学与训练中，教师不仅要提高球员的竞技技能，还应该实施全面的人文教育，重视并强调球员的文化教育和品质培养，使得体育训练与人文教育相互融合和促进。教育性训练理念作为核心指导原则，对球员的行为和发展起到关键性的引导和规范作用，从而推动竞技运动的整体发展和水平提升。因此，教练员和教师超越传统的体育教学模式，将足球训练作为培养学生全面素质的平台。在教学过程中，教练员和教师除了传授足球技巧、战术理论和体能训练，还应对学生社会技能、团队协作能力、领导力和决策能力进行培养。例如，通过团队活动、角色扮演和团体讨论，学生可以学习如何在团队中有效沟通、协作和解决冲突，这些技能对他们未来无论是在足球领域还是其他职业生涯中都是至关重要的。教练员和教师应教育学生理解和尊重足球运动的规则，培养学生公正竞争的精神，并指导学生在比赛中展现尊重对手、裁判员和观众的行为。此外，教练员和教师应该指导学生学会以正确的态度对待胜利和失败，教育他们在面对挫折和挑战时展现出积极向上的态度。

第二节 足球教学与训练的基本要求

一、增强体质与促进大学生全面发展相结合

大学足球教学与训练应在提高学生足球技能和体能水平基础之上，使所有学生在智力、心理、能力等各方面都得到发展。为实现这一要求，需要做到以下几点。

（一）树立现代大学足球教学价值观

这种价值观不仅关注足球运动的生物学价值，即对学生身体能力的提升，还关注心理学、教育学、社会学和美学等多方面的价值，从而形成一个全面发展的教学体系。在心理学层面，足球教学应注重学生心理素质的培养，包括自信心的建立、压力管理能力的提升以及积极心态的形成。这意味着教学不仅是技术和战术的传授，还能通过足球运动帮助学生树立积极的人生观和价值观，学会在挑战和竞争中保持坚韧和乐观。在教育学层面，现代足球教学应将学生视为整体人格的培养对象。除了足球技能的训练，教学还应涵盖团队合作、领导力、社交技巧等方面的教育。通过团队协作的足球活动，学生可以学习如何在集体中发挥作用，如何有效沟通和协调，培养他们的团队精神和合作能力。在社会学层面，足球教学的价值则体现在对于社会责任感和公民意识的培养上。足球运动强调团队合作和公平竞争，为教育学生如何在更广阔的社会环境中以负责任和尊重他人的方式行事提供了良好的平台。教学中应培养学生对社会规则的认识，增强他们作为社会成员的责任感。在美学层面，足球教学的价值则体现在教学过程中对美的感知和创造力的培养上。足球运动本身就是一种美的体现，无论是场上的精妙配合，还是精准的射门，

都是对美的追求。在足球教学中强调美学价值，有助于提高学生的审美能力和创造力。

整体而言，现代大学足球教学的价值观应是多元化的，不仅要关注体能和技能的提升，还要关注学生在心理、社会、教育和美学方面的全面发展。这种价值观的确立，是实现体质增强和促进大学生全面发展这一教学目标的基石。从这样的教学理念上看，足球不仅是一项体育运动，更成为一种全面发展的教育工具。

（二）做好大学足球教学计划

在制订大学足球教学计划时，要综合考虑足球专业训练与学生个人成长的需求，确保足球教学内容既能提高学生的运动技能，又能促进其在智力、心理、社交和道德等方面的全面发展。

教学计划应兼顾足球专项技能的培养和对学生身体素质的全面提升，包括基本足球技巧如控球、传球、射门等的训练，以及有助于增强力量、耐力和协调性的体能训练。教师在制订这些训练计划时，应根据学生的身体条件和技能水平进行个性化调整，确保训练既具有挑战性，又能保证学生的身体健康。在足球教学与训练中，教学计划需要强调心理和社会技能的培养。足球作为一项团队运动，提供了一个极佳的平台来培养团队合作精神、领导力、决策能力和社会交往能力。教学计划可以包括团队协作活动、角色扮演、领导力训练和决策制定的练习。这样的活动不仅有助于提升学生的足球技能，更能够在实践中培养他们的社会能力。此外，教学计划还应注重学生道德和责任感的培养。足球教学不仅是技术和体能的训练，还是传递体育精神和社会责任感的重要途径。因此，教学计划应包括关于体育道德、公平竞赛和尊重他人的教育。通过讲座、讨论和具体案例的分析，学生可以理解和内化这些重要的价值观。教师在制订教学计划时，还应充分考虑学生的学业需求。作为大学生，他们需要在学习和运动之间找到平衡。教学计划应灵活安排，以适应学生的学业安排，避免对他们的学习造成过大的影响。同时，可以通过将足球训练与学术内容相结合的方式，如通过足球相关的科学实验和研究项目，使足球训练与学术学习相辅相成。

（三）做到教学内容和方法多样化

在足球教学的各个环节，包括准备、执行、复习和评估阶段，教师应综合考虑现代大学生的身心特征，实施内容丰富、方法多元的教学策略，以促进学生在身体和心理层面的全面成长。这种教学方式旨在满足学生的多样化需求，通过多角度的训练和教学手段，激发学生的潜能，实现其全方位的发展。

从教学内容上看，足球教学与训练，除了传统的控球、射门、传球等基础技能训练，还应包括战术布局和策略的理解，如防守策略、快速反击和控球战术等。同时，应该引入一些新的训练内容，如心理训练、决策制定训练等，这些训练可以帮助学生提升在比赛中的应变能力和决策能力。在教学方法上，传统的教学模式如讲解和示范仍然重要，但也应该结合一些新的教学方法。例如，可以采用案例研究方法，让学生分析实际比赛中的战术应用和球员表现，以此提高他们的战术理解和分析能力。团队协作和角色扮演活动也是有效的教学方法，不仅可以提升学生的足球技能，还能促进他们的社交能力和团队精神培养。此外，应用信息技术和数据分析工具也是多样化教学的一部分。通过视频分析、比赛模拟等技术手段，学生可以更深入地理解比赛和训练中的复杂情况，这不仅有助于提升他们对技术的理解，也有助于培养他们分析和解决问题的能力。

二、教师的主导性与学生的能动性相结合

在大学足球教学与训练的过程中，应当针对当前大学生的特定身心条件，有效地协调教师与学生间的互动关系。教师的主导性和学生的能

动性是相互补充的。只有在教师有效指导和学生积极参与的基础上，才能真正提高教学质量，使学生在技术、心理、社交等多方面得到均衡和全面的发展。

（一）充分发挥教师的主导作用

在足球教学与训练中，教师不仅是专业知识和技能的传授者，更是学生学习过程中的引导者和激励者。教师通过自身的专业技能、丰富的经验和教育智慧，能够有效地指导学生，使他们在足球技术、战术理解以及身体素质方面得到全面提升。首先，教师的主导作用体现在技术和战术训练的规划与实施上。教师需具备深厚的足球专业知识和实战经验，以便制订出适合学生水平和需求的训练计划。通过科学的训练方法和有组织的课程安排，教师能够确保学生在技术上得到系统的训练和在战术上的正确理解。其次，教师在激发学生学习兴趣和动机方面也发挥着重要作用。通过创造性的教学方法，如足球游戏、比赛分析或团队竞赛等，教师能够激发学生的学习热情，增强他们对足球运动的兴趣。最后，教师通过正面反馈和鼓励，能够提升学生的自信心和学习动力。教师还扮演着心理辅导者的角色，特别是在处理学生面临的挑战和压力时。通过与学生的沟通和心理疏导，教师能够帮助他们保持积极的心态，学习如何面对竞赛中的压力和挫折。这不仅有助于提升学生在赛场上的表现，更对他们的心理健康和个人成长至关重要。

（二）充分调动学生的能动作用

为充分调动学生的能动性，教学过程需要设计得既具有挑战性又富有吸引力，以激发学生的学习兴趣和主动性。首先，教师应创造一个互动性和参与性强的学习环境。这可以通过小组合作、角色扮演、队内比赛等活动实现。这些活动能够促进学生之间的交流与合作，增加课堂的趣味性，让学生在实践中主动探索和学习。例如，在小组合作中，学生可以相互讨论技术动作，共同解决足球战术问题，从而增强他们的团队协作能力和足球理解力。其次，重视学生的个性化需求和兴趣。教师应了解每位学生的特点和兴趣所在，根据他们的能力和喜好调整教学内容和方法。例如，对于技术较为娴熟的学生，可以设置更高难度的技术动作和战术练习，挑战他们的极限；对于初学者，则将重点放在基础技能的培养和足球规则的理解上。这种个性化的教学方法，可以最大限度地激发学生的学习热情和参与度。再次，实施以学生为中心的教学策略也是激发学生能动性的有效手段。教师可以鼓励学生提出问题、参与教学计划的制订，并在一定程度上参与教学过程。这种策略可以提高学生的参与感，培养他们的自主学习能力和批判性思维。最后，通过定期的反馈和评价，教师可以帮助学生了解自己的学习进度，明确自己的优势和需要改进的地方。这种反馈可以采用个人咨询、评价报告或同伴评价等形式。明确的反馈有助于学生了解自己的学习状况，从而使学生在教师的指导下制订合理的学习计划，提高学习效率。因此，创造互动性和参与性强的学习环境，关注学生的个性化需求和兴趣，实施以学生为中心的教学策略，以及提供有效的反馈和评价，可以充分调动学生的能动性，促进他们在足球技术、战术理解、团队合作等方面的全面发展。

三、感觉、思维与实践相结合

在大学足球的教学和训练过程中，应充分运用直观的教学方法，以激活学生的感官体验，并促进他们主动思考和深入参与。通过这种方式，学生可以更加有效地学习和掌握足球的基础技术和战术知识。

（一）利用多种直观感觉手段

在大学足球的教学和训练中，除了传统的示范和口头指导外，还应广泛运用照片、图表、幻灯片、电影和视频等多种直观教学工具，并安排学生观摩实际比赛。这些方法能够帮助学生更快地形成对足球技术动作的直观理解,包括掌握动作的关键特征和理解动作在时间和空间上的关系。

教师可以使用录像来展示专业比赛中的高水平技术和战术,或者展示特定技术动作的正确和错误方式。这些视频资料能够给学生直观的示范,帮助他们理解这些技术在实际比赛中的应用场景。图表和动画也可以用来解释更复杂的战术布局和运动规律。教师或经验丰富的球员可以现场展示特定的技术动作,如控球、传球或射门,让学生直接观看和学习。这种现场示范比文字描述更具说服力,能够帮助学生快速把握动作要领。另外,采用现代技术工具,如足球模拟软件或分析工具,可以提供更深层次的战术分析和技术演示。这些工具可以使教学内容更加生动和具体,帮助学生从不同角度理解足球运动。

(二)锻炼学生的思维能力

足球不仅是一项对身体素质要求极高的运动,也是一项需要智力和战术理解的运动。思维能力的提升有助于学生更好地理解足球比赛的复杂性,提高他们的战术水平,增强场上应变能力,从而成为更出色的足球运动员。在足球教学与训练中,教师可以通过引入问题解决和创造性思维训练来进一步提升学生的思维能力。教师可以设计特定的问题或挑战,要求学生运用他们的知识和经验来寻找解决方案。需要注意的是,对学生的思维训练应该是持续和系统的。在足球教学与训练的整个过程中,思维训练都应该作为一个重要组成部分,而不是偶尔的活动。通过持续的思维训练,学生可以逐步建立起对足球比赛更深层次的理解,提高他们的整体足球智慧水平。

(三)加强学生的运动实践

在足球教学与训练中,加强学生的运动实践是至关重要的,因为仅仅理解足球技巧和战术并不能将其完全转化为赛场上的应用能力。运动实践能够帮助学生将理论知识转化为实际技能，同时提高他们的身体素质、协调性和比赛感知能力。

通过模拟正式比赛的环境，学生可以在实战中运用他们在训练中学到的技术和战术进行。这种比赛经验对于他们理解比赛节奏、提高应变能力以及培养团队协作精神非常重要。比赛也可以为教师提供评估学生技术水平和战术理解的机会，并根据比赛表现调整后续的训练计划。此外，增加技能练习的比重也是加强运动实践的重要方法。这包括对特定技术动作的反复练习，如控球、传球、射门等。通过大量的反复练习，学生可以加深对技术动作的肌肉记忆，提高执行技术动作的准确性和自然性。在足球教学与训练中，可以通过小型比赛和技术挑战等方式增加实践的趣味性和挑战性。这些活动能够增强学生的参与度和兴趣，在较为轻松的环境中锻炼他们的技术和战术应用能力。例如，通过设定特定的技术挑战或小型比赛，学生可以在实际操作中探索和尝试不同的技术和战术。在足球教学与训练中，教师应该鼓励学生进行自主训练和个人技术提升。虽然集体训练对于技术和战术的学习至关重要，但自主训练可以让学生根据自己的需求和兴趣对特定技术进行专项练习，从而更快地提升个人技术水平。

四、循序渐进与系统性相结合

在大学足球教学与训练中，教学内容和练习强度需要按照科学的规律安排，从基础到高级，由简单到复杂，逐步提升。这种逐渐增加难度和复杂性的方法有助于学生扎实地掌握基本技能，同时逐步适应更高级别的技术和战术要求。足球教学与训练应该被视为一个长期的、有系统的过程，涵盖多个训练周期，每个周期又分为不同的阶段，每个阶段都有其特定的目标和任务。这些周期和阶段相互联系，形成一个连贯、系统的训练体系，如图4-1所示。

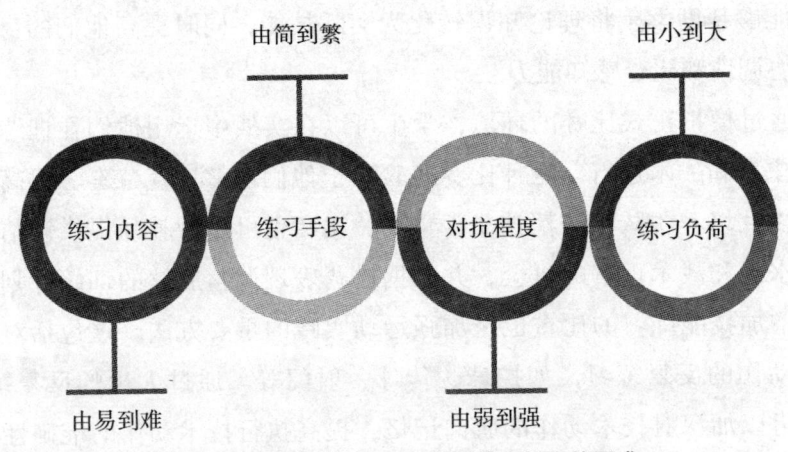

图 4-1 循序渐进与系统性相结合的具体要求

（一）练习内容应当由易到难

学生在掌握基本技巧的基础上，再逐渐学习更复杂的技巧。例如，在传球技术的训练中，可以从最基础的脚弓传球开始，先练习地面短传，逐渐过渡到其他部位的传球技巧，如脚背传球、脚内侧长传，之后再学习更高难度的过顶球技术。

（二）练习手段应当由简到繁

在练习中，一开始，学生可以通过模仿教师或高水平球员的技术动作来学习基础技巧。随后，学生应进行独立的技术练习，加深对动作的理解和掌握。接着，在局部对抗练习中，学生可以在一定程度的阻碍下实践这些技巧，最后在整体战术演练中将这些技巧融入实战。

（三）对抗程度应当由弱到强

足球技术练习应从无对抗的基础练习开始，然后逐渐引入对抗元素，从低强度对抗逐步过渡到高强度对抗。这种逐步增加对抗强度的方法既能保护学生免受伤害，又能帮助他们逐步适应比赛的强度和节奏。

（四）练习负荷应当由小到大

开始时，练习强度应保持在较低的水平，随着学生体能和技术水平的提升，逐渐增加练习的负荷。这种波浪式增长的负荷计划可以避免过度训练和运动损伤，并保证学生在体能和技能上持续进步。在安排训练时，应注意训练和恢复之间的平衡，使学生拥有充足的恢复时间，以便更好地适应日益增长的训练强度。

五、综合性与实战性相结合

在足球教学与训练中，应整合技术、战术、体能、智力和心理等多方面因素，确保训练内容与实际比赛情景相契合，从而提高学生的实战能力。综合性训练要求不将足球技术和战术的学习孤立开来，而是将它们融入一个整体的训练体系中。这意味着在教学过程中，教师需要设计训练计划，使技术练习与战术应用紧密相连。例如，在练习控球技巧时，同时教授如何在不同的比赛情景中有效利用控球技术，或者在进行体能训练时，强调体能素质如何支撑技术执行和战术决策。实战性则强调训练内容应尽可能接近实际比赛的条件和氛围。这包括在训练中加入对抗元素，模拟真实比赛的压力和紧张感。例如，可以通过组织模拟比赛、设定具体的比赛场景，或者进行有针对性的战术演练，让学生在与对手的直接竞争中应用所学技术和战术。这样的训练不仅能够提高学生的技术应用能力，还能提高他们在比赛中的应变能力和心理素质。

（一）技术与技术合理搭配

在教学中，应根据比赛需求将不同的足球技术组合起来进行练习，如将控球、传球和射门技术融合在一起。这样的练习方式可以帮助学生理解不同技术如何在实际比赛中相互配合。技术搭配的难度和多样性应根据学生的技术水平适当调整，以确保所有学生都能在自己的能力范围内受益。

（二）技战术与身体素质结合

身体素质，包括速度、力量、耐力和协调性，是技战术有效执行的基础。因此，在训练中应有计划地安排各种身体训练，如间歇跑、力量训练和灵活性练习，确保学生在提高技战术水平的同时，也能够提高自己的身体素质。

（三）正确意识支配技战术

意识包括对比赛情况的理解、对对手动向的判断和对战术选择的决策。在教学与练习中，教师应设计具有挑战性的情景模拟练习，如不同比赛阶段的应对策略，以培养学生的比赛意识和决策能力。

（四）在对抗训练中合理运用技战术

通过加入对抗元素，学生可以在更接近比赛环境的情景中练习技战术。对抗训练的强度应根据学生的技术熟练程度进行调整，以确保训练既有效又安全。

（五）在模拟实战中练习技战术

模拟实战练习，是将所学技战术应用于比赛情景的有效方式。通过模拟比赛的安排，学生可以在与真实比赛相似的环境中练习技战术，这不仅有助于提高他们的技术应用能力，还能增强他们对比赛情景的适应能力。此外，模拟实战练习也能提高学生的练习积极性，使他们更加投入训练。

第三节 足球运动员的生理特征与竞技能力

一、足球运动员的生理特征

(一)足球运动员的体能特征

在现代足球的全攻全守战术下,运动员需要在比赛中不断变换位置、相互支援、随机应变,并进行频繁的冲刺跑动。这种比赛风格要求运动员在激烈的对抗中迅速执行技战术动作,往往超过上百次,比赛强度极高。一场比赛中球员的跑动距离在9千米~14千米,平均为10.8千米。在整场比赛中,球员的运动状态也是多种多样的,包括站立、走动(4千米/时)、慢跑(8千米/时)、低速跑(12千米/时)、中速跑(16千米/时)、高速跑(21千米/时)、冲刺跑(30千米/时)、后退跑(12千米/时)等多种运动形式。[1] 在这些运动形式中,站立、行走、慢跑、低速跑和后退跑等主要依赖有氧供能,占据比赛中的大部分时间。而高速跑和冲刺跑等虽然在比赛中所占比例较小,却是足球比赛中至关重要的部分,这些动作主要依赖无氧供能。由此可见,足球运动的供能特点是以有氧供能为基础,无氧供能为关键。这种供能特点对球员的体能训练和比赛策略都有重要影响。

具体来看,足球运动员的体能特征主要包括以下几点(图4-2)。

---

[1] 褚丽娟,窦永涛,岳鹏.实用体能训练研究[M].长春:东北师范大学出版社,2011:131-132.

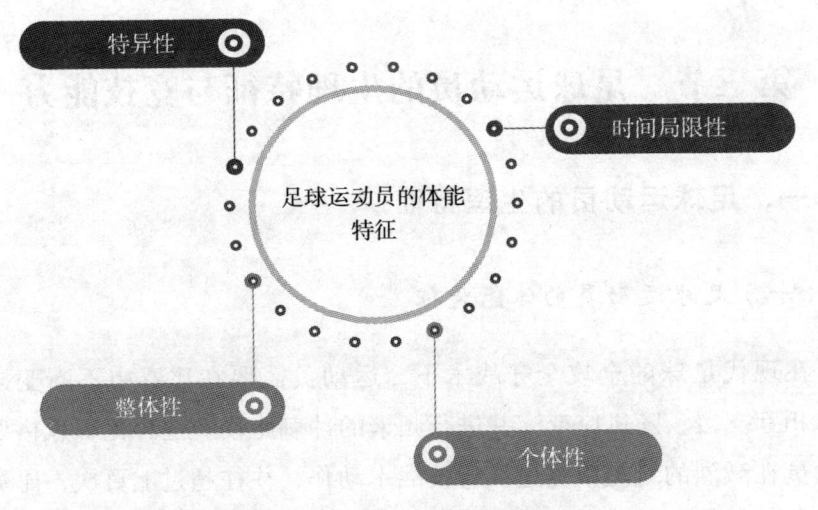

图 4-2 足球运动员的体能特征

1. 特异性

足球运动的体能特点与其他体育项目存在显著差异，特别是其明显的"间歇性"特征。这意味着足球运动员在比赛中进行各种强度跑动时，常常伴随着不同时间长度的间歇休息。由于这一特性，足球运动的体能训练方法不能简单模仿其他运动项目，而需要采用专门针对足球特点的训练方式。这种训练方法的生理学基础在于适应性反应的专项特异性，这不仅体现在身体素质和自主神经系统能力的提升上，也体现在心理素质的增强上。特别是在执行紧张的肌肉活动时，运动员还需要依靠坚强的意志力来提高自己的工作能力。此外，足球运动员的体能训练需全面均衡地发展有氧耐力和无氧耐力。将足球运动员的体能视作一个有序的开放系统，其中有氧耐力和无氧耐力构成了这一系统的核心部分。如果仅专注于有氧耐力或无氧耐力的单方面发展，将导致体能系统的失衡，进而影响运动员的竞技状态。因此，在足球运动的体能训练中，平衡地提高有氧耐力和无氧耐力对于保持运动员的最佳竞技状态至关重要。

2. 时间局限性

时间局限性是根据运动员竞技状态的周期性规律而形成的，也就是说，最佳体能水平只能在特定时间段内维持。足球运动员的体能产生和发展过程实际上是其生物体对训练刺激的应激和适应过程。在足球专项训练中，运动员的生物体通常会表现出两种类型的适应性反应：一种是急性但不稳定的反应；另一种是持久且相对稳定的反应。通过短期的体能强化训练，运动员的身体可以快速产生急性适应性反应，但这种体能提升往往不具备稳定性。这是因为此类适应性反应主要是通过高强度的专项训练负荷来实现的，其特征是超量恢复，并非基于器官或系统的肥大变异或生物学形态的改造。因此，这种通过急性适应性反应获得的体能水平具有时间局限性，不能长期保持。因此，足球运动员和教练在制订训练计划和比赛策略时，必须考虑到体能水平的周期性变化，以确保运动员在关键比赛时期能够达到并保持最佳体能状态。另外，长期和持续的体能训练是至关重要的，可以保证运动员的体能水平在整个赛季中保持在较高水平。

3. 个体性

足球运动员根据在场上的不同位置，主要分为前锋、前卫、后卫和守门员四种角色。由于每个位置在比赛中扮演的角色不同，因此，这些不同位置的球员在比赛中的活动模式也各有特点。这种基于位置的不同功能和在球队中的作用导致了球员在体能上的差异，这就是体能个体差异性的体现。在一场比赛中，前锋队员通常需要展现出较强的加速能力和爆发力。他们在这些方面通常比其他位置的球员更为突出，以便在进攻时迅速摆脱对手。前卫队员则在有氧中高强度跑动和灵活性方面具有明显优势，这有助于他们在中场控制比赛节奏和断球。后卫队员的体能表现在爆发力和有氧中低强度跑方面，这对于防守和快速反击至关重要。而守门员则在身高、体重、爆发力和反应速度方面具有特殊要求，这些能力对于守门员做出精准判断和快速反应是必要的。因此，根据不同位置的特定需求和功能，足球教练在制订训练计划时需要考虑到这些体能上的个体差异，以确保每个位置的球员能够在其专长领域内达到最佳状态。

4. 整体性

足球运动员体能的整体性主要体现在以下两个方面：一是足球运动员在比赛和训练中展现的体能是由多种因素共同作用的结果。例如，运动员持续进行高强度活动的能力不仅取决于他们的有氧耐力，还与肌肉耐力、快速恢复的能力以及坚强的意志力紧密相关。因此，如果仅强调体能的某一方面，而忽视其他相关因素，可能会导致对运动员体能发展的误解。二是影响足球运动员体能的因素不仅限于能量供应系统，还包括其他多个方面，如运动员的恢复方法、营养摄入和心理状态等。这些因素都会对运动员的体能周期和表现产生影响。因此，在解决运动员体能问题时，必须从多个方面出发，综合考虑运动员的生理和心理需求，以确保他们的体能在最佳状态。因此，足球运动员的体能整体性要求教练和运动员在训练和比赛中关注多个相关因素，以实现体能训练的最佳效果。

（二）足球运动员的身体形态特征

总体来看，足球运动员往往呈现出较为粗壮的身体形态，高大和壮实是高水平球队球员的显著特征。这种身体形态有助于他们在比赛中进行强力对抗和快速移动。然而，不同地区和不同球员之间的形态特征存在显著差异。这种差异性在高水平球队中尤为明显，球队中的运动员可能会根据他们在场上的不同角色和职责呈现出各种不同的身体形态特征。例如，前锋和后卫的身体形态可能会有所不同，以适应他们在场上的不同任务。从我国优秀足球运动员的身体形态来看，他们通常具有高大的身材和健壮的体格。这些运动员的肌肉通常细长且富有弹性，以实现赛场上的快速移动和灵活变换。此外，他们的脂肪层较薄，这有助于提高速度和敏捷性。踝关节的围度较小、跟腱清晰和足弓高，有助于增强脚部的力量和稳定性，这对于足球运动员的跑动和控球至关重要。足球运动员的身体形态特征不仅反映着他们的体能和运动能力，还与他们在场上的特定角色和职责密切相关。

(三)足球运动员的机能特征

足球运动员的机能水平在很大程度上取决于器官系统在运动中展现的能力。足球运动员的身体机能可以从不同的角度进行划分,如根据身体各器官系统的功能、运动时的耗氧特性,或者将有氧和无氧代谢过程与肌肉工作系统的综合表现进行分类。

1. 有氧无氧混合供能特征

在职业足球比赛中,由于运动形式的多样性和复杂性,足球运动员的体能来源于多种机能的综合作用。足球运动中的能量代谢具有有氧供能和无氧做功的特点。在比赛中,虽然有氧供能在数量上占据主导地位,但无氧供能在重要性方面更为突出。有氧能力和无氧能力在足球运动中是相互对立但又统一的。重要的是识别足球比赛中供能和做功的特殊规律。比赛中的有氧能力并不意味着排斥大量的无氧做功。实际上,这些无氧做功不仅构成了无氧能力的基础,也是有氧能力的一部分。因此,有氧和无氧能力在足球运动中既存在对立关系,又表现出统一性。

足球比赛具有高强度、短间歇、短距离和高能量消耗的特征。因此,针对这些特点的训练是必不可少的,以确保运动员的训练与比赛需求一致,从而有效提升运动员在实战中的体能表现和竞技效果。

2. 新陈代谢特征

足球运动员的新陈代谢是运动员与外部环境之间的物质和能量交换,以及生物体内部物质和能量的转化过程。这一过程通常被分为物质代谢和能量代谢两大类。对足球运动员来说,尤其是身体发育尚未完全成熟的青少年运动员,他们的物质代谢和能量代谢都维持在较高水平。加之专业足球训练的影响,进一步加速了他们身体的新陈代谢过程,使得运动员的身体机能保持在较为活跃的状态。因此,青春期成为足球运动员增强体质和发展运动能力的关键时期。

3. 神经系统特征

在人体的发育过程中,神经系统的发育通常最为早熟和迅速,基本在青少年阶段就已发育成熟。对于足球运动员来说，这个时期的神经系统训练尤为重要。在这一时期，大脑皮质的兴奋和抑制两个过程往往不能达到平衡，通常是兴奋过程占据优势，而抑制过程相对较弱。随着训练时间的增加，足球运动员的大脑会得到进一步的发展，神经系统的灵活性得以提升，从而逐步使神经系统机能达到成人水平。在这个发育时期，运动员的第二信号系统（抽象的刺激信号，如语言、文字等）也会快速发展。这一系统的发展速度通常超过第一信号系统（具体的刺激信号，如声音、光线、电等），分析和综合能力显著提升。因此，这个阶段对于足球运动员来说，不仅是身体发育的关键时期，也是神经系统和认知能力发展的重要时期。

3. 心血管系统特征

人体的心血管系统主要是由心脏和血管两部分组成的，它在人体的新陈代谢过程中起到了运输的重要作用，也是机体最晚发育完全的一个系统。并且，心血管系统的健全是人体保持身体健康的重要标志。而足球运动员的心血管系统功能会比一般人强，这是由于在长时间的足球运动训练过程中，其心脏收缩力会增强，每搏输出量增大，心率缓慢，收缩压增高，使血液供应适应机体负荷增大的需要，能承受较大的运动负荷。

二、足球运动员的竞技能力

（一）足球运动员竞技能力的结构

足球运动员的竞技能力是一个多方面的综合指标，其结构可以分为技术、战术、身体素质、心理和智力五个主要方面（图4-3）。这些方面相互依存，共同构成竞技能力的核心。例如，在心理方面，运动员如果在比赛中情绪紧张或情绪低落，将会影响到他们的技术和战术发挥，降低观察比赛情景和做出决策的思维能力，进而削弱其竞技表现。同样，智力因素也十分关键，如果运动员的智力水平不足或知识基础薄弱，将难以深入、全面地理解比赛情景，影响正确的分析和判断能力，从而降低竞技水平。因此，为了全面提升足球运动员的竞技能力，必须清晰地认识到这些因素之间的相互关系，合理规划训练过程。只有在技术、战术、身体素质、心理和智力等多方面综合发展，才能有效提升足球运动员的整体竞技能力。

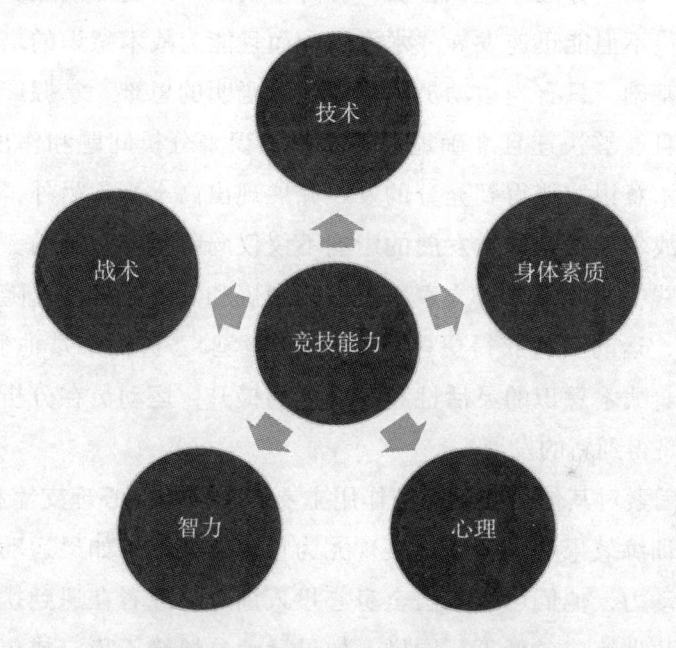

图 4-3　足球运动员竞技能力的构成

在足球运动员竞技能力的五大构成因素中，每个因素都具有其独特的作用和特征。技术和身体素质是战术能力的基本物质基础，没有它们，战术行动就失去了实现的基本条件。然而，战术能力与技术和身体素质之间的关系并非单向的或消极的。事实上，这三者之间存在着互相促进和影响的关系。战术的发展总是建立在身体素质和技术的基础上的，并随着这两者的发展而不断进步。同时，战术的实施和发展也对技术和身体素质产生重要的影响，促使它们不断完善和提升。因此，这三者之间的作用是动态和相互促进的，形成了足球运动员竞技能力的一个重要方面。

在足球运动员竞技能力的构成中，智力因素对其他竞技因素如技术、战术和身体素质具有深远的影响。具有高智力水平的运动员通常接受能力较强，这能够促进他们在技术和身体素质方面的快速提升。在运动实践中，教练员经常发现，即使在训练起点相同、练习条件一致的情况下，部分队员的进步速度也快于其他队员。这种现象的主要原因在于智力素质的不同。在培养战术意识方面，智力素质的作用更加明显。高智力水平的运动员不但能迅速发展战术意识，而且能为战术意识的培养提供巨大的潜在基础。只有当运动员具备敏捷和聪明的思维，掌握广泛的比赛知识，并且能够快速且准确地运用这些知识来分析问题和作出判断时，他们的战术意识才能得到充分的发展并展现出高水平。另外，智力素质对技术、战术和身体素质发展的影响不仅仅局限于单一方面。随着这些素质在实践中的提升，智力素质也得到锻炼和发展。例如，随着技术水平的提高，运动员将获得更多新知识和新经验，进而丰富他们的思维。同时，随着战术意识的灵活性和应变力的提升，运动员在分析和判断方面的能力将得到新的发展。

心理因素对其他竞技元素的作用主要体现在提供心理支撑和保障上，这一点在训练效果和比赛中的表现尤为重要。例如，如果运动员缺乏足够的内在动力，他们可能无法全身心投入训练，或者在遇到挑战时容易退缩，导致训练成效低下。同样，如果运动员情绪不稳定或焦虑水平较高，即便他们的训练水平很高，也难以在比赛中充分展示自己的实力。另外，心理因素在竞技能力构成中受到其他因素影响的一个重要表现是"增援"效应。例如，当运动员在技术和战术练习中经历连续的成功和进步时，他们对训练的渴望和成就动机会更加强烈。同时，较高的训练水平会增强运动员的自信心，这又进一步稳固了他们的情绪状态，使得他们在比赛中能够更好地发挥。从这个角度看，心理因素与技术、战术等其他竞技要素之间存在着相互作用和相互增强的关系。在竞技能力的五大主要因素中，尽管每个因素都具有其独特的功能和一定的独立性，但在整体上它们是相互影响、相互交织的。因此，对于教练员来说，想要促进运动员竞技能力的快速发展，就必须基于这些因素的基本特征和它们之间的相互关系来制订训练计划。教练员需要有目的地、分层次地安排训练，并根据不同时期调整训练的重点和比例。这样的训练方法可以更有效地提升运动员的竞技水平，帮助他们在比赛中达到最佳状态。

（二）足球运动员竞技能力的特征

1. 整体竞技能力全面均衡发展

现代足球运动员的竞技能力，是由多种要素构成的多序列、多层次的动态组合要素构成的。如果运动员过度依赖某一特定的能力，或者在整体竞技能力中某一项能力较弱，这将限制或影响他们整体的竞技水平。在当代足球的全攻全守战术中，这种要求尤为明显，即运动员需要均衡地发展各项竞技能力，以最大限度地把控比赛时间、空间，从而提高竞技能力水平。

2. 局部竞技能力超强

虽然高水平足球运动员需要全面发展各种竞技能力，但他们需要在某些局部竞技能力上形成独特的风格或特长。这些特长或绝技往往对比赛的胜负有着显著影响。例如，法国米歇尔·普拉蒂尼（Michel Platini）刁钻的任意球、意大利罗伯托·巴乔（Roberto Baggio）致命的渗透传球、巴西罗纳尔多（Ronaldo）锐利的带球突破等，都是具有高成功率的特殊技能，能在关键时刻显著改变比赛的走向。这些独特的技能在竞技层面具有决定性的作用，能够在紧要关头扭转局势。

（三）足球运动员竞技能力的获取途径

足球运动员竞技能力的提升和发展主要依赖两个途径：一是遗传与训练前生活效应；二是训练效应。如图4-4所示。

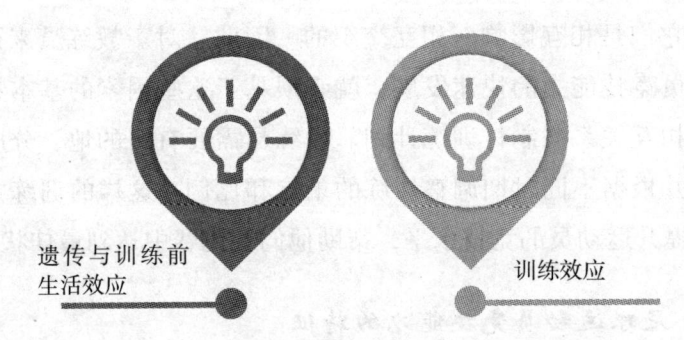

图 4-4 足球运动员竞技能力的获取途径

遗传效应，在竞技能力培养中的主要作用是挖掘未来潜能。它可以为运动员未来的发展提供潜在的基因优势。生活效应则通过环境因素对运动员进行长期的影响，这种潜移默化的作用对于运动员训练过程的积极发展有着重要意义，可以为他们后续的训练奠定良好的基础。因此，在训练的初期阶段，科学的选材过程尤为关键。教练员需寻找那些具有较大遗传潜能并拥有良好生活环境背景的运动员，这有助于为后续训练的效果创造更大的潜力。

在遗传和生活效应的选材过程中，对运动员的形态和机能特征进行密切关注是至关重要的。这些特征将直接影响竞技能力的各个方面，尤其是身体素质、心理和智力的发展。然而，需要明确的是，尽管遗传和生活效应对竞技能力的发展具有重要作用，但这种影响是有限的。即使是条件优越的运动员，如果缺乏长期、系统和科学的训练，这些条件也无法得到充分发挥。因此，从这个角度看，训练效应对于运动员的实际发展具有更加深远的意义。

为了确保基于选材的训练过程能够有效地促进竞技能力的快速发展，教练员应该根据竞技能力各要素之间的相互关系来明确训练指导思想。这意味着训练应以技术和身体素质作为战术发展的物质基础，同时考虑智力的促进作用和心理因素的保障作用，以及各因素之间的相互作用和反作用关系。有目的、有计划的科学训练，可以有效地提升各个竞技因素的促进作用，从而将运动员的竞技能力提升到新的高度。

教练员还须认识到，在形成竞技能力的训练过程中，任一因素的专门训练都不是孤立存在的，由于每一因素都与其他因素存在着内在联系，都对其他因素产生不同程度的影响，只有在体现整体观念的前提下才具有实践意义。所以，教练员对任一因素进行训练，必须在训练任务、方法设计以及训练要求等方面给予适当提示和综合考虑，以促使各因素训练相辅相成，有机结合，收到切实有价值的培养效益。

第四节　足球运动训练的负荷安排及其措施

一、运动训练负荷大小的决定性因素

在足球运动训练中，决定运动员训练负荷大小的因素众多。这些影响因素既包括客观的外在条件，也包括主观的个人特征。一般来看，影响足球运动训练负荷的主要因素可以分为以下三个方面。

（一）运动员的承受能力

在规划运动训练时，决定训练负荷量的一个关键标准是运动员机体整体或局部所能承受的最大负荷限度。这个标准的设定至关重要，因为一旦训练负荷超出了运动员的承受能力，可能会导致严重的运动损伤甚至运动性疾病，这显然不利于训练的有效进行和运动员的健康发展。

运动员的承受能力受多种因素影响。年龄、性别和健康状况等自然属性对一个人的体能和恢复能力有着直接影响。此外，训练水平也是一个重要因素，它决定了运动员面对高强度训练时的适应能力。前次训练后的恢复状况也不能被忽视，因为它直接影响着运动员面对下一次训练时的身体状态。心理状态也是影响运动员承受能力的关键因素，因为良好的心理状态有助于提高运动员的训练耐力和动力。因此，在制订训练计划时，需要综合考虑这些因素，针对每位运动员的具体情况灵活调整

训练负荷。这样做能够有效避免运动损伤和其他健康风险，并为训练效果最大化提供必要的保障。

（二）专项竞技的需要

每种竞技项目都有其特征和要求，这些特征和要求直接影响着训练负荷的设定，主要体现在负荷的侧重点和负荷的大小两个方面。从负荷侧重点看，不同的体育项目对运动员的身体素质、技术技能和心理素质的要求各不相同。例如，在足球训练中，可能需要更多地强调耐力训练、速度训练和战术理解，而其他项目如田径或游泳则可能更注重特定的技术技能和力量训练。从负荷大小看，不同竞技项目的比赛特点和运动员的角色不同，这决定了训练强度和持续时间的不同。具体到足球训练中，考虑到比赛中的持续跑动、瞬间爆发力和技术灵活性，训练计划必须充分反映这些特点，以确保运动员在比赛中能够有效应对各种情况。因此，在设计运动训练计划时，必须深入了解和考虑竞技项目的特殊需求。

（三）训练的周期节律

运动训练过程中的各种周期性因素，如人体的生物节律、运动员的体能和技能发展、竞技状态的变化，以及训练和比赛的客观环境等，这些因素的周期性变化对训练计划的制订和负荷分配有着显著的影响。运动训练通常分为不同的阶段，每个阶段对负荷量的要求各不相同。例如，在准备期，训练负荷量通常较大，以便逐渐增强运动员的体能和技术水平，训练强度是逐步提升的。进入比赛期，尽管训练的负荷量可能减少，但训练强度会有明显提升，以确保运动员在比赛中能够发挥最佳状态。在休整期，训练负荷和强度都会适当降低，以便运动员恢复和准备下一轮训练周期。此外，运动员的体能、技能和心理能力的结构也呈现出周期性特征。这要求在制订训练计划时，不仅要考虑不同训练阶段的特点，还要考虑运动员个体的恢复和适应能力。

二、判断训练负荷适宜程度的方法

在足球运动训练中，正确评估训练负荷的适宜性对于控制训练强度至关重要。这不仅关乎运动员的健康和安全，也直接影响训练效果。通常，判断训练负荷是否适宜的主要依据包括以下三个方面。

（一）从生物学的角度判断

从生物学的角度来判断运动训练负荷的适宜程度，需要对运动员生理和生化指标进行综合分析。这些指标能够有效反映出训练对运动员机体产生的具体影响，从而为训练强度的调整提供科学依据。在众多指标中，心率是评估训练负荷的一个重要和常用的指标。它的优点在于测量方法简单、迅速且准确，因此被许多教练员广泛采用。通过监测运动员的心率变化，教练员能够判断训练负荷是否处于合理的范围。如果心率过高，可能意味着训练负荷超出了运动员的承受能力；反之，则可能表示训练强度不足。除了心率，血液和尿液检测也是判断训练负荷的有效方法。这些检测可以提供关于运动员身体应激反应和代谢变化的详细信息。例如，某些生化指标的变化可以指示运动员的疲劳程度和恢复状态。然而，相较于心率监测，这些方法在操作上更为复杂，且需要特定的实验条件和设备，因此在实际运用中的普及程度较低。

（二）从心理学的角度判断

在训练过程中，运动员的心理反应受多种因素影响，包括训练负荷本身、动机、情绪、能力、意志和兴趣等。这些因素相互作用，共同决定了运动员的心理健康和训练表现。训练负荷对运动员心理反应的影响尤为重要。例如，过高的训练负荷可能导致运动员感到压力过大，从而引发焦虑、紧张或失眠等心理反应。这些反应不仅影响运动员的心理健康，还可能影响训练效果和比赛表现。因此，观察和分析运动员的心理反应可以作为评估训练负荷是否适宜的重要手段。运动员的生理变化、主观感受、心理状态和实际表现都是评估心理反应的重要依据。例如，如果运动员在训练期间出现持续的疲劳感、情绪低落或积极性降低，这可能是训练负荷过高的信号。相反，如果运动员在训练中表现出高涨的积极性、良好的情绪状态和参与度，这表明训练负荷可能处于适宜的水平。

（三）从教育学的角度判断

在足球运动训练过程中，从教育学的角度判断运动训练负荷的适宜程度，主要通过观察和分析运动员在训练中的行为和表现。教练员要密切关注运动员对训练的积极性，包括他们训练欲望的强弱。如果运动员表现出高度的积极性和参与度，这通常意味着训练负荷处于合理的范围。相反，如果运动员显示出缺乏动力或参与度不高的迹象，这可能是训练负荷过大或不适宜的标志。训练中的表现，特别是运动员表现出的疲劳程度，也是评估训练负荷的重要依据。正常的训练强度应该使运动员感到挑战，但不至于造成过度的疲劳或压力。此外，客观的训练指标，如训练成绩的提高或下降，也可以作为训练负荷适宜性的重要信息。除教练判断负荷的适宜程度之外，运动员自身也可以参与到这一评估过程中。他们可以通过监测自己的食欲、睡眠质量和个人感受等简单指标来自我评估训练负荷的适宜性，并将这些信息及时反馈给教练员。这样的自我监测不仅能帮助运动员更好地了解自身的训练反应，还为教练员提供了宝贵的信息，以便更准确地调整训练计划。

三、对训练负荷进行调控的主要方式

在进行足球训练时，由于人体的适应性和恢复能力的限制，训练负荷不能始终呈直线上升。因此，遵循生理学上的"负荷—恢复—超量恢复"原则，并以实际的训练情况为基础，对训练负荷进行合理调整是至关重要的。这种调整可以通过以下几种不同的方式实现。

（一）恒量式

恒量式调控是足球训练中调节训练负荷的一种重要方法。它的核心在于，在特定的训练阶段内，保持运动量在一个相对固定和稳定的水平，而不是让它有显著的增减。这种方法的特点是保持一致性和连续性，使运动员能够在一个可控的负荷水平下进行训练。在实施恒量式调控时，训练负荷不会突然增加或减少，这有助于运动员适应特定的训练强度，并且可以长时间地在这个水平上进行训练。这种方式对于维持和提升运动员的基础体能和技能水平尤为有效，同时有助于预防过度训练和减少受伤风险。恒量式调控适用于足球训练的整个过程，无论是在赛季的准备期、比赛期还是恢复期。通过这种方式，教练能够确保运动员的训练强度符合他们的体能状态和技能水平，也为运动员提供了一个稳定的训练环境，有利于他们的长期发展和表现。

（二）渐进式

渐进式调控是一种在高校足球训练中常采用的方法，特别适用于较短期的训练过程。渐进式调控是按照一定的规律逐步增加训练的强度和量，使运动量呈斜线上升的趋势。在实施渐进式调控时，训练开始阶段的运动量相对较低，随着训练的进行，逐渐增加运动量和强度。这样的增长是有计划和有步骤的，旨在帮助运动员逐步适应更高的训练要求。这种渐进的增加可以是每周或每个训练周期的改变，具体取决于训练计划和运动员的个体差异。渐进式调控的优势在于它允许运动员的身体逐渐适应增加的负荷，从而减少受伤的风险。

（三）阶梯式

阶梯式调控是按照"上升—保持—再上升"的模式逐步增加运动量。这种方法在比赛前期的训练中尤为适用，因为它允许运动员在逐步提高的负荷下适应和增强自己的体能和技能。具体来说，阶梯式调控中，在训练开始时，运动量逐渐增加，当达到一个新的水平后，这个水平会被保持一段时间。这个"保持"阶段允许运动员的身体和心理适应新的训练强度，同时为之后的负荷增加做好准备。经过这一阶段后，训练负荷再次提升，形成新的阶梯。在比赛前期，运动员需要逐步提高他们的体能和技能，以便在比赛中达到最佳状态。阶梯式调控正好符合这一需求，因为它通过分阶段提高负荷，使运动员能够在每个阶段都有时间适应和巩固新的训练水平。

（四）波浪式

波浪式调控是按照"上升—保持—下降—再上升"的模式调节运动量，形成类似波浪的周期性变化，它适用于足球训练的不同阶段。具体来说，波浪式调控首先会增加运动量，达到一个较高的水平。之后，这个增加的运动量会被保持一段时间，让运动员有机会适应新的训练强度。接着，训练负荷会有所下降，为运动员提供恢复和休息的机会，减少过度训练的风险。休息后，训练负荷再次增加，通常会超过之前的水平，推动运动员的体能和技能达到新的高度。波浪式调控适用于训练的各个时期，无论是准备期、比赛期还是恢复期，都可以根据运动员的具体需要和训练目标灵活采用。通过这种方法，教练能够更好地规划训练周期，确保运动员在整个赛季中保持最佳状态。

（五）跳跃式

跳跃式调控是通过大幅度的增加和减少运动量，来打破运动员的动态平衡，从而激发他们身体的超量恢复反应，进而提升身体素质和技术水平。在实践中，在短时间内对运动员施加高强度的训练负荷，迫使他们的身体和心理超出常规的适应范围，随后又迅速减少负荷，允许身体进行恢复和适应。这种剧烈的负荷变化能够刺激运动员的生理系统，促进他们的体能快速提升。跳跃式调控难度较大，因此更适用于运动技能和体能水平较高的运动员。这类运动员通常已经具有较好的训练基础和适应能力，能够承受高强度训练并从中恢复。由于跳跃式调控可能带来较高的身体压力和受伤风险，教练在实施时需要仔细监控运动员的身体反应和恢复情况。这种方法需要在专业的指导下进行，确保运动员在安全的环境中得到适当的恢复和营养支持，以充分利用超量恢复的效果，而不是导致过度训练或伤害。

四、合理安排训练负荷的措施

在训练期间，分析运动员的承受能力、特定竞技项目的需求以及训练周期的节奏等关键因素，有助于深入理解这些因素如何影响训练负荷。因此，基于这些分析，可以实施一系列措施来恰当地调整训练负荷。一般来看，合理安排训练负荷的措施主要包括以下三点。

（一）基于实际状况和需求对运动量进行恰当配置

在足球训练中，不同训练阶段的目标、日程和内容都存在差异，这导致对运动量的需求也各不相同。考虑到每位运动员的身体素质和运动水平的个体差异，制定运动量时应以具体任务和运动员的能力为依据。机体对训练负荷的适应是一个渐进过程，为了更有效地应用适应原理，训练负荷应逐步增加。具体来说，应遵循"增加—适应—再增加—再适应"的模式。此外，训练负荷的安排也要遵循"负荷—恢复—超量恢复"生理规律，这有助于合理安排运动量和休息时间，从而达到最佳的训练效果。

（二）有针对性地调整和优化训练计划

在足球训练中，教练员可以基于即将进行的训练活动制订一个详细的训练计划。这个计划是根据运动员的能力、训练目标和资源等因素精心设计的。然而，在实际训练过程中，可能会遇到各种预料之外的情况，如运动员的健康状况、天气变化、设备可用性等，这些都可能影响训练的执行。因此，面对这些实际情况的变化，教练员需要灵活地对原有的训练计划进行调整，以确保训练计划与当前的实际状况相匹配。调整训练计划不仅仅是对原计划的简单修改，而是需要根据运动员的当前表现、身体状况和训练响应来重新评估训练目标和方法。这可能涉及改变训练的强度、持续时间、频率或者训练的具体内容。例如，如果发现某个运动员在某方面的表现不如预期，教练可能需要增加针对该方面的训练；或者，如果运动员表现出疲劳的迹象，教练可能需要减少训练强度或增加休息时间。

（三）根据负荷与恢复关系来合理规划训练时间

在足球训练中，训练负荷是提升运动员体能和技能的关键，但没有适当的恢复，就无法实现所需的超量恢复，进而影响运动员身体素质和运动能力的提升。因此，合理安排训练负荷和恢复时间是确保训练效果和运动员健康的重要因素。一方面，训练负荷的累积必须控制在运动员能够安全承受的范围内。这意味着训练强度、频率和持续时间需要根据运动员的个体差异和当前状态进行调整，避免过度疲劳和潜在的伤害。另一方面，超量恢复的实现不仅依赖恰当的训练负荷，还需要足够的恢复期。这包括在训练课程之间设置合理的间歇时间，以及在更长的训练周期中安排休息日。间歇时间的安排应考虑到训练负荷的强度和运动员的恢复能力，以及他们适应负荷的速度。恢复时间的长度通常与负荷的强度成正比。此外，训练负荷的性质，如是力量训练、耐力训练还是技术训练，也会影响恢复时间的长短。不同类型的训练负荷对身体的影响各不相同，因此需要相应地调整恢复策略。

第五章　足球运动教学训练的实践探索

足球运动是一门强调实践的运动，能够锻炼人的体力和耐力，增强个人的团队意识。因此，教练员和教师要将足球运动的理论知识应用于实际教学和训练当中，为足球运动员提供具体的实践指导。本章节将深入探讨足球运动的基本功训练、技术教学与系统训练、战术教学与系统训练，以及身体素质与心理素质训练，旨在全面提升学生的足球技能和综合素质。

第一节　足球运动的基本功训练

一、足球运动基本功训练的主要内容

（一）启动

在足球比赛中，快速的启动动作对于完成各种复杂的技术动作具有重要意义。启动动作与各种技术要素紧密相连，并且显著地影响技术动作的执行质量。快速启动能够为执行技术动作提供一定的时间优势。例如，面对紧迫的防守，快速启动是接球和无障碍传球的关键。通过突然

加速，球员可以暂时摆脱对手，更快地到达球的落点，有效接球和处理球。在快速传球配合的过程中，防守球员若能迅速启动，就能更好地追赶对手，截断传球或打破对方的控球。因此，在短距离内超越对手或紧贴对手，占据有利位置时，快速的启动动作是一种极为有效的策略。另外，突然、快速的启动也可以为快速跑提供最大冲力。

启动可以在多种不同的情况下发生：从静止状态、慢跑、跳跃着陆到倒地爬起、转身，甚至在后退过程中。无论启动的具体情景如何，保持低姿势和迅速前移重心都是十分必要的。在不影响完成动作的基础上，尽量直体前倾，以最大限度地破坏身体的平衡。在这个过程中，步频应快且步幅较小，同时充分伸展蹬地腿的髋、膝、踝三个关节，以实现快速有力的后蹬。这种后蹬动作可以充分利用反作用力，推动身体快速前进。同时，双臂应与双腿配合，快速地前后摆动（前摆时稍向内，后摆时稍向外），以在最短时间内达到最快速度。在进行启动时，球员需要持续观察周围的进攻和防守队员的位置及动态，尤其是关注球的活动，以便成功争球、拦截、盯防对手或恰当接应球。

（二）跑动

速度是现代足球运动的显著特征之一，而快速跑动是足球速度的重要体现。在足球比赛中，球员们需要根据球的移动和场上的变动情况高速运动。例如，进攻方的球员需要快速跑动以实现运球突破、摆脱接应、拉出空当、占领空位及包抄射门；而防守方的球员则需要通过快速跑动来紧逼盯人、互相补位、堵截争抢及封闭射门角度。因此，跑动在足球中是一项不可或缺的基本功。

在足球比赛中，球员的跑动需要根据进攻和防守的实时变化进行适应性调整，包括调整跑动的速度、选择不同的跑动路径和采用多样的跑动动作。球员的跑动形式丰富多样，包括慢跑、快跑、直线跑、曲线跑、折线跑等方式，以及特殊情景下的侧身跑、插肩跑和后退跑等。这些多变的跑动方式对于应对比赛中不断变化的场景至关重要。

1. 快速跑

在足球运动中，快速跑动的核心技术包括后蹬和前摆动作，也就是说，在一条腿后蹬的同时，另一条腿进行前摆。后蹬动作的起始是伸展髋关节，随后当身体重心移出支撑点时，迅速而有力地伸展髋关节、膝关节，并以脚趾离地结束。在后蹬的尾声，髋关节、膝关节和踝关节都应充分伸展。前摆动作发生在支撑腿开始后蹬的同时，此时摆动腿以膝关节为先导，大腿带动小腿向前上方积极摆动，同时同侧髋随之前送，助推身体向前移动。大小腿在前摆中自然折叠，减小摆幅并加快速度。当大腿摆至最高点时，小腿则顺势向前摆动，并以前脚掌着地。

在快速跑动的每个复步中，两腿需协调快速用力地进行蹬和摆配合。同时，上体适当前倾，两臂迅速有力地前后摆动——前摆时稍向内，后摆时稍向外——以促进身体快速前移。

在跑动中，速度是由步幅和步频共同决定的。因此，提高跑速的一种方法是在保持固定步幅的同时加快步频。相对地，保持一定步频而增大步幅也能提高速度。然而，在足球比赛的不同情境下，跑动的步幅和步频需要进行相应的调整。例如，在靠近对手或球，或与对方争球时，步幅应减小而步频增快，同时保持较低的重心和较小的身体前倾角度。这种调整有助于更好地控制平衡，及时执行各种技术动作，并能灵活调整动作和跑动方向。相反，在追赶对手或球时，应增加步幅和步频，以达到最高速度。特别是在争抢、抢传和抢射等关键时刻，加大步幅和加快步频对于抓住瞬间的有利机会十分重要。

2. 曲线跑

曲线跑主要用于在场上绕过对手、接应传来的球、内切插入空位、抢断球或紧盯对方球员时。执行曲线跑时，球员需要保持对周围环境和球的动态的密切观察。身体应向内侧倾斜，使内侧肩部低于外侧肩部。

同时，内侧膝关节轻微外展，外侧膝关节略微内扣。脚部动作方面，应利用内侧脚的外侧部分和外侧脚的内侧部分有力地蹬地，以实现曲线跑。

3. 折线跑

折线跑是进攻队员在足球比赛中常用的跑动技巧，特别是在摆脱对手或穿过密集的防守阵型时。执行折线跑时，球员需要密切关注前方的左右空间，以便快速找到穿插的机会。在从一个方向突然转向另一个方向时，球员的上半身和头部需要迅速朝预定的方向转动和倾斜。同时，身体的重心应迅速转移到这个方向，而另一侧的脚则需要用力蹬地，以支持这种突然的方向变化。这种突变的方向和速度的调整有助于在比赛中创造突破和摆脱防守。

4. 侧身跑

侧身跑在足球运动中是一种用于调整位置的跑动技巧，通常用于更好地观察场上的形势，以便随时准备加入进攻或防守的配合。执行侧身跑时，球员的上半身应轻微转向控球方向，同时脚尖指向跑动的方向。球员需要时刻用眼睛跟踪球的移动，并密切注意场上攻守双方球员的位置和动态，这样可以保证他们能够及时地参与到比赛的具体配合中，或者根据需要采取个人行动。

5. 插肩跑

插肩跑主要用于在与对手并肩跑动的情况下控制对手的速度，以便在争夺位置或球权时占据优势。这种跑动方法涉及在与对手并肩时，突然将接触对手的一侧肩部前伸，同时身体上半部随之向对手倾斜，接近对手与自己同侧的胸部区域。在进行插肩跑时，同侧的臂部几乎停止摆动，这样做有助于控制对手的跑动速度，为球员在竞技中争取有利位置。

6. 后退跑

后退跑在足球比赛中主要用于数少对数多的防守情景，目的是减缓对手的进攻速度并寻找抢断机会，或者当对方球员对本方球门构成威胁时，用以紧盯对手，限制其活动空间。执行后退跑时，球员应稍微降低并后移重心，使身体保持轻微的后倾姿态。步幅应保持较小，而步频则应快速，脚从地面推蹬后应立即离地，但不宜过高抬腿。双臂稍微张开自然摆动以保持平衡。同时，球员需持续观察球的运动轨迹、对方球员的位置和动向，以及队友的防守动作，这样才能够及时做出恰当的反应，确定下一步的策略。

（三）急停和转身

足球比赛中，由于进攻和防守的频繁转换以及球的持续移动，球员经常需要在高速奔跑中突然急停，以摆脱对手或防止被对手甩开。这种急停之后通常紧接着是转身或原地改变移动方向。

1. 正面急停和转身急停

在进行正面急停时，球员应该降低身体重心并迅速后移，上体稍微前倾。一只脚向前迈出，全掌着地并用力前蹬，从而使身体后倾并制动前冲的动力。另一只腿微屈并稍微向后开放，以支撑身体平衡并停止跑动。

转身急停时，球员同样需要降低重心并稍微前倾，同时迅速向要转向的方向扭转和倾斜。重心转移到转身方向的同侧腿上，该腿膝盖外转、脚掌外侧蹬地、脚尖指向转身方向。异侧腿迅速向前迈出，脚掌内侧着地并积极蹬地，使整个身体呈内倾，有效制动身体前冲，停止跑动。

2. 前转身和后转身

前转身时，球员先将两膝微屈，重心转移到转身方向的同侧脚上。上半身向转身的方向倾斜和扭转，而异侧脚（后脚）的前脚掌用力蹬地。这样做的同时，身体迅速转动，蹬地的脚随后跟进一步。

后转身时，球员利用转身方向的异侧脚蹬地，同时重心后移。当身体开始向后转动时，另一脚抬起并向外转，向后迈出，脚尖指向后方。这样的动作使得身体能够顺利地向后方转身。

(四)假动作

在足球比赛中,假动作常用于摆脱对手的紧逼或夺回球权,主要是进行快速且逼真的身体虚晃,以诱使对手做出错误的判断和反应,从而实现球员预定的目标。为了使假动作更具迷惑性,它需要执行得足够逼真,以引发对手的相应反应。当对手根据虚晃做出反应时,球员必须迅速而突然地从假动作转变为真实动作,以达到预期效果。因此,在执行快速虚晃动作的同时,能够灵活控制自己身体重心的移动是成功完成假动作的关键。

二、足球运动基本功训练的主要方法

在教学、训练中,要通过正确的示范、讲解和反复的练习,使球员掌握基本功的各种动作。同时必须结合专项身体素质训练和有球技术练习提高基本功各种动作的质量。在进行基本功的教学、训练时,必须根据足球运动的特点,即在比赛中做出任何一个反应都是根据自己的观察、判断,来决定自己的行动。因此,为适应足球比赛的要求,以视觉刺激为信号做出相应反应的练习,是足球基本功教学、训练必须采用的方法。

(一)起跳训练

1. 蛙跳追逐训练

将球员分成小组,每组2至3人。每组选择一名球员作为"追逐者",其他成员为"逃避者"。在训练场地上划定一个明确的区域,如20米×20米的方形区域,确保有足够的空间进行跳跃和移动。以蛙跳的方式,追逐者尝试捕捉逃避者。逃避者同样使用蛙跳动作来逃脱。每轮追逐时间可以根据球员的年龄和体能水平设定,如1至2分钟。之后进行短暂休息,再进行下一轮。

2. 袋鼠跳训练

设定50到80米的距离或120到180秒的时间限制。完成一轮袋鼠跳后，球员应进行短暂休息，以恢复体能。休息时间可以根据训练强度调整，如1到2分钟。根据球员的体能水平，可以进行多轮训练，如3到5轮。

3. 体操凳上下跳或跨越跳

进行3到5组的练习，每组150到200次，每组间隔5到10分钟。

4. 体操凳跛脚跑训练

排列4到5个体操凳，让球员在跑动中交替使用一只脚踩在凳子上，另一只脚踩在地面。

5. 体操桌上双脚连续跳

控制在30到50次之间。重要的是合理安排训练时间，避免过度疲劳，并在运动员精神饱满时进行，同时注意安全。

6. 跑动中连续顶吊球

在30到50米长的跑道上，每隔5米悬挂一个吊球。

（二）跳跃训练

足球运动员的跳跃训练方法如下：

（1）球员背向教练坐或蹲，教练从背后掷出球，球员需立即起跳追赶球。

（2）球员准备好起跑姿势，教练发出信号后，球员迅速疾跑25到30米。训练间歇时间从5分钟开始，逐次缩短至30秒。

（3）教练发信号后，球员做各种方向的翻滚动作，然后疾跑25到30米。

（4）在沙地、锯末地或泥泞地进行25到30米的疾跑，以提高在不同场地条件下的跑动能力。

（5）在5°到10°的斜坡上进行站立式上坡跑或斜坡跑，距离保持在25到30米，间歇时间逐渐减少，增强下肢力量和爆发力。

（6）进行5米×10米的模仿跑，由队长带领，间歇时间为3分。

（7）在300到500米的场地上进行，以教练员的指示调整速度，提高速度适应能力。

（8）在15米×15米的场地上进行一人追、一人摆脱的游戏，增强敏捷性并加快反应速度。

（9）进行30米的绕立杆跑，立杆最低1.5米，间距1.5到2.5米，逐渐缩短间距，增强敏捷性并加快转向速度。

（三）变向变速训练

（1）球员进行15米的全速跑，并在固定目标处急停。

（2）在20米×20米的场地内，球员根据教练员的手势全力跑向相反方向。

（3）球员在10到20米内观察教练员的手势，然后突然启动，执行90°、180°、360°的转身和下蹲及跳跃动作。

（4）在中圈内，一名球员模仿另一名球员的突然启动、起跳、急停及卧倒等动作。

（5）两名球员背对足球墙坐下（或采取其他姿势），教练踢球撞墙时，球员听到声音后迅速启动追球。

（6）球员沿3米长的正方形边线全力绕圈跑，提高转向敏捷性。

（7）进行50米的绕立杆追逐跑，立杆间距为2.5米，加快变向速度并增强敏捷性。

（8）两名球员以竞赛形式进行30米折回跑，提升速度变换和快速转身能力。

（四）假动作训练

（1）进行双脚交替跨跳的训练。

（2）在训练场的中圈内对8到12根立杆进行无规则设置，球员在这些立杆间进行快速曲线跑。

（3）在罚球区半场内，4名球员进行一人追逐三人的游戏。被追逐者通过使用假动作来躲闪追逐者，训练范围限于场地内。被追到的球员接替成为追逐者。

（4）球员间隔3到4米排列，队尾的球员以最快速度从两名队员中间穿插跑过。

第二节 足球技术教学与系统训练

一、踢球技术

（一）踢球技术动作

踢球是足球运动的一项基本技术，在教学训练中，足球运动员要练习使用脚背、脚内侧、脚外侧等不同部位控制球。因此，踢球训练主要包括脚内侧踢球、脚背正面踢球、脚背内侧踢球、脚背外侧踢球、脚尖踢球、脚后跟踢球等。因篇幅有限，这里主要介绍前三种踢球方式的训练要点与注意事项。

1. 脚内侧踢球

使用脚内侧进行踢球动作时，球员主要利用脚部内侧的弧形面积来接触并驱动足球，以便将球送往预定的方向。脚内侧的弧度与足球的表面形状相匹配，有利于实现更平滑和精确的球路控制。然而，这种方法的局限性是脚内侧较难施加强力，因此不太适合执行长距离传球或在快速移动中使用。在执行脚内侧踢球的过程中，踢球时的脚需要弯曲膝盖并向外旋转，同时抬起脚尖。在摆动腿部时，整个身体应保持放松，避免僵硬，确保用脚内侧击中球面，而非整个脚掌。

脚内侧踢定位球时，需要确定支撑脚放置的位置。在进行直线跑动助跑后，应保证支撑脚恰好位于着地点，同时脚尖指向球要前往的方向，并与球保持大约一个拳头的距离。在支撑脚稳固着地之后，踢球的脚应当弯曲膝盖并向前摆动，采用轻敲的动作来接触球。在击球的瞬间，使用脚内侧的部分正对出球方向，同时保持脚底板与地面平行。根据球要到达的目标位置，用适量的力度，用脚内侧轻敲足球的后中部。

脚内侧踢反弹球时，关键是准确判断球的落点，及时将支撑脚放置并固定在球的侧面位置。踢球的脚要紧随其后，准备好在球落地并开始反弹的那一刻进行击球。此时，应使用脚内侧中部紧贴并击中球，以确保球按照预定的目标方向移动。脚内侧踢反弹球的技巧在足球比赛中应用非常广泛，尤其在射门时经常被运用，并且经常能够取得进球的成功。

脚内侧踢空中球时，要准确地预判球的飞行轨迹。在球接近时，调整身体使其面向来球的方向，并确保支撑脚稳固地站立在地面上。为了维持身体平衡，上半身应轻微倾斜向支撑脚的方向。随后，抬起踢球的脚到合适的高度，准备好以脚内侧击中球的中部。在球处于空中时，用脚内侧发力击球，这样做能够更好地控制球的方向，并及时调整球的运行轨迹。

在足球教学与训练中，脚内侧踢球的易犯错误及纠正方法如表5-1所示：

表5-1 脚内侧踢球易犯错误及纠正方法

易犯错误	纠正方法
踢球腿膝踝关节外展不充分，脚趾没勾翘，击球脚型不正确，影响击球效果	膝踝关节充分外展，保证脚内侧部正对来球，脚趾勾翘保证脚掌与地面平行
踢球腿直腿摆击球，出球乏力	要求踢球腿屈膝外转前摆击球，确保摆击的速度和力量
击球刹那，脚型不固定，出球不顺畅	要在整个击球过程始终保持前摆结束时的正确脚型

2. 脚背正面踢球

脚背正面踢球是球员使用脚背的正面部分击中足球的中部或下部以控制球的运行方向和速度。在执行这一技巧时，通常是以脚背的中心区域（在标准足球鞋中系鞋带的部分）接触并发力击球。这种踢球方式能够产生较远的距离和较高的飞行轨迹，因此在足球比赛中应用非常广泛。脚背正面踢球不仅适用于长传和射门，还非常适用于解围、处理定位球、地面滚动球、反弹球，甚至在执行倒勾球时也能派上用场。这种技巧的多功能性使其成为足球运动员必须掌握的基本技能之一。

脚背正面踢定位球，这一技术动作与脚内侧踢定位球的方法在很多方面是相似的，区别主要在于触球部位由脚内侧改为脚背正面。脚背正面踢球和脚内侧踢球各有其独特的优势：脚背正面踢球更易于发力，适合于远距离传球或射门；而脚内侧踢球则提供了更好的控制性，适合精确传球。因此，球员可以根据实际的比赛需求和个人技术特点选择合适的击球方式。

脚背正面踢地滚球时，应当准确判断球的滚动路线和确定击球点。当踢迎面而来的地滚球时，支撑脚应略微置于后方，以便更好地调整踢球力度和方向。而在踢与自己运动方向一致的地滚球时，支撑脚应放在前方，以利于顺势将球推向前方。正确的支撑脚位置对于确保踢球的准确性和有效性至关重要，也有助于防止运动伤害。

脚背正面踢反弹球时，需要准确判断球的落地点，确保支撑脚能够及时而正确地放置在球的一侧。当球落地后开始弹起到适当的高度时，球员应迅速发力，用脚背中部猛烈击中球。这一动作通常伴随着较大的力量，因此在执行时需要特别注意控制踢球脚小腿的摆动幅度，以免将球踢得过高或过远。

正面脚背踢空中球（侧身踢凌空球）时，球员需要观察球的飞行轨迹，以确定最佳的击球点和球的预期方向。支撑脚要及时放置并稳定，脚尖指向球的出球方向，同时上身向支撑脚的方向稍微倾斜，侧对着球的方向。在踢球的瞬间，踢球脚需要高抬至几乎与地面平行的位置，并利用瞬间爆发力用脚背正面击中球的后下部。完成这一动作后，为了保持身体平衡，上身和支撑脚应随着提腿脚的运动方向进行适当的旋转。这种技巧在处理高空球时非常有效，尤其是在射门或远距离传球时。

在足球教学与训练中，脚背正面踢球的易犯错误及纠正方法如表5-2所示：

表5-2 脚背正面踢球易犯错误及纠正方法

易犯错误	纠正方法
支撑脚选位不当，影响摆踢发力和击球效果	要根据来球的情况和出球的目的，合理确定支撑脚的位置
击球刹那，脚型不稳，趾尖上挑，影响出球力量和方向	整个击球过程要保持脚背绷紧、脚跟提起、脚尖下指的脚型
踢球腿摆踢路线不直，出球方向不正	前摆击球时，要求膝关节向目标方向顶送，以保证作用力的目标方向

3. 脚背内侧踢球

脚背内侧踢球是使用脚背内侧的前部（大脚趾附近的区域）接触并推动足球，以控制其运行轨迹。这种技巧通常应用于中远距离的传球和射门。由于大脚趾区域在脚部中较为灵活且容易发力，因此脚背内侧踢球能够更加有效地控制球的运行距离、飞行高度、旋转角度以及最终落点。与使用脚内侧踢球相比较，脚背内侧踢球能够实现更快的球速和更平直的飞行轨迹。这是因为大脚趾区域能够提供更加紧凑和集中的力量点，从而生成更少的弧度和更快的速度。因此，在需要快速、直接且精确的传递或射门时，选择脚背内侧踢球是一个非常有效的技术。

脚背内侧踢定位球时，虽然技术结构与踢定位球方法有相似之处，但也有其特有的不同点。在踢球之前，球员应进行斜线助跑，使助跑路线与出球方向形成大约45°角。在助跑的最后阶段，支撑脚应该距离球较近，约25厘米。在踢球时，使用脚背内侧部分触球并发力，以此来控制球的运行轨迹。

脚背内侧踢地滚球时，其技术结构类似于用脚背正面踢地滚球，区别在于需要根据球的滚动轨迹适时调整支撑脚的位置。在这种情况下，球员应利用脚背内侧部分触球并发力，从而有效控制球的运行。

脚背内侧踢空中球时，其技术结构与踢定位球相似，但有所不同。在这种技术中，支撑脚应位于球的侧后方，并且在踢球时伴随着一种下切的动作。踢球脚在触球的瞬间应聚焦在球的后下部发力。完成这一动作后，球通常会呈现出一种抛物线形的缓慢运行轨迹。这种踢球技巧在控制球的飞行高度和距离方面特别有效。

转身脚背内侧踢球时，其基本技术结构与踢定位球相似，但包含一些关键的不同之处。这项技巧的特点在于，在助跑的最后一步中，球员需要进行跨步跳跃，以便将支撑脚有效地转向出球方向。在踢球的瞬间，球员利用腰部扭转产生的力量，以及踢球脚的动力，用力击球。这种身体的旋转和协调运动可以为踢球动作提供额外的力量和控制，使球以更精确的方向和速度发出。

在足球教学与训练中，脚背内侧踢球的易犯错误及纠正方法如表5-3所示：

表5-3 脚背内侧踢球易犯错误及纠正方法

易犯错误	纠正方法
支撑脚选位不当，脚趾没对准出球方向，影响摆踢动作的完成	助跑的最后一步支撑脚脚趾要对准出球方向
击球刹那，膝关节不向前顶送，而是顺势内拐，导致出球侧旋	踢球前摆时，膝关节要向出球方向自然顶送，以保证作用力的目标方向
踢球腿后摆动作紧张，影响前摆速度，击球发力不足	后摆动作自然放松，确保前摆动作能加力、加速
支撑脚落位偏后，上体放松后仰，出球偏高乏力	上体保持适度向前倾压，可防止出球偏高和加大击球的作用力

（二）踢球技术教学

进行踢球技术教学时，具体可采取以下几种方法。

1. 无球模仿练习

首先进行无球的想象和模仿练习，以加深对踢球动作的理解和掌握。可以想象地面上有一个足球，然后进行跨步上前踢这个假想的球。除了将助跑改为跨步外，其他动作都应符合标准动作要求。接下来，过渡到慢跑几步进行踢球的模仿练习，最后练习快速跑动时的踢球动作。特别需要注意的是，在击球瞬间对脚型的正确要求。

2. 足球墙练习

利用足球墙进行各种踢球练习，有助于增强球感。这种练习方式适用于定位球和活动球。足球墙练习的重点是加强小腿的爆发式摆动技巧，并确保支撑脚的位置及脚部触球方式符合标准动作要求。练习一段时间之后，可以逐渐增加与足球墙的距离至大约 15 米，这时应使用中等强度的力量进行大腿摆动。在掌握定位球的基本技巧后，可以练习在控制球的情况下踢各种活动球，以及从足球墙反弹回来的球。还可以结合足球墙上画的球门和各种标记，按照准确性要求进行各种踢球的练习，这样不仅能够保持正确的动作规格，还能够检验练习的实际效果。

3. 两人配合练习

为了提升球员之间的配合默契度，可以进行两人一组的踢球动作练习。这种练习既适用于传球也适用于射门技术。在进行定位球的练习时，两人可以互相配合进行接球练习。如果是活动球的练习，则两人应保持一定的距离，并可在限定的方向或特定区域内进行连续踢球。传球的方向应与跑动方向一致，接球者也应根据传球方向进行接球。在射门练习中，两人可以轮流传球和射门，传球者可以传递不同类型的球，射门者则根据实际情况采取不同的射门技巧。此外，两人还可以进行带有一定对抗性质的传射练习，以更贴近比赛实战的情况。通过这些练习，球员可以在实战中更好地理解彼此的动作和意图，从而提高团队协作效率。

4. 两人对抗性练习

在进行两人间的对抗性练习时，球员能够体验到比赛中紧张刺激的氛围以及对技术动作的精确要求。在这种练习模式下，特别需要关注在触球的那一刻，大腿屈肌群应保持充分的收缩状态（这是在小腿进行爆发式动作之后的关键动作）。同时，应留意是否正确触及球的部位以及支撑脚是否符合标准动作要求。这些细节对于模拟比赛情景中的技术精确度和动作协调性至关重要。通过这样的练习，球员能够改善自己在对抗中的表现，更好地适应实际比赛的节奏和强度。

二、停球技术

（一）停球技术动作

1. 脚内侧停球

脚内侧停球分为停地滚球、停反弹球与停空中球三种不同的动作。

停地滚球，需要球员根据球的路线和预定的停球位置及时移动到位。支撑脚应正对着来球，膝盖略微弯曲。停球脚屈膝外展，迎向来球，脚尖上翘。在脚与球接触的瞬间之前，开始轻轻后撤脚部，用脚内侧接触球，并将球停在准备进行下一个动作所需的位置。

停反弹球时，观察球的落点和落地时间，及时移动到位。支撑脚放置在球的落点侧前方，膝盖弯曲，上体前倾并轻微转向停于停球方向。停球脚提起，膝关节外旋，踝关节放松，脚尖轻勾，使用脚内侧对准球反弹的角度。在接触球的刹那，停球脚放松，用脚内侧的中上部挡住球，使其停下。

停空中球时，根据来球路线和预定停球位置，及时移动到位。支撑脚正对来球，停球脚的大腿抬高，膝盖弯曲，上体轻微侧转，脚内侧准备迎接球。在球与脚接触的那一刻，迅速用脚向下拉球，以将球停在身体前方。

2. 脚背外侧停球

脚背外侧正面停地滚球时，应该支撑腿膝盖轻微弯曲，确保停球点位于停球腿的一侧。停球脚轻轻抬起并弯曲膝盖，同时膝盖和脚内转，脚内翻，使小腿和脚背外侧与地面呈现一定角度。脚背外侧要正对着来球，脚离地面大约半个球的高度，在支撑脚的前侧接触球的侧后部（靠近支撑脚一侧）。接触球时，大腿向球接触后的运行方向推送，用脚背外侧轻轻拨动球，使球停在侧前方或侧方，同时身体随着球移动。

脚背外侧停反弹球时，面对来球，根据球的落点及时移动到位，支撑脚站在球落点的侧后方，膝盖轻微弯曲。停球脚轻轻抬起，进行脚内翻动作，使停球腿的小腿与地面形成一定角度，同时保持踝关节放松。当球刚从地面反弹时，使用脚背外侧的侧上部触球，将球停在身体侧边。

3. 脚底停球

脚底停地滚球时，针对来球的路线，及时调整位置，使支撑脚位于球的侧后方。支撑脚的膝盖略微弯曲，脚尖正对来球。同时，将停球脚抬起，膝盖自然弯曲，脚尖高于脚跟并翘起，脚跟稍低于球高度。保持踝关节放松，使用前脚掌挡压球的中上部，以控制球。

脚底停反弹球时，动作要领与停地滚球基本相同。在停球时，停球腿膝盖弯曲并抬起。当球即将落地时，脚尖翘起，小腿前伸，使脚掌正处于球的反弹路线上。此时，应用脚掌触压球的后上部，以便控制球。

（二）停球技术教学

1. 原地停球练习

（1）两名球员相距 10 米，互相传递地滚球，接球的一方专注于练习停地滚球的停球技巧。

（2）当两名球员相距 10 到 15 米时，一方可以手抛球到另一方的身前，这样接球方就有机会练习各种类型的停球动作。

2.移动中停球练习

（1）两名球员相对站立，距离为10到15米。一方传球，另一方在移动中接球并停球。开始时可以传递到脚下的球，随后向两侧传球，以便接球者在跑动中学习停球。

（2）同样在两人相距10到15米的情况下，一方向另一方掷球，目标是对方的身前和两侧，使接球方能够在跑动中练习停反弹球和空中球。

（3）当两人面对面相距10到15米时，互相踢球，接球一方练习各种停球。

（4）两人根据不同距离传球，练习各种停球方式。

三、运球技术

（一）运球技术动作

1.脚内侧运球

脚内侧运球时，球员需要保持支撑脚始终在球的侧前方，并稍微领先于球。同时，肩部应指向运球的方向。进行这一动作时，支撑腿的膝关节应略微弯曲，将重心稳定放在支撑脚上。与此同时，另一腿应提起并弯曲膝盖，利用脚内侧部分推动球向前滚动。推球后，运球脚接触地面，而支撑脚继续迈步前进，随后再次使用运球脚推球，如此反复进行。这种运球方式通常用于在寻找传球机会或在有对手阻拦时，需要用身体做掩护的情况。通过这种技术，球员可以更有效地在对手防守时保持球权，同时寻找传球或射门的机会。

2.脚背正面运球

脚背正面运球时，球员的身体移动姿势应类似于正常的跑动姿势，上体轻微前倾和步幅略小。在运球过程中，运球腿应抬起，膝关节轻微弯曲，髋关节前推，同时提起脚跟，脚尖向下。在脚接触地面前，使用脚背正面触及球的后中部，并将其推送前进。这种运球技巧通常适用于前方有较长的纵深空间且无对手阻拦的情况。通过这种方法，球员可以快速推进球场，有效地利用场上空间，为进攻创造机会。

3.脚背内侧运球

脚背内侧运球时，球员的身体应略微侧转，面向运球方向。整个身体应保持自然且放松的状态。步伐较小，上体轻微前倾，以保持动态平衡。运球腿在运球过程中抬起，大腿外展，膝盖微微弯曲并向外旋转，同时脚跟提起，脚尖向外，使用脚背内侧部分轻推球前进。由于身体侧转的姿势，这种运球方法并不适合高速运球。然而，正因为触球部位的特性，它尤其适用于向支撑脚一侧进行的变向运球。这种技巧能有效地帮助球员在有限的空间内进行快速的方向改变，是控球技巧中非常实用的一部分。

4.脚背外侧运球

脚背外侧运球时，球员需先提起脚跟，然后将脚尖绕着矢状轴向内旋转，使用脚背的外侧部分触及球的后中部，并推送球向前。这种运球方法在其他方面与脚背正面运球相似。使用脚背外侧运球的主要优点是便于球员在运球过程中快速改变球的运行方向，从而具有较强的隐蔽性。这种技巧在做运球中的假动作时尤为有效，同时球员可以利用身体将对手与球隔离，从而有效掩护球。这种运球方式既灵活又实用，对于在紧密防守下保持球权和创造进攻机会非常有效。

（二）运球技术教学与训练

1.球感的练习

球感的练习主要包括以下几种：第一，在走路和慢跑时，分别使用脚背正面、脚背内侧、脚内侧和脚背外侧沿直线运球。第二，在慢跑中，交替使用左右脚的脚背内侧运球，沿折线路径行进。第三，在慢跑中，交替使用左右脚的脚背内侧和脚背外侧运球，沿折线路径行进。第四，在走路和慢跑中，沿弧线路径运球，如利用足球场中圈进行顺时针或逆时针运球练习。注意在进行弧线路径运球时应选择合适的运球方法，如在顺时针运球时避免使用右脚脚背内侧。

2. 熟练程度的练习

熟练程度练习主要包括以下几种：第一，拉球转体180°运球练习。用一只脚作为支撑，另一只脚拉球到身后，然后转体180°继续运球。第二，拉球练习。在一定区域内自由运球，听到哨声后，用一只脚作为支撑，另一只脚用脚背内侧或外侧拉球，绕支撑脚进行圆周运球。第三，拨球练习。同样在一定区域内自由运球，听到哨声后，用一只脚作为支撑，另一只脚用脚背内侧或外侧拨球，绕支撑脚进行圆周运球。第四，运球绕杆。设置若干标杆，杆间距根据水平高低而定（2米～15米），每人一球以"S"形路径绕杆运球。第五，扣球变向转身运球。在运球过程中，听到信号后扣球，使球改变方向超过90°，并沿新方向继续运球。第六，纠正低头运球的练习。球员围绕教练进行自由运球，教练随时用手势指示方向，球员及时按指示改变运球方向。要求球员时刻观察教练，避免低头看球。

3. 运球常见错误及纠正方法

在运球时，球员常见的错误、原因及表现和纠正方法，如表5-4所示：

表5-4　运球常见错误及纠正方法

常见错误	原因及表现	纠正方法
低头看球，观察不到场上势态	抬不起头始终低头运球	教练员在前方，用手势指挥运球，促使练习者抬头看手势，用眼睛余光观察球
运球时，步幅过大，重心偏高，球离身体较远，不能连续控制球	球离身体较远，遇阻拦抢截时，不能及时控制球	运球应保持低重心，左右脚快频率交替推拨球
运球时未能充分利用身体的掩护作用	在运球时，始终使球处在防守者与自己之间	运球遇防守者时，应以远离防守者的一侧脚运球，用身体将球与防守者隔开

续 表

常见错误	原因及表现	纠正方法
运球技术运用不合理，造成运球失误	需要快速运球时使用脚内侧运球，需要变向运球时使用正脚背部位	明白各部位运球的特点，在平时加强针对性练习
身体僵硬，影响动作的协调自如，造成不恰当的触球	触球时力量过大或过小，控制不住球	思想放松，松弛身体，熟练掌握运球技术

四、守门员技术

（一）接球

接球是守门员主要技术之一，包括接地滚球、平空球和高空球。

1. 接地滚球

接地滚球主要有两种方法：第一种方法是两脚左右开立，间距大约10厘米，面向来球的方向。上体略微前倾，两臂自然下垂，双手掌心朝向球，手指尽量接近地面。接球时，要顺应球的来势，双臂同时弯曲并靠拢，将球稳稳抱在胸前。第二种方法是采用两脚前后开立的姿势，前脚膝盖弯曲支撑身体重心，后脚膝盖弯曲并下跪接近地面，膝盖紧贴前脚的脚跟。上体前倾，双臂动作与第一种方法相同。这两种接地滚球的技巧都要求守门员具备良好的身体协调性和反应能力，以确保能够准确、稳定地接住球。

2. 接平空球

接平空球技术分为两种情况：低于胸部的平空球和齐胸高的平空球。接低于胸部的平空球时，首先要通过脚步移动确保身体正对来球方向，两脚左右开立。身体上体轻微前倾，两臂伸直并且肘部微微弯曲，双手小指相触，手掌朝向球。当双手触及球的瞬间，双臂随球后撤并弯曲肘部，顺势将球紧抱在胸前。接齐胸高的平空球时，同样需要脚步移动使身体正对来球，两脚左右开立。双臂弯曲，手指微弯向上，双手掌对准球，拇指相触。当双手触球的一刹那，手指和手腕适当用力，随球的动势屈臂后撤，并轻微转腕，将球抱紧在胸前。这两种接平空球的技巧要求守门员具有敏捷的脚步移动、准确的身体定位以及灵活的手臂和手腕动作，以确保稳妥地接住不同高度的球。

3. 接高空球

接高空球时，首先准确判断球的飞行轨迹和接球点，快速移动到合适的位置准备接球。进行起跳动作，同时双臂向上伸展迎接来球，双手掌对准球，手指自然张开，两手拇指相对，形成"八"字形。在手触及球的那一刻，用手指和手腕适当施力稳稳地接住球。接球后，顺势弯曲肘部，向下拉球，并轻微转动腕部，将球紧抱在胸前。

（二）击、托球

在守门员面对与一个或多个对手的空中竞争，或当自己身体平衡受到干扰时，常采用拳击球。

1. 拳击球

首先要准确判断来球的运行路线，并及时调整身体位置。在球接近时，迅速握紧拳头并出拳击球。拳击球分为单拳击球和双拳击球两种方式。单拳击球动作更灵活，摆动幅度较大，可以产生更大的击球力量。而双拳击球则接触球面积更大，更能提高击球的准确性。

2. 托球

在判断好来球的运行路线后，守门员需要向后跃起托球。进行托球动作时，手指微张，使用手掌的前部触及球的下部，使球呈弧线越过球门横梁。

（三）扑接球

1. 扑侧面球

当执行这一动作时，守门员需要用异侧脚蹬地，双手迅速向侧面伸出，一只手放在球的后面，另一只手放在球的侧后上方。随后身体向同侧脚方向倒地。在落地时，以小腿、大腿、臀部和肘部的外侧依次接触地面，并在落地后迅速屈身收缩。

2.扑平空球

守门员需在空中做伸展动作，用手指紧紧抓住球。接球后，按球、肘部、肩部、上体、臀部、腿的外侧依次着地，并迅速屈身收缩。

（四）发球

1.单手肩上掷球

守门员站立时两脚前后开立，膝盖弯曲，用单手持球并将其抱于肩上。掷球动作开始时，持球的手臂向后拉动，身体随之侧转，重心转移到后脚。后脚用力向后蹬地，利用身体的转动、手臂甩动和手腕的力量，将球向预定目标掷出。

2.侧身勾手掷球

守门员站立时两脚前后开立，身体侧对球门方向，单手持球并向后拉。身体重心转移到后脚上。掷球时，后脚用力向后蹬地，身体随之转动，重心由后脚移至前脚。当持球手臂从后侧经过身体侧面沿弧线摆动至肩上时，利用手指和手腕的力量，将球向预定目标掷出。

守门员是球队的最后一道防线，他们的主要职责是阻止对方将球射入球门。守门员在比赛中的表现往往直接影响到比赛的结果，因此他们的职责极为重大。根据足球规则，守门员在罚球区内有权利用手接球。这一规则特权意味着守门员通常在罚球区内活动，以最大限度地利用双手来拦截对方球队的射门。一个出色的守门员能够极大地鼓舞本队队员的士气，并在对手中引发顾虑；而表现不佳的守门员可能会削弱球队的士气，甚至导致无法挽回的损失。除了防守，守门员还负责在控球后快速有效地发动反击，帮助球队争取比赛胜利。因此，对守门员技术的掌握至关重要。作为教练，即使不一定能够亲自示范所有技术，也应至少从理论上理解哪些动作是正确的,哪些是错误的,以便有效提升守门员的技术水平。

第三节　足球战术教学与系统训练

一、个人进攻战术

(一)传球

在足球比赛中,传球是一种经常使用的基本个人战术,根据传球部位的不同,可分为脚背正面、脚背外侧、脚内侧、脚背内侧、脚尖和脚跟等多种传球方法。球员在比赛中可以根据不同的场景和需要,采用搓、切、弹、蹭、摆、挑等方式传球,通过控制球的旋转和轨迹来精确地确定球的落点,从而实现有效的战术配合。为了在比赛中更好地发挥作用,球员需要熟练掌握这些传球技巧,并确保它们的稳定性和准确性。在足球技术教学与训练中,传球的基本要求包括准确把握传球时机、控制传球方向、精确定位落点,以及传球的力量和旋转。对于传球的球员来说,需要保持广阔的视野和灵活主动的态度,及时把握机会,并与队友紧密配合,确保传球方式既适宜组织进攻又有助于创造射门得分的机会。

根据传球的距离,传球通常可分为短传(15米以内)、中传(15至25米之间)和长传(超过25米)。从传球的路线来看,传球可以分为直线球和弧线球;而从传球的方向看,传球则有横传和回传之分。传球的成功不仅取决于持球队员对传球角度的准确把握,还依赖持球和接球队员之间的默契配合,以有效完成比赛中的进攻和防守任务。根据传球部位的不同,传球技术可分为脚背外侧传球、脚后跟传球、搓传以及胸部和头部传球。其中,脚后跟传球通常用于回传球,这是一种技巧性较高的传球方式。搓传是一种能够赋予球特殊旋转和轨迹的技术。在胸部和头部传球中，头部传球可在关键时刻进行射门。进行头部传球时，球员需要保持眼睛紧盯球的位置，同时确保头部稳定，以便更准确地控制球的方向和力量。

1. 传球技术动作

脚内侧传球，又称脚弓传球，要求在踢球时脚内侧部位正对出球方向。此时，踝关节应保持紧张并固定，以保证正确的脚型。接触球时，踢球脚掌应与地面保持平行。支撑脚的脚尖与球的前缘平行，直指出球方向，且其内侧缘与球保持10到15厘米的距离。支撑腿微屈，以支撑身体重心。上半身放松，两臂自然张开，维持身体平衡。

脚背正面传球时，踢球脚在接触球的瞬间，同样需要踝关节紧张固定，脚跟提起，脚尖下指。五个脚趾用力扣紧鞋底，确保脚背正面正对出球方向。支撑脚的脚尖与球前缘保持平行，直指出球方向，并与球保持10到15厘米的距离。支撑腿微屈，支撑身体重心，上半身保持放松，两臂自然张开，以保持平衡。这两种传球方式都要求精准和协调，以保证传球的准确性和效率。

在进行脚背内侧传球时，踢球脚接触球的动作需要精确控制。踢球时，踝关节应保持紧张固定，脚跟抬起，脚尖朝外斜下指向，同时五个脚趾紧紧扣住鞋底。脚背内侧面要正对着出球方向，摆动腿的膝关节应适当弯曲。在支撑脚着地时，应该先用脚跟外侧缘接触地面，然后过渡到全脚掌着地。支撑脚尖与球的前缘应保持平行，并直接指向出球方向。同时，支撑脚的内侧缘与球之间的距离应保持在10至15厘米左右。支撑腿微屈，以支撑身体重心。在进行这个动作时，支撑脚一侧的肩部应轻微向内转，上体略微前倾，同时两臂自然张开，以保持身体平衡。

在执行脚背外侧传球时，踢球脚的踝关节需要保持紧张和固定的状态，同时脚跟抬起，脚尖内扣并斜下指向，五个脚趾要用力扣住鞋底。传直线球时，需将脚背外侧面正对出球方向；而传弧线球时，则需将踢球腿向支撑脚的侧前方摆动，并使脚背外侧稍微侧对出球方向。支撑脚

第五章 足球运动教学训练的实践探索

尖与球的前缘应保持平行，或稍微偏向侧后方，并直接指向出球方向。支撑脚的内侧缘与球之间的距离应保持大约15厘米。支撑腿应微屈，以支撑身体的重心。在进行传球动作时，上体应略微前倾，两臂自然张开，以保持身体的平衡。

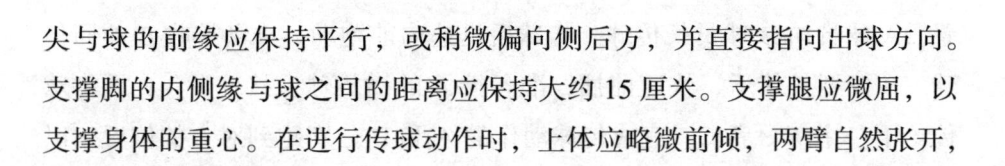

2. 传球技术教学与训练

（1）原地模仿练习。球员首先在原地进行大腿带动小腿摆腿踢球的模仿动作，然后过渡到模拟向前跨步踢球的动作。或者以两人一组的方式进行，其中一人踩住足球，另一人模拟踢球时的跨步、支撑、摆腿和击球动作。重点是体会脚触球的部位和击球点，注意不要用力过猛。

（2）单人原地传球练习。每个球员面对足球墙，持球进行连续的定位球练习。随着练习的进行，逐渐增加传球的距离和力量。

（3）两人传球练习方法。两人传球练习方法主要有两种：一是斜传直插传球练习。两名球员相距8至10米。其中一人直插接另一人的斜传球，然后再斜传球，由另一人直插接球。二是直传斜插传球练习。两名球员相距8至10米。其中一人斜插接另一人的直传球，传球后快速斜插，接另一人的横传球，然后继续重复这个练习。

（4）3人传球练习方法。当球员A和C之间相距20至30米，并各自持球时，B扮演中间接应角色。A向B短传球，B接球后回传给A，并迅速转身接收C的短传球，再将球回传给C。这个过程不断重复。B可以定期与A或C交换位置进行练习。

当A和C相距25至30米时，B仍作为中间接应人。A向C长传球，C将球直接传给迎上来的B，B再回传给C，C继续长传给A，A将球传给B，B再回传给A。这一练习循环进行，B可定时与A或C换位。

A和C相距25至30米，B作为中间接应人时，A长传球给C，B上前接C的短传球，带球前进并与C交换位置。B到位后再长传球给对侧的A，同时C快速移动至A所在位置进行接应。这个过程不断重复进行。

（5）多人传球综合练习。队员分成两组，站在相距25至30米的位

| 151 |

置。A球员向B球员长传球，传球后迅速向前跑动，准备接收B的回传球。B接到长传后，快速前插，准备接A的横传球。接球后，B再将球传给下一个练习者C。完成传球动作的A和B分别跑到对方的位置，以此方式循环练习。

3.传球常见错误及纠正方法

在传球时，球员常见错误、原因及表现和纠正方法，如表5-5所示：

表5-5 传球常见错误、原因及表现和纠正方法

常见错误	原因及表现	纠正方法
脚内侧触球部位不正确	支撑脚离球太近或太远，造成脚尖或脚后跟内侧触球	在球的一侧，将支撑脚站位地方做上标记，助跑后，支撑脚踩标记练习
脚内侧传球时，脚踝松懈	出球无力，方向始终有偏差，传完球后脚踝内翻	脚触球时，脚底与地面平行，脚尖上勾，小腿摆动，击球后中部
正脚背踢球偏高	支撑脚偏后，身体后仰或臀部后坐，脚触在球的后下部	支撑脚站位应在球侧方10厘米~15厘米处，大腿带动小腿快速前摆
脚背内侧踢球高度不够	踢球脚背触在球后中部，大腿向前上方摆动不够	踢球脚背应击球底部，支撑脚站在球侧后方20厘米~25厘米处
踢出球产生旋转，偏离目标	支撑脚离球太近，踢球腿摆动方向不正，作用力不通过球的重心，产生旋转	支撑脚应在离球侧后方20厘米~25厘米处，踢球时发力方向通过球的重心
脚背内侧踢球，触球时部位不正确	脚背内侧变成脚尖踢球，易损伤脚趾	踢球腿内旋，脚背绷紧，脚趾朝外，用脚背内侧击球底部

（二）接球

接球在现代足球比赛中是一项极具攻击性的综合性战术。它对于保持球权、决定进攻时机、突破对手的防守线以及创造射门机会都至关重要。接球是指球员有意识地利用身体的适当部位控制运动中的球，使球

进入其控制范围，从而顺利过渡到下一个技术动作。接球的效果好坏会直接影响到接下来动作的流畅执行，因此在足球训练和比赛中具有极其重要的地位。

1.接球技术动作

脚内侧接球是球员用脚内侧将移动中的球稳定地停下来的一种技术。球员脚内侧的弧度自然地适应足球的表面，从而使控球更为顺畅和精准。脚内侧接球的关键在于利用脚内侧的形状和柔韧性来减缓球的速度，并将其有效地控制在球员的脚下。这项技术在足球比赛中应用非常广泛，尤其是在处理地面滚动球、反弹球和空中球等不同类型的传球时。在训练中，球员可以练习在不同速度和角度下的脚内侧接球，以提高其在实际比赛中对各种传球的控制能力。

脚背正面接球通常适用于接收弧线较大的传球。球员需要密切关注球的飞行轨迹，并迅速将支撑脚移动到球预计落地的地点。随后，球员抬起接球脚的脚背正面，放在球的下方位置。在接球的过程中，球员应顺应足球下落的趋势轻轻撤回接球脚，以便将球平稳地停留在自己身体附近。

使用脚背外侧接球的目的主要是改变球的运行方向，而非让球立刻停止。这种技巧可以有效地将球引导到球员的前方、侧方或后方。由于在使用脚背外侧接球时，球的可能落点较多，这常常能够迷惑对方的防守球员。当与假动作结合使用时，这种技巧的效果尤为显著。

脚背外侧接地滚球时，与使用脚背正面接地滚球类似。不同之处在于接球时，球员需将接球脚的脚尖内转并向下，利用脚背外侧部分接触球。

脚背外侧接反弹球时，球员需要密切关注球的运行路线，并准确判断球的落地点，主动迎向来球。在这种情况下，除了击球部位是脚背外侧以外，其他的技术动作与接地滚球时的方法相同。通过这种技巧，球员可以有效地控制球的运行方向，为比赛创造更多机会。

2.接球技术教学与训练

在足球训练中，可以通过以下两种途径加强接球训练：

（1）个人接球技术动作练习。球员可以运用足球墙进行接球练习，先向足球墙踢出地滚球，随后采用不同的接球动作来接球。起初可在原地接球，之后逐步发展到在跑动中接球。开始时，接球动作可以集中在将球停在脚下，然后逐渐练习接成活动球，或接到预设的特定位置。为了提升训练难度，可以增加踢出球的力量。此外，练习还可以包括抛球或踢高球击中墙面，然后练习接反弹球和空中球。球员还可以进行个人踢高球接球练习，一个人自己将球踢高，接着进行接反弹球的练习。这种练习有助于提高在不同高度和角度接球的能力。

（2）多人配合接球技术动作练习。多人配合接球技术动作练习主要有以下几种：第一，两人进行正面接地滚球练习，形成两人一组的练习模式，相距大约10米。其中一人负责踢球，另一人则练习接球，之后交替进行。第二，两人跑动中传接球练习，同样是两人一组，在一定的区域内进行跑动中的传接球练习。接球时应尝试多种接球方式，近距离以接地滚球为主，中距离则集中于接反弹球和空中球。第三，三人接球转身练习。三人一组，站成一条直线，每人相距10米。A传球给中间的B，B接球后转身，并将球传给另一端的C。C接球后再传回给B，B再转身传球给A，如此往复。参与者可以轮换中间位置。这种练习也适用于接反弹球和空中球，可以适当增加传球距离，还可以交叉练习接反弹球、地滚球和空中球。例如，A传球给20米外的C（越过B头顶），C接反弹球或空中球后，传地滚球给B，B接地滚球并转身后再传给A。B的位置可以轮换，A和B的位置及传球类型也可变化。

3.接球常见错误及纠正方法

在接球时，球员常见错误及纠正方法，如表5-6所示：

第五章 足球运动教学训练的实践探索

表5-6 接球常见错误及纠正方法

常见错误	纠正方法
缓冲不当，造成接球动作过大	多做延迟缓冲练习
滚球时，抬脚过高，将球漏掉	多做直脚缓冲接球练习
接球时，落点和落地时间判断不准，失球	自己抛球接反弹球

（三）射门技术

1. 射门技术动作

足球比赛的胜负由进球数决定，射门技术的水平直接影响着进球数量。比赛中的进攻和防守策略都是以射门为核心进行调整和发展的。因此，提高射门技术是足球训练中的一个关键部分。在比赛中，球员们采用多种射门方式，如运球射门、直接射门、接球射门和任意球射门等，以实现得分的目标，如图5-1所示：

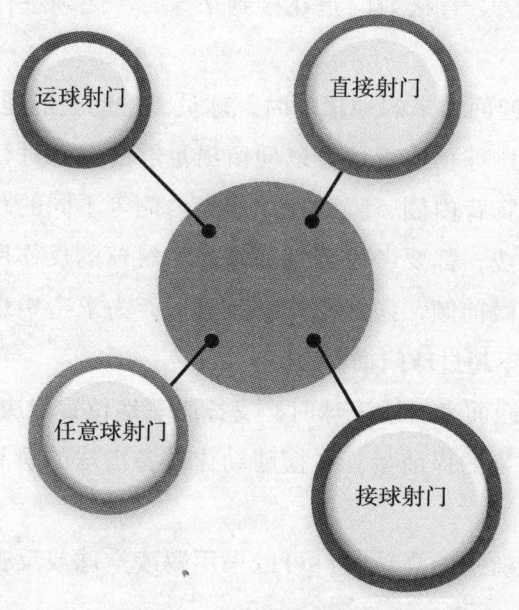

图5-1 主要射门技术动作

155

（1）运球射门。在足球比赛中，运球射门是一种常用的射门技巧。执行此动作时，球员在运球到最后一步时应将球推得稍大力一些、距离稍远一些，为助跑发力创造条件。由于运球射门涉及球向前滚动的情况，支撑脚在着地时应比球稍微靠前，以留出适当的操作空间。运球射门通常采用脚背正面以及脚背内侧和外侧踢球的方法。在用脚背正面踢球时，支撑脚的脚尖应直指出球方向，膝盖略微弯曲。在支撑脚着地的同时，踢球脚向后摆动，小腿屈膝呈折叠状态。在前摆过程中，大腿带动小腿，当大腿前摆至近乎垂直时，小腿加速前摆，脚跟立起，脚尖下指，用脚背正面击中球的后中部。射门时，身体不应后仰，踢球后身体应向前移动，以便于进行下一个动作。

至于脚背内侧和脚背外侧踢球的技巧，其基本动作与传球时相同。唯一的区别在于运球到最后一步时，球员应将球推向形成一定角度的斜线上。例如，使用右脚射门时，球应被推向右脚的外侧斜线，从而利于助跑并用脚背内侧击中球的后中部。

（2）直接射门。直接射门是在接到来球时，无须进行调整就直接进行射门的技术。

当直接踢射迎面而来的地滚球时，球员需主动上前迎球并进行射门。此时，支撑脚应比球稍前着地，以便留出足够的空间进行动作。射门可采用脚背正面、脚背内侧、脚背外侧或脚内侧等不同的踢球方法。无论采用哪种射门方法，都要考虑到迎面来球时触球的反作用力。因此，在射门时身体要稍微前倾，摆腿动作不宜过大，力求击中球的后中部，确保射出的球高度不超过球门横梁。

在直接踢射迎面来的地滚球时，支撑脚着地位置取决于球来的方向，同时要预留出适当的提前量。在摆腿动作准备击球的瞬间，球应正好处在合适的位置。

面对能直接射门的高球时，可以采用踢凌空球或反弹球的方法进行射门。这些技巧使球员能够有效应对各种高度和速度的来球，从而在比赛中创造更多的进球机会。

在踢正面凌空球时，球员需要准确判断球的落点。这一动作在很多方面与使用脚背正面踢地滚球相似。不过，在摆腿击球时，踢球脚的膝关节需要向上提起，以在球下落时击中球的后下部。这样踢出的球在空中会带有一定的飘移效果，并可能突然下沉，这种球通常被称为"落叶球"。进行侧身凌空球时，球员的身体应侧对出球方向，支撑脚脚尖指向出球方向。上身根据来球的高度进行相应的倾斜，来球越高，倾斜度也越大。在摆腿踢球的过程中，身体随着出球方向进行扭转，大腿抬起带动小腿向触球方向挥摆，使用脚背正面击中球的后中部。

在踢反弹球的过程中，要准确判断球的落地点。球落地时，踢球脚的大腿快速带动小腿向前摆动。关键在于抓住球从地面反弹起来的那一刻，此时使用脚背正面或脚背内侧、外侧击中球的后中部。

（3）接球射门。接球射门的技巧在于接球和射门两个技术动作的流畅衔接。接球时，目标是将球控制到自己所期望的位置，并力求在第一次触球时就使球稳定下来，同时身体要迅速跟进。通常，球应接到远离防守者的位置，以自己的身体作为屏障，利用远离防守者的脚来射门。

在防守者密集的情况下接球时，应将球接到距离自己较近的位置，这样便于迅速起脚进行射门。这种射门技巧要求球员具备快速反应和准确判断的能力，能够在紧张的比赛环境中迅速做出决策并执行射门。

（4）任意球射门。在任意球射门中，成功的关键通常在于用力踢球和踢出弧线球。当选用用力踢球时，主要使用的踢球部位是脚背正面、脚背内侧以及脚背内外侧。助跑时，距离可以适当加大，以便于发力。至于踢出弧线球，主要是利用脚背内侧和脚背外侧部位。这两种射门方法都需要准确的力量控制和踢球技巧，以确保任意球射门的准确性和有效性。

2. 射门技术教学与训练

射门技术的训练方法主要包括以下几种（图5-2）：

射门技术的训练方法

- 运球射门
- 运球过人射门
- 接长传球射门
- 直接射门
- 多球多点射门

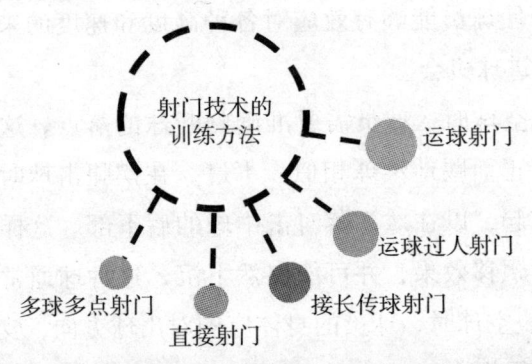

图 5-2 射门技术的训练方法

第一种，运球射门。分成几个小组，在不同的地点进行直线运球射门和曲线运球射门。球员射门后需捡球返回原位，并与其他队员轮换位置继续练习。第二种，运球过人射门。球员 A 带球突破防守者 B，然后进行射门。射门完成后，B 捡球，A 和 B 交换角色，A 成为防守者，B 成为进攻者，再次进行练习。第三种，接长传球射门。队员分成两组，A 和 B 在跑动中接 D 和 C 的长传球，然后迅速射门。除了接长传球射门，队员也可以练习接中传球射门。第四种，直接射门。球员分为两组，球员 A 和 B 分别接 D 和 C 的传球进行直线射门。另一种方式是 A 先传球给前场的 D，然后上前接 D 的回传球，紧接着进行直接射门。第五种，多球多点射门。在不同位置设置供球的队员 B、C、D、E 和 F。球员 A 首先跑向 B 的位置接传球，进行接球射门或直接射门。射门完成后，A 继续跑向 C 的位置接其传球射门，以此类推依次接 D、E、F 的传球完成射门。这种练习可以通过计时或计数的方式进行，以增加训练的挑战性和趣味性。

二、集体进攻战术

（一）两人局部进攻战术

两人间的传球配合是集体配合战术的基础。在比赛过程中，通常防守队会采取一对一的防守策略。进攻球员通过摆脱对方或运球过人等技术动作，在短时间内创造出局部的二对一优势情况，这使得两人的局部进攻配合在大多数情况下成为二对二或二对一的局面。这种两人间的局部配合可以在场地的任何区域发生，尤其在前场区域更为常见。然而，由于这些传球配合存在失误的可能，因此在后场特别是在罚球区附近进行后卫间的配合时，需要格外注意避免失误的风险，以防止给对方留下可利用的机会。

足球比赛中常用的两人配合有斜传直插二过一、直传斜插二过一、踢墙式二过一、交叉掩护二过一等。二人配合进攻对球员的要求包括以下几点：第一，在足球比赛中，当场上局部区域形成二对一的局面时，这种机会通常是短暂的。因此，进攻球员需要迅速把握这种优势，实现多对少的局面。如果进攻球员反应迟缓，防守方很快就会回防，形成二对二的对抗。第二，在面对二对一的局面时，进攻球员应准备好两种策略：运球过人或进行二过一的传球配合。第三，在执行任何形式的二人配合时，插入的队员需要快速启动以接球。如果对方防守球员是最后一名后卫，进攻球员还需要注意传球和启动的时机，以避免越位。第四，当场上出现二人配合的机会时，球员应根据防守方的位置、场上空当等具体情况做出决策。如果场上存在多个空当，球员需要评估哪个空当的威胁性更大，从而选择最合适的二人配合策略。

（二）三人局部进攻战术

三人局部进攻战术相较于两人配合具有更广泛的进攻范围。不同于两人配合只有单一的传球路线，三人配合提供两条传球路线，使得传球更具变化性，从而给防守方带来更大的挑战。

三人配合主要有两种方法：第一种是一个球员通过跑向空当牵制一名防守球员，其他两名进攻球员则通过传切战术击败另一名防守球员，这种配合被称为传第二空当。第二种则是三名球员通过传球实施一次间接的二过一或连续两次二过一的配合，从而击败两名防守球员。

三人配合对持球球员和接应球员的要求与两人配合时大致相似，但持球球员在传球前需要进行更全面、更广泛的场上观察。两名接应球员的启动和跑位时间应有先后顺序，目的是使一名球员创造空当，而另一名球员快速插入这个空当中。这样的战术安排能有效地瓦解对方的防守布局。

（三）全局性战术

全局性战术是在进攻中覆盖广泛的区域，并且动用较多球员进行战术配合的一种战术。这种战术的实施方法较为多样，每一次完整的进攻通常包括三个阶段：发动阶段、发展阶段和结束阶段。如图5-3所示：

快速反击和逐步推进 —— 发动阶段

发展阶段 —— 避免过多的横传和回传

边路进攻、中路进攻或两者结合 —— 结束阶段

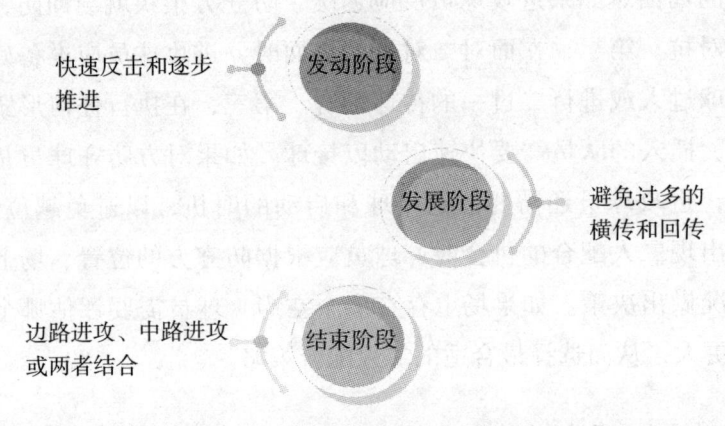

图5-3　全局性战术的主要阶段

发动阶段通常发生在己方半场，并主要通过两种方式来发动进攻：快速反击和逐步推进。快速反击通常依赖长传高球，尤其适用于对方全队压上进攻，后防线出现空当的情况。此外，可以通过连续快速的直传低球来实施反击。当对方的进攻后卫及时回防且防守稳固时，一般会采用短传方式，逐渐推进，并在找到合适的攻击点后快速突破防守。在第十二届世界杯足球赛中，许多队伍在防守时采用了紧密的盯人防守策略，一旦抢断成功便立即发起快速反击，尤其是对于锋线个人突破能力强的

第五章　足球运动教学训练的实践探索

球队，这种策略效果显著。在采用短传逐步推进的战术时，后卫之间会频繁倒脚传球以寻找进攻机会。这种后卫间的传球需要极其谨慎，特别是在对手有封堵和抢断威胁时。应尽量避免后卫之间的横传，尤其是距离较长的横传球或边卫向中卫的横传，因为这些传球一旦被对方断掉，可能会直接威胁到己方球门，增加失球的风险。

发展阶段是中场附近到对方罚球区的进攻过程，其中前卫负责中场的进攻组织。现代足球比赛中，后卫队员也被要求参与进攻组织，这样一来，中场便拥有了人数优势，前卫队员也能更直接地加入锋线进攻，增强进攻力量。一般而言，进攻的发展应迅速穿越中场，避免过多的横传和回传。当前方队员通过交叉跑动创造出空当时，球应迅速传至空位，或通过快速运球直接推进至对方门前进行攻势。然而，足球比赛涉及双方的对抗，进攻发展并非总能完全按照进攻队的计划进行，而需要根据对方的布局和战局的变化灵活调整。例如，当对方防守稳固，密集布防在门前大约30米的范围内时，攻方应避免急于推进，而是应减慢进攻节奏，寻找合适的进攻时机和点，然后再突然加速发起进攻。

发展阶段，控制球权是至关重要的。一旦丢失控球权，进攻就宣告结束。因此，在这个阶段，必须调控好进攻的节奏。遇到良好的进攻机会时要迅速行动，若机会不佳，则应放慢进攻速度，牢牢把握球权，直到找到合适的时机再迅速发起攻势。

结束阶段，通常指在对方球门30米左右区域的进攻过程。在这一阶段，进攻和拼抢通常非常激烈。由于球门前30米左右是防守方的危险区域，防守球员众多且防守紧密，所以边路相对中间来说空间更大，防守盯人相对较松，使得边路进攻相对容易进行，但直接对球门的威胁较小，因为这通常需要通过中传来完成。而中间区域的进攻虽然推进难度较大，但直接威胁球门的机会更多。在实施结束阶段的进攻时，应根据具体的场上情况和时机来决定使用边路进攻、中路进攻还是两者结合的策略。这个阶段的进攻应是快速和突然的，并且需要球员有一定的冒险精神。

不能期望每次传球、过人或射门都完美无瑕，这在实战中是不现实的。所谓的冒险，意味着只要在时间和空间上存在一定的可能性，球员就应该敢于运球突破、配合切入、抢点和射门。只要有射门的机会，就有可能进球并造成对对方的严重威胁。球员应该具备强烈的射门意识，因为进攻配合的终极目的就是射门和进球。

在一场足球比赛中，每支队伍大约有150次进攻机会，但并非所有进攻都会经历发动、发展和结束这三个阶段。有些进攻从中场的抢断开始，没有经历发动阶段；有些则在对方的罚球区附近通过抢截直接开始，仅包含结束阶段；还有一些进攻可能在发动阶段就被对方截断，因此没有发展和结束阶段。在前场通过抢断获得的进攻机会相对较少，但一旦实现，对对方的威胁通常较大。因此，前锋在进攻失败后迅速回防进行抢断是非常重要的战术动作。

1. 边路进攻

利用球场两侧地区发起进攻的方法叫边路进攻。[①] 在组织边路进攻的过程中，进攻球员需要准确把握在拉开对方防区时形成的有利进攻时机，有效实施传切、二过一、掩护等战术配合，以及个人的过人突破技巧。在边路进攻的结束阶段，进攻方应利用对方中路防守的人数和位置变动，抓住因此产生的空隙，通过外围长传、边线传中或底线回传的方式，为队友创造射门的机会，或自身进行突破射门。

在进行边路进攻时，要求球队在边路和中路之间、前锋和后卫之间进行有效的配合，从而形成难以防守的进攻局面。边路进攻的灵活性和机动性是现代足球的显著特点，因此在提升前锋的边路进攻技术和战术能力的同时，中锋的扯边、前卫的套边和后卫的插上等技术和战术能力的提高也同样重要。需要注意的是，边路进攻的主要目标是为中路队员创造射门机会。因此，传中的时机选择、落点确定和传球弧线的掌握是边

[①] 崔世君，田磊，王铎霖，等. 大学体育与健康[M]. 北京：中国传媒大学出版社，2022：72.

路进攻战术训练中的关键环节。此外，在罚球区前，鼓励球员勇于逼近对方，通过运球过人的技巧创造进攻机会，是球员技能训练的重要方面。

2. 中路进攻

从对方半场中间地带发展的进攻称为中路进攻。[①] 中路进攻发生在场地的中间地带，直接面对球门。由于这一区域通常防守队员较多，空间狭窄，中路进攻难度相对较高。尽管如此，中路进攻提供了更广阔的进攻面，并且射门角度通常更大，一旦成功突破防线就能直接对球门构成威胁。中路进攻也经常带来在对方罚球区前的任意球机会，这是一个很好的得分机会。

中路进攻通常由中锋和前卫之间的二人或三人传切配合完成，包括二过一、三打二的战术，并结合个人运球突破技术。有时，边锋也可以进行内切动作，后卫也有机会插上前参与中路进攻，增加攻势。

在足球比赛中，由于边路防守队员相对较少，空间更大，因此进攻方更容易在这些区域发起进攻，突破防线并创造射门机会。然而，由于边路距离球门较远且射门角度较小，直接射门得分的难度较大。因此，大多数进攻是通过边路突破后，由中路或异侧队友进行包抄来完成的。相比之下，中路进攻由于距离球门近且射门角度大，一旦突破防线，射门得分的可能性较高。因此，在组织进攻战术时，球队通常会结合双方的特点和实际情况。只有通过灵活多变的战术组合，才能取得良好的比赛效果。

3. 转移进攻

转移进攻是一种将边路进攻与中路进攻相结合的打法，展现了战术运用的灵活性和多样性。相对于单一的边路或中路进攻，转移进攻更为灵活，能有效地调动对方防守，抓住进攻时机。在一侧进攻遇阻时，通过精确的中长传球迅速转移到另一侧，攻击对手弱点，从而导致对方防守阵型混乱，出现防守漏洞，创造出以少胜多的局面，让对方措手不及，而进攻方则趁机发起攻势。

---

① 孙庆海，李明，陈彪. 足球 [M]. 东营：中国石油大学出版社，2009：49.

转移进攻的配合方法包括边路传中、中路传至边路以及两翼间的大范围转移配合。这种配合既可以通过长传球也可以通过快速短传来实现，有效地连接场上不同区域，打破对方的防守布局。

三、个人防守战术

（一）断球

断球，是一种积极主动的防守手段，也是足球运动中最具挑战性的防守技术之一。要成功实施断球，球员首先需要预测对方运动员的传球意图、方向和路线，同时评估自己触球的可能性，并选择合适的位置。球员需要判断对方传球的速度和时机，以便确定自己出击的最佳时机，并准确预测球的落点。在断球的启动瞬间，目标是能够率先触球，同时保持有利的位置，抢先一步拿到球。

在比赛中，断球是一种常用的动作，包括踢断、顶断、铲断和接断等不同的技术动作。直接进行传球或射门的断球通常需要用到踢断、顶断和铲断的技巧，而为了将球控制在自己手中的断球，则需要运用接球动作。断球时，球员需要对对手的传球路线有预判，对传球的时机、力量和落点能够迅速做出判断，启动动作需迅速而果断，以免给对手防备的机会。

（二）抢球

1. 正面抢球

当面临正面带球的对手时，可以使用正面抢球的技术。站立时两脚略微前后分开，膝盖微弯，身体重心稍微下降，均匀分布在两脚上，并面向对方。在对方触球的脚即将着地或刚着地时，迅速出击抢球。抢球时，用脚弓正对球，并迈出一步，同时膝关节弯曲，上身前倾，将身体重心转移到抢球的脚上。如果对手已经做好准备，那么在双方同时触球的情况下，需要在触球后顺势向上拉动，让球从对方脚背滚过，然后迅速跟进，控制住球。这种抢球技巧需要敏捷的反应和精准的时机判断，以便在对抗中成功夺取球权。

2. 侧面抢球

在足球比赛中，当防守球员和带球球员并行跑动，或者双方共同争抢迎面而来的球时，侧面抢球技巧就显得尤为重要。在与对方平行奔跑争夺球权的过程中，球员需要降低身体重心，并保持双臂紧贴身体。当对方球员靠近时，可以利用肩膀和上臂进行合理的身体接触，以此打乱对方的平衡，从而成功抢夺球权。这种抢球方法不仅要求球员具备良好的身体协调和平衡能力，还需要在规则允许的范围内进行合理的身体对抗。

3. 背面抢球

背面抢球是足球中一种难度较大的抢球技术，通常作为其他抢球技术无法成功时的备选策略。这种技术主要分为两种类型：一种是利用脚掌进行抢球；另一种则是通过脚尖或脚背来实施抢球。这种技术要求球员具备高度的技术熟练度和对比赛局势的敏锐判断能力，因为它往往涉及更复杂的身体协调和时机掌握。

（三）封堵

在足球比赛中，封堵技术常用于在丢球后迅速转换到防守状态，以延缓对方进攻节奏，为队伍赢得重组防守的时间。封堵分为正面封堵和背身封堵两种方式。

1. 正面封堵

当对方球员快速进攻时，防守球员需要选择合适的位置和角度来控制进攻节奏，为队友提供回防时间。这要求防守球员既要防止对方进攻球员通过"二过一"的配合突破，又要阻止持球者的直接突破。

正面封堵可以有效地封堵内线，迫使对方走向边路，防止其直接突进到球门前，或者封堵外线，迫使对方走中路，限制对方擅长的边路进攻。这种封堵方式迫使对方改变进攻方向和路线，如横向转移或回传球。

2. 背身封堵

背身封堵主要用于阻止对方球员转身面向进攻方向，从而减少其进攻的威胁性。通过这种封堵，防守球员可以有效地限制对方进攻球员的动作和转身空间，降低其对球门的直接威胁。

（四）铲球

在现代足球比赛中，铲球技术不仅在防守上广泛应用，也被运用于进攻。铲球是一种技术难度较高的动作，主要包括正面铲球、异侧脚铲球和同侧脚铲球三种常见形式。

1. 正面铲球

防守球员移动靠近控球对手，膝盖微屈，身体重心下降。在控球者触球后且脚尚未着地时，防守者双脚沿地面向球方向滑铲。完成铲球动作后，使用手掌扶地进行一侧翻滚，然后迅速站起，准备下一步动作。

2. 异侧脚铲球

当双方在跑动中都无法以常规动作触球时，防守球员应根据与球的距离，用同侧脚用力蹬地，使身体跃出。然后，异侧脚沿地面向前滑出，用脚底将球铲出。接着，以小腿外侧、大腿外侧、手依次着地，或者在铲出球后，身体向铲球腿一侧翻转，手撑地后立即起身。这样做是为了使身体能够迅速恢复到适合进行下一动作的状态和位置。

3. 同侧脚铲球

同侧脚铲球适用于双方跑动中且都无法立即触球的情形。执行这一动作时，防守球员需要根据自己和对方与球的距离做出快速判断。防守者利用异侧脚的力量蹬地，使身体向前方跃出。同时，同侧脚沿地面向前滑出，并执行向外的摆踢动作（脚踝应有向外的转动）。使用脚背外侧或脚尖将球踢出或捅出。完成铲球后，防守球员身体朝对手一侧翻转，并利用手撑地迅速恢复到适合下一个动作的位置。在激烈的比赛中，由于铲球技术能够最大化地争夺时间并扩大控制范围，它被广泛应用于各种足球技巧中。

四、集体防守战术

（一）三种防守方法

在足球比赛中，三种常用的防守方法包括人盯人防守、区域盯人防守和混合防守，如图 5-4 所示：

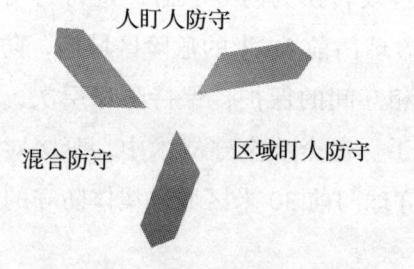

图 5-4 三种防守方法

在人盯人防守中，除了拖后的中卫以外，每个球员都负责密切盯防一个特定的对方球员。拖后的中卫（自由人）主要负责区域防守和执行补位任务。这种防守方法要求球员具有良好的体力和突破防守的能力，但在补位和应对技术不全面的队员时可能出现难题。

区域盯人防守，要求球员在各自负责的防守区域内对入侵的对手进行盯防，通常不越过自己的防守区域。拖后的中卫同样执行补位任务。这种防守方式虽然位置较固定，但在防守责任交换时若缺乏默契，同样可能出现问题。

混合防守结合了人盯人和区域盯人防守的特点，是目前比赛中常用的一种策略。通常由三名后卫执行人盯人防守，而前卫和前锋则进行区域盯人。拖后中卫继续执行补位任务。这种策略要根据对方队伍的具体情况灵活调整，有时会指派一名前卫专门盯防对方的关键球员。

（二）全队防守

全攻全守战术在防守阶段强调利用整个队伍的集体力量。当球权在对方手中时，每位队员都承担着防守职责。若对方在自己半场控球，前锋需要及时进行回抢，尝试夺回对方后卫手中的球或者封堵直传路线，迫使对方进行横传，这样可以阻止快速反击，延缓对方进攻节奏，让本队前卫及时回撤至中场，执行盯人或占据特定区域的防守任务，同时后卫也能调整防守位置，注意对方前锋。如果对方在中线附近抢球开始进攻，守方前锋需要盯住对方插上的后卫或快速回防参与中场防守。前卫和后卫则需立即从进攻转换为防守状态，进行封堵和抢断，同时迅速组织防守队形。在守方球门前30米的危险区域内，防守需更为严密，人数要相对集中，强化相互间的保护，保持防守层次，减少空隙，并严密盯防进入此区域的对手。在全攻全守战术中，延缓对方进攻、快速回防到位、紧密盯人并严守球门前30米区域是集体防守的核心。

（三）制造越位

制造越位用于破坏对方的进攻并从被动转为主动。这一战术发生在对方球员传球给进入守方半场的队员的瞬间。此时，守方队员会突然整体向前推进，以期在对方球员接球时使其处于越位位置，从而迫使对方犯规。通过这种方式，守方可以有效地中断对方的攻势，并利用规则上的优势来获得球权。

五、基本比赛阵型

在足球比赛中，阵型是战术布局的重要组成部分。球员在场上需要明确自己的基本位置，并确保完成自己的主要任务。在此基础上，他们应根据比赛的实际情况，运用智慧创造性地参与到进攻和防守中。目前，足球比赛中常见的几种阵型包括：

（一）"四三三"阵型

"四三三"是一种常见的足球战术阵型，由 4 名后卫、3 名前卫和 3 名前锋组成（图 5-5）。在这个阵型中，2 名边后卫通常负责左右两侧的防守，以保护球队的边路。中路由 2 名中卫控制，其中一名中卫的位置相对靠前，主要负责盯防对方球员，而另一名中卫则略微后撤，负责保护球门和堵塞防守漏洞。中场由 3 名前卫负责，他们分布在中路的左、中、右三个位置，但站位有前后差异，主要负责控制中场并各司其职。前场的 3 名前锋站位各有不同，常见的布置是两名边锋在边线附近活动，而中锋则在中间位置，作为球队攻击的主要力量。

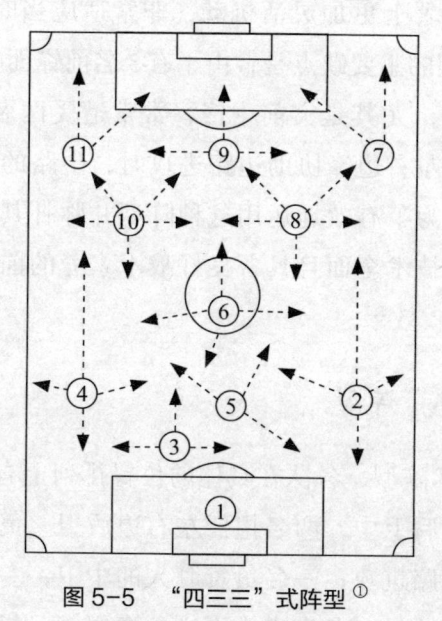

图 5-5 "四三三"式阵型[1]

"四三三"阵型要求球员能够根据比赛情况灵活调整自己的位置，同时在变换中保持团队的整体组织性。从防守角度看，"四三三"阵型通常至少有 7 名球员参与防守工作。在进攻方面，大多数情况下是 6 名球员

---

[1] 文玉超，蔡正杰，沈寅豪.高校足球理论教学与实践训练[M].北京：研究出版社，2020：127.

参与，包括 3 名前锋和 3 名前卫，但由于这些位置的球员往往面临严密的盯防，因此该阵型特别强调后卫的突然插上。后卫插上进攻时，需要精准把握时机，行动要慎重。同时，队内其他球员也必须密切注意对方的反击，并及时进行补位。当后卫频繁参与助攻时，前锋队员也被要求回撤参与防守工作，以确保防守稳固。

"四三三"战术阵型的出现主要是为了解决"四二四"阵型中由于中场防守力量不足而产生的问题。在"四三三"阵型中，通过从前锋线撤下一名球员来加强中场的防守实力，从而实现更加均衡的攻守力量分布。这种战术布局的显著优点在于，中场防守更加稳固，同时在防守和进攻的转换以及兵力部署上更加灵活机动，非常适应当时的战术水平要求。"四三三"战术阵型的主要缺点是，由于有 3 名前锋面临 4 名后卫的紧逼，攻击力量相对减弱，尤其是突前中锋，常常遭受两名中卫的双重夹击，显得势单力薄。当左右边锋协助边路进攻时，中路的包抄和冲击力量可能会进一步减弱。为了有效地运用这种阵型并弥补其缺陷，球队需要拥有三名体力充沛、技术全面且具备良好战术素养的前卫，他们的能力影响着球队整体的进攻效果。

（二）"四四二"阵型

"四四二"战术阵型，各队在具体的位置排列上有所差异，但通常遵循以下布局：四名后卫中，两名担任左右边后卫，负责防守边路地区并在适当时机参与边路进攻；一名负责盯人的中卫，专注于防守对方的中锋或关键进攻球员；另一名自由中卫则负责组织、指挥、补位和防守救险。中场由四名前卫组成，分别位于左、右两侧和中间，负责控制中场并在适宜时加入进攻。他们的站位形式多样，如菱形排列、横线排列但前后有所错位，或是三人前排一人后撤等。前场的两名前锋则是穿透对方防线的主力，站位也有多种方式，包括集中在中路地区相互配合，或一侧倾斜以便让中场或后卫插入进攻。在布置"四四二"阵型时，应考虑到球队的具体情况、攻守战术的需求以及对手的特点，避免生搬硬套。适合球队特点和队员能力的阵型能最大限度地发挥阵型的效果和球员的潜力。

"四四二"阵型的特点是中场和后卫队员会经常执行套边动作，目的是在对方球门前制造威胁和机会。另一种常见的进攻策略是两名前锋拉开场地宽度，从而为两名中场前卫插入禁区创造得分机会。还有一种进攻方式则是依托两名前锋的速度和技术优势，在抢断球后通过迅速长传发起快速反击。在防守方面，这一阵型重点强调的是球员迅速回位和在密集防守情况下的组织与协调配合。通过团队的紧密合作和有效沟通，这一阵型能有效地阻止对方的进攻，并在必要时快速转换为反击状态。

（三）"五三二"阵型与"三五二"阵型

"五三二"阵型是从"四四二"阵型演变而来，主要变化是将一名前卫撤回到后卫线，担任盯人中卫的角色。这种阵型的主要特点在于形成了坚固的防守阵线，同时有利于发起快速反击。中场和后场的球员可以根据比赛情况灵活插上进攻，增加进攻的突然性和不可预测性。通过这种布局，球队能够在保证防守稳固的同时，创造攻击对手的机会。

"三五二"阵型是对"四四二"阵型广泛使用的回应而开发的一种战术布局。在这一阵型中，三名后卫被安排防守对方的两名前锋，从而避免了人力资源的浪费。同时，在中场，五名前卫对抗对方的四名前卫，这在数量上占据了优势，有利于增强中场的争夺力量和控制力。这种安排使得后场和中场都在人数上形成优势，确保了中后场的稳定性和主动性。在进攻方面，五名前卫可以轮流出击，实施多点进攻，这不仅隐蔽性较强，还增加了攻击的广度和深度。此外，由于从中场发起进攻，缩短了进攻距离，可以加快进攻速度，增强威胁性。在防守时，前卫线上的球员可以迅速撤回两名队员以防守边路，变换为"五三二"阵型，增强防守力量。但由于大量球员集中在中路，当对手在中后场通过中长传球发起快速进攻时，本队球员往往难以及时回防。特别是两个边前卫身后的区域,往往成为这个阵型的薄弱环节。在"三五二"阵型中,三名后卫主要集中在中路,其中两名后卫专门负责防守对方的两名前锋,而另一名后卫则稍微拖后,负责保护。五名前卫分布在中场,其中两名前卫分别负责左右两侧地区的防守,并在适当时机从边路插入进攻。另外三名前卫队员则在中路地区形成三角形阵型,负责防守和伺机进攻,其中一名前卫充当"自由人",承担组织、指挥、防守和进攻的重要职责。两名前锋作为进攻主力,在对方后卫线上游弋,寻找破门机会。

六、战术训练方法

(一)实例练习

训练的方法是教练员指定不同位置球员在遇到特定情况时的行动方向和目标位置。目的是让球员通过重复练习,在比赛中遇到类似场景时能够本能地根据训练记忆进行位置调整和技术动作。这种训练的关键在于反复练习特定动作,确保球员能够熟练掌握在面对特定情况时的位置变化和移动策略。练习时不涉及对抗,而是专注于细节和提升球员发现机会的能力。这种方法不仅有助于提升个别球员的技术能力,也对整个球队的协作和配合起到积极作用。在训练过程中,由于重复练习的疲劳效应,球员可能会逐渐减慢练习的节奏。因此,教练员需要密切关注并适时调整训练节奏,以确保训练效果不受影响。合理控制训练强度和频率,可以最大化训练的效果,同时避免过度疲劳。

(二)集中练习与专门性练习相结合

在训练的过程中,对一个或几个队员进行具有针对性的战术功能训练,可以提升他们在特定情景下的战术执行能力。由于球员在比赛中可能会遇到如何应对不确定的场景,因此在训练中模拟这些特定场景并为之设立专门的训练是非常重要的。教练员和队员在球场的实际环境中共同演练和模拟特定情景下的战术动作。这样集中且有针对性的训练不仅有助于球员在比赛中更加灵活地应对各种复杂的情况，还能帮助他们掌握更多技巧和战术知识。通过这种训练，球员能更好地理解和执行战术要求，从而在实战中展现出更强的竞技能力。

（三）假想对手练习

假想对手练习是将队员以特定的组合进行排列，并采用固定的打法进行练习。在执行突破动作时，可以设置实际的对手进行模拟，或者不设真实对手，而通过假想对手的方式进行。这种训练的主要目的是让球员对常见的进攻跑位形式以及其他战术技巧有更深入的理解。通过这种假想对手的训练，球员能够在没有实际对抗的情况下，更好地掌握理想的打法体系和满足战术要求。球员可以在训练中模拟与假想对手的对抗，这有助于提升他们的战术意识和反应能力。教练员也可以在训练场上设置标志物，将其作为假想对手的参照，以增强训练的实用性和针对性。通过这种方式，球员可以在没有真实对手干扰的情况下，专注于技术动作的练习和战术理解的提升。

（四）单元格训练

单元格训练是一种将足球队员限制在特定区域内进行的练习方式，这种方法主要用于提升球员基本的战术技巧和技能。在实际的训练过程中，球员会在指定的区域内进行限定触球次数的对抗练习，如4对2或1对1的练习形式。由于练习区域的限制，这种训练方式能够显著提高训练效果，尤其是在加强球员在紧逼状态下的摆脱能力方面。通过这种局限空间的训练，球员能够更好地学习在有限的空间内快速做出决策、有效控球和适应对手的紧逼。

（五）紧逼式训练

紧逼式训练是一种设定具体战术目标，并在短时间内对球员进行高强度训练的方法。这种训练方式能够帮助球员熟悉特定的练习条件，同时提高他们的应变能力和缩短战术行动的反应时间。通过紧逼式训练，球员在遇到特定情况时能够更快地做出思考和决策。这种训练模式对球员的体能提出了较高的要求，因为在短时间内会消耗大量体力。因此，控制此类训练的时长非常重要，以避免过度疲劳。适当安排紧逼式训练，可以有效改善球队在实际比赛中面对高压情况时的表现，增强球员的快速反应和适应能力。

（六）有条件练习

所谓有条件练习是指在训练的过程中，为了完成某项训练内容或者比赛而专门设定一定的条件，如改变场地的大小或者限定得分方式，又或者对练习过程中触球的次数进行限定。这样的方法可以强化队员对训练主题的观察，使得队员在面对变化时的应变能力增强。

（七）正式比赛练习

在足球训练中，实施正式比赛练习是一种重要的训练方式。这种训练通常在标准比赛场地上进行，模拟11对11的正式比赛环境。在这样的练习中，会配置三名裁判，完全按照正式比赛的规则进行。这种练习方式有助于球队更深入地理解战术，并将日常训练内容整合到实际比赛情景中，使球员的场上判断和应变能力更接近真实比赛水平，是检验球员战术能力的最佳方式。通过与不同水平的球队进行比赛，球队可以获得更全面的训练经验。与技术水平较低的球队比赛可以帮助提高球队的战术执行能力和稳定性；而与技术水平较高的球队比赛则有助于及时发现球队的不足之处和战术上的漏洞，从而提高整体战术水平。

第四节 身体素质训练与心理素质训练

一、身体素质训练

身体素质训练是足球训练中的基础性训练，旨在提升运动员的身体素质。良好的身体素质是足球运动员在场上有效执行技术动作、遵循战术安排，以及培养坚韧不拔、毅力顽强的比赛精神的关键，是减少受伤风险和延长运动生涯的重要因素。在现代足球的高强度和密集赛程的背景下，如一些国家职业联赛中的一周双赛情况，对球员的持续作战能力提出了更高要求。没有充分的身体训练，球员很难在技术和战术上保持持续的高水平表现。因此，系统的身体素质训练对于足球运动员来说至关重要，它是改善运动表现和提高竞技成绩的基础。

（一）力量素质

在足球比赛中，球员经常需要进行激烈的身体对抗。为了能够有效地进行跑动、跳跃、急停、启动、转身等无球基本动作，并在对手的干扰中顺利执行传球、接球、头球、运球等有球技术动作以及射门、卡位、抢断等攻防技巧，球员必须具备良好的力量素质。力量素质是足球运动员身体素质的重要组成部分，也是掌握运动技能和提高运动能力的基础。没有充足的力量素质，球员将难以顺畅地完成这些技术动作。

1. 足球运动员力量素质的特点

足球运动员所需的力量素质以爆发力为主，这种力量体现为非周期性的肌肉活动。具体例子包括短距离的快速启动、突然转向、大力射门、在空中跳起争夺头球、凌空抽射和倒勾射门等。这些动作要求球员具备快速启动和瞬间爆发的能力。由于足球运动员的体重一般是固定的，他们在执行有球和无球动作时，实际上需要克服固定的身体重量所带来的负荷。因此，他们所需的力量素质不仅包括最大动作速度下的力量表现，还包括速度力量的耐力，即在长时间内保持高速度动作的能力。这种力量素质对于足球运动员来说至关重要，它直接影响到球员在场上的表现，特别是在进行高强度对抗和快速反应的情况下。

2.力量训练的常用方法

在力量训练中，应注重足球运动员爆发性力量的训练，尤其是腰腹部、髋部、膝部和踝关节的力量训练，如图5-6所示：

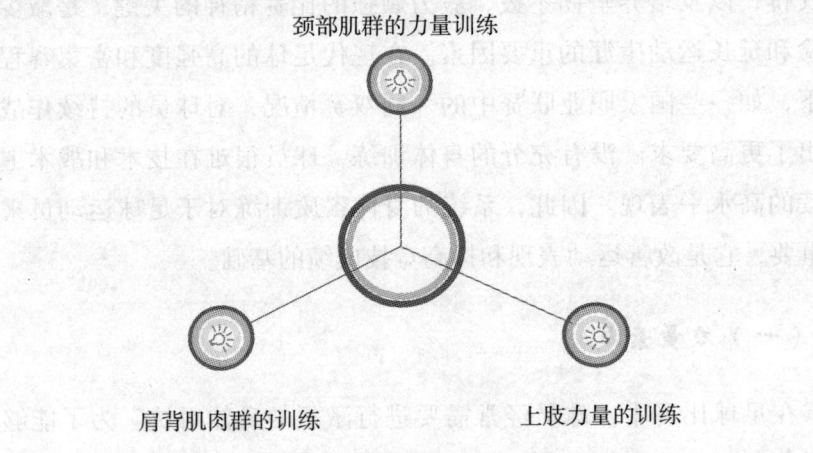

图 5-6　力量训练的常用方法

（1）颈部肌群的力量训练。运动员仰卧，头部放在实心球上，双手手掌撑地。在练习时，运动员应以手掌撑地，同时向上挺起腰部、腹部和臀部，主要依靠颈部用力，同时用手臂来保持身体平衡。在进行这种练习之前，重要的是要做充分的准备活动，以预热身体并减少受伤风险。练习后，应进行放松和伸展活动，适当的按摩也有助于肌肉的放松和恢复。

（2）上肢力量的训练。上肢力量训练主要有以下三种方法：第一种，卧推练习。运动员仰卧在卧推椅上，选择适当重量的杠铃进行胸前向上推举运动。推举时应使用爆发力，并确保上臂充分伸展；下放时则要尽量缓慢。练习前后都应进行热身和放松活动。第二种，"推车"式爬行练习。两名队员分组练习，其中一名队员双手撑地，保持双臂伸直，向前爬行，另一名队员握住其脚踝，形成"推车"状。爬行的队员需要保持身体平直，避免塌腰或翘臀。协助的队员主要负责跟随，避免向前推或向后拉。之后两人交换角色练习。第三种，平推实心球练习。两人一组，相距约3米站立，互相用手平推实心球。练习可以在站立和蹲起的姿势间交替进行。

（3）肩背肌肉群的训练。队员站立在肋木旁边，双臂上举并紧握固定在肋木上的弹力绳另一端。接着，队员以直臂的姿势向身体两侧下拉弹力绳。在进行这个练习时，要特别注意保持双臂伸直，因为弯曲的臂部可能会影响训练效果。同时，需确保弹力绳固定牢靠，以防训练过程中的意外伤害。

3.力量训练的注意要点

在力量训练时，应考虑足球运动的特殊性，采用中到小负荷的练习方法。这样的训练方式能有效改善中枢神经系统的功能调节，增进身体各部位肌群之间的协调性。训练中安排的练习手段和技术科目，都需要在训练结束后进行生物力学分析，以确保训练手段和技术动作达到预期效果。在进行力量训练时，需要根据训练动作的特点和用力方式，选择适当的方法，并注意以下几点问题：

（1）使相关肌肉群得到充分锻炼。由于足球运动中包含多种技术动作，每种动作都涉及特定的肌肉群，因此只有那些与足球技术和战术动作直接相关的肌肉得到充分的锻炼，力量训练才真正有价值。在每个技术动作中，都有某个关键步骤对整个动作起着决定性作用。例如，在脚背正面射门中，摆动腿的前摆动作是整个射门动作的关键。针对这一关键环节，训练应专注于发展参与该动作的肌群，如有效地增强屈髋的髂腰肌、伸膝的股四头肌等相关肌肉的力量。这样的针对性训练可以显著提高脚背正面射门的力量，从而提升整体技术表现。

（2）符合肌肉收缩时的支撑条件。不同的足球技术动作在肌肉收缩时的支撑条件各有不同，因此在选择训练手段时必须充分考虑这一点，以确保肌肉能够适应收缩时的反射条件。在进行具体的训练安排时，应详细分析肌肉收缩时的支撑条件，并确保训练中的用力方式与实际比赛中的动作尽可能一致。例如，如果目标是增强正脚背射门的力量，那么应选择诸如踢重球、踢拉橡皮筋或大力踢球等练习，这些练习与正脚背射门的力量特点相符。

（3）将速度置于首位。为了发展速度力量，应当在快速动作的基础上逐步增加阻力。因此，适合的训练方式是以较小的阻力和快速的动作为主，训练的特点是轻重结合、快慢交替。在训练过程中应特别关注动作的速度，以一定的速度为基础，增加阻力和重复次数，以提高肌肉的耐力。通过速度力量训练，可以持续改善运动中枢的协调关系：一方面促进肌肉组织的代谢过程，引发肌肉结构和功能的变化；另一方面加强神经冲动的传递，从而增强肌肉的力量。根据足球运动的特点以及运动员的身体素质和训练水平，可以灵活安排训练计划。一般方法：为发展快速力量，采用中等负荷、少重复次数、多练习组数的训练方式；为发展耐力，使用中小负荷、多重复次数、少练习组数的训练方式；而为了发展绝对力量，则多采用大负荷、少次数、多练习组数的训练方式。在所有力量训练手段中，强调动作速度是至关重要的，特别是在一些增加阻力的完整技术动作训练中，如果不能保持最大的动作速率，就可能形成慢速的动作习惯。

（二）速度素质

速度，作为单位时间内覆盖特定距离或完成特定动作的能力，或者对各种刺激的反应速度，是足球运动员身体素质的关键要素之一。拥有优异的速度能力的运动员通常能在比赛中获得时间和空间上的优势，在进攻时表现为更大的威胁性，在防守时则体现为稳固性。速度已经成为决定足球教练如何部署战术和制定比赛策略的重要因素。随着现代足球比赛节奏的加快，对运动员的速度素质要求也逐渐提高。一个具备高速度素质的球员能够更快地做出反应，更迅速地调整位置，从而在比赛中发挥出更大的作用，无论是在进攻策略的执行还是在防守的效率上。因此，培养和提高足球运动员的速度素质，对于他们在高竞技水平的比赛中保持竞争力至关重要。

1.足球运动员速度素质的构成

足球运动员的速度素质主要由反应速度、位移速度和动作速度三部分构成。

（1）反应速度。在足球比赛中，反应速度指的是运动员对于球、队友、对手以及场地中的各种刺激做出反应的速度。由于足球比赛中情况多变，球的运动轨迹在双方拼抢中可能会发生意外偏移。在这种情况下，球员可能会在准备不足或反应时间不够的情况下被迫接球。在这个过程中，球员主要通过视觉感受器接收信息，并迅速通过复杂的思维过程做出判断，然后采取相应行动。这一过程不仅要求球员具备快速的反应速度，还需要有良好的足球意识，以应对紧张和复杂的比赛局势。

反应速度与人体中枢神经系统中信号传递的速度密切相关，这个过程涉及信号通过反射弧的时间。一个人若中枢神经系统功能更高效，则信号在反射弧中的传递速度也会更快。在训练足球运动员的速度素质时，教练员经常采用突发性信号（如声音、语言、手势等）来提升运动员对简单信号的反应速度，或者进行移动目标练习和选择性练习。这些训练方法要求运动员根据信号的复杂程度变化做出相应的响应，从而提高他们的中枢神经系统功能。在进行反应速度训练的同时，还需密切结合观察力训练。这意味着在提高速度素质的过程中，也在锻炼球员的观察力，使他们能够全面地感知周围环境，并迅速做出反应。

（2）位移速度。位移速度是指足球运动员在单位时间内覆盖的距离。在足球比赛中，运动员需要根据球的位置和比赛的发展，不断地调整位置和移动，这要求他们根据球队的战术安排做出迅速的选位决定，并迅速移动到相应位置。运动员的移动方向多样，包括向前、向后、向左、向右，以及斜前方或斜后方的进退。移动的距离长短各异，其中5到10米的移动占据大多数。此外，运动员在移动时所采取的步伐类型也非常灵活，每个人都有自己的移动习惯，这可能包括直线、弧线、折线和曲线运动，以及快速、缓慢，走、停、跳跃、后退、侧跨等多种复合移动形式。

  足球比赛中的球员通常需要进行5到10米的快速移动，而全速奔跑的距离一般在10到30米之间。在奔跑过程中，根据球的运动轨迹，球员经常需要改变奔跑的方向。因此，掌握快速步频、小步幅和低重心的奔跑技巧对运动员来说至关重要。由于比赛中频繁出现的启动、急停、变向、变速和转身等动作，这些都对球员的瞬间速度、加速度、最高速度和减速能力提出了全面的要求。在快速奔跑中，无乳酸无氧代谢供能对于球员来说是完成这些技术动作的关键。因此，提高运动员的无乳酸无氧代谢供能能力及ATP再合成能力是提升动作速度的关键。进行这类练习时，应多次尝试，保持高强度，且每次练习的时间不宜超过10秒。

  （3）动作速度。动作速度是运动员在规定时间内完成的动作幅度和数量。在足球比赛中，球员需要在高速奔跑的同时，迅速完成各种有球和无球的技术动作。不同的球员由于身体特征的差异，如身高、体重和重心高度，会显示出不同的动作速度。例如，身材较矮、体重轻、重心较低的球员往往能够以较快的动作频率执行技术动作，因此他们的动作速度通常较快。相反，身高较高、体重较重、重心较高的球员在处理球的动作速度上可能就相对较慢。

  要提升足球运动员的动作速度，可从以下两方面入手：一方面是增强参与各类动作的肌肉的爆发力；另一方面是不断练习技术动作之间的顺畅衔接。力量训练以及反复快速地练习各种技术动作，可以显著提高运动员的有球和无球技术动作水平。这样，球员才能在比赛中快速、准确、协调地完成技术动作，表现得更加自如。从生物学角度来看，强调增加白肌纤维的体积和质量，提高肌肉的可塑性、可伸展性以及肌肉群内部和肌肉群间的协调性，这些都有助于提升动作速度。而反应速度作为速度素质中的一个特殊项目，在训练手段和方式上与位移速度、动作速度几乎没有内在联系。因此，在速度素质的训练中，反应速度的训练是独立而专项的，需要同时配合其他两项速度训练进行。

2. 速度训练的常用方法

（1）反应速度训练。反应速度训练的方法主要包括以下四种：第一种，信号刺激。其目的是提高运动员对比赛中常见信号（如裁判的哨声、教练或队友的手势等）的反应能力。第二种，对运动时间的感知。训练分为三个步骤：一是让运动员对某个信号以最快速度做出反应，并告知他实际用时；二是练习前让运动员估计反应时间，然后告知实际用时，以培养对时间的感知；三是要求球员在规定时间内做出反应。该方法旨在培养运动员对自身反应时间的准确感知。第三种，移动目标的练习。这一训练旨在让球员对移动目标迅速且准确地做出反应。分四个步骤：首先识别移动目标的信号，然后迅速判断目标的移动方向和速度，接着选择行动方案，最后执行方案。特别要强调的是判断目标移动方向和速度的训练，要随着水平提升逐渐增加难度。第四种，选择性练习。这是更为复杂的反应速度训练形式。例如，当教练发出特定指令时，让球员做出相反的动作（如教练喊"向左转"，球员则向右转）。

（2）动作速度训练。动作速度训练可以通过以下方法进行：第一，利用外力控制动作速度。例如，通过顺风跑或下坡跑来获得加速效果，以此训练球员增加步频。又如，使用弹性拉力器对腿部进行特定的动作速度训练。在这种训练中，球员需要学会掌握助力的时机和使用的分寸感，以便能够顺利地达到目标动作的速度。第二，缩短完成练习的时间或缩小空间。在小场地上进行练习，通过缩小活动的范围或缩短时间，加快完成动作的速度。这种训练方式迫使球员在更紧凑的空间内，以更快的速度完成技术动作，从而有效加快动作速度。

（3）移动速度训练。移动速度训练可通过以下几种途径实现：第一种，启动速度练习。这包括从不同姿势（如站立、侧向转身、背向转身、坐地、仰卧、俯卧、原地跳跃）快速启动的练习。在接收到不同信号后，运动员需要迅速启动，这种练习同时结合了反应速度的综合训练。第二种，加速练习。这包括在慢跑时接收信号进行加速跑的练习，以及在常规速度运球、传球时接收信号并突然加速运球和传球的训练。第三种，全速练习。进行10米、30米、60米、80米的快速运球练习，目的在于提高运球速度。两组球员相对站立，每两人间放置一个足球。在信号后，两名球员快速争抢足球。第四种，变向速度练习。变向速度训练是指在快速跑动（包括无球和运球）中克服惯性，迅速转向并保持全速跑动的能力。这包括向左右两侧不同角度转向和折返跑。练习方法可包括根据教练的指令变向或折返计时练习，或围绕固定障碍物进行变向或折返速度练习。

（三）耐力素质

耐力素质是指运动员在长时间进行身体活动时保持活动强度的能力。简而言之，耐力是指进行持久运动或长时间抵抗疲劳的能力。在体育运动中，这种能力尤为重要，因为它直接影响到运动员在运动过程中的持续表现能力。根据有无氧气供应，耐力素质可以分为有氧耐力和无氧耐力。有氧耐力是指在充足氧气供应条件下进行的持续运动能力。有氧耐力活动通常是中低强度但持续时间较长的运动。无氧耐力是在较短时间内进行高强度运动的能力，这时身体主要通过无氧代谢产生能量。无氧耐力活动通常包括短距离冲刺或快速强度训练。

1.足球运动员耐力素质特点

（1）长距离跑动。足球运动是场地较大的球类项目之一，比赛时长通常超过90分钟，因此运动员在比赛中的总移动距离相对较长。高水平的足球赛，一名队员需跑动8000米～12000米的距离（其中冲刺快跑约2000米），在激烈对抗中快速完成技战术动作数百次，这需要运动员有很高的耐力水平。[1]

---

[1] 赵文娟，向政，李国立.大球运动技战术分析与训练方法[M].北京：中国商务出版社，2009：81.

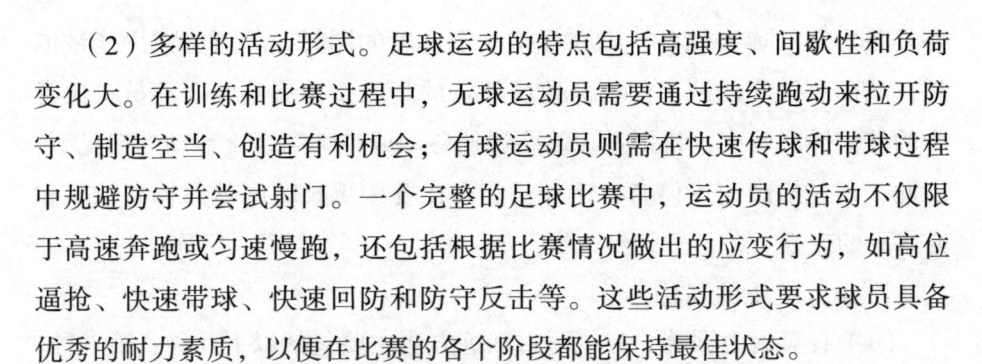

（2）多样的活动形式。足球运动的特点包括高强度、间歇性和负荷变化大。在训练和比赛过程中，无球运动员需要通过持续跑动来拉开防守、制造空当、创造有利机会；有球运动员则需在快速传球和带球过程中规避防守并尝试射门。一个完整的足球比赛中，运动员的活动不仅限于高速奔跑或匀速慢跑，还包括根据比赛情况做出的应变行为，如高位逼抢、快速带球、快速回防和防守反击等。这些活动形式要求球员具备优秀的耐力素质，以便在比赛的各个阶段都能保持最佳状态。

2.影响耐力素质水平的因素

（1）有氧系统机能能力。一是最大摄氧量。最大摄氧量是指在最大运动强度下，人体每分钟所能摄入的最大氧气量。最大摄氧量是衡量有氧代谢能力的一个重要指标。摄氧量越大，说明机体在运动时能够利用的氧气越多，从而提高有氧运动能力。二是能量储备与供能能力。机体的能量储备量和供能能力是成正比关系的。高的能量储备量意味着更强的供能能力。耐力训练可以增加机体的能量储备量，进而提高供能能力。在供能系统中，能量供应的速度不仅取决于能量转换的速度，还与体内多种酶的活性有关。耐力训练可以提高这些酶的活性，加速能量转换过程。足球运动员的竞技能力在某种程度上受限于机体能量储备的水平。

（2）运动员技术水平。耐力水平还受到运动员技术水平的影响，这主要体现在能量消耗的节约上。运动员的技术水平越高，能量的代谢就越高效，这意味着高水平的技术动作可以更有效地减少能量消耗，从而允许运动员在比赛或训练中持续更长时间的活动。运动员在训练或比赛中的技术动作越熟练，其能量消耗就越低。因此，提高足球运动员的技术水平，不仅能改善其比赛表现，也能有效提高他们的耐力水平。

（3）速度储备。速度储备指的是运动员在较低能量消耗的条件下保持一定速度的能力。这在足球等运动中尤为重要，因为它直接影响运动员在长时间或高强度活动中的表现。当运动员在边路快速带球下底并传中时，这个过程通常比较漫长且需要规避对方的防守。因此，运动员需要具备足够的速度储备，以在保持一定速度的同时，尽可能减少能量消耗，从而有效完成战术配合。速度储备的高低直接影响到运动员在比赛中的持久性和效率，特别是在需要快速移动或持续高强度活动的情况下。因此，通过提高速度储备，运动员能在比赛中更长时间地保持高效率和高水平的表现。

3.耐力素质的训练方法

（1）有氧耐力训练。有氧耐力训练方法主要包括以下几种：第一种，半场7对7控球对抗训练。这种训练要求每队努力控制球并阻止对手控球。练习可以通过限制触球次数来增加难度，并根据需要调整场地大小或参与人数。第二种，有氧低强度循环训练。设置五个训练站点，每站四人，共14个标志物。其中三个站点各设一名供球者。每个站的活动包括运球、冲刺跑、二过一传球、头球、侧前冲刺跑等。每个站的训练时间为6分钟，总共30分钟。第三种，"跳跃—传球"循环训练。在半场足球场进行，10名队员，4个栏架，准备若干足球。从第一名队员开始，跳过栏架接守门员长传，然后顺时针方向传球和跑动，最后由第五名队员接长传完成射门。总训练时间为15分钟。第四种，5对5传抢对抗训练。在A、B区域进行交替传抢，每次换区后传球队员留在原区。这是一种间歇式训练，如进行5分钟训练后休息1分钟。训练要求包括成功转移2~3次得1分、传球一定次数后才能转移、根据特定信号转移。

（2）无氧耐力训练。无氧耐力训练方法主要包括以下几种：第一种，重复短距离冲刺。进行多次30米~60米的冲刺练习，强调爆发力和速度。第二种，1分钟内1对1追拍或过人练习。这种练习强调在短时间内的快速移动和方向变换能力。第三种，折返跑训练。进行5米、10米、15米、20米、25米的折返跑，提高快速方向变换的能力。第四种，高强度反复跑和极限训练。执行100米~400米的高强度跑步和1到2分钟的极限强度训练。第五种，往返冲刺传球练习。运动员在两个限制线（间距10米）之间进行往返冲刺，并与两侧约5米外的队友进行传球。第六种，逐渐缩短间歇时间的跑步训练。以 80%～90% 的强度进行 100 米～400 米跑步，心率达到 180～190 次/分钟。练习的总距离和持续时间稍长，但重复次数不宜太多。间歇时间逐渐缩短，练习段落可以等长或不等长。若不等长，练习顺序由短到长，最后一组训练基本保持规定强度。无氧耐力训练方法旨在提升足球运动员在短时间内的最大输出能力，特别是在比赛中需要迅速爆发和快速反应的情况下。通过这些训练，运动员能够在比赛中更有效地执行高强度动作。

（3）耐力训练与专项训练相结合。一般耐力训练的主要目的是提升运动员的生理机能，通过专项耐力训练，运动员可以在模拟比赛的环境中提升竞技水平，从而在比赛中取得更好的成绩。在足球比赛中，有氧耐力主要表现在慢跑和走动上。为了进行有效的专项有氧耐力训练，可以将足球和慢跑结合起来，设计一些训练项目，如运球绕杆、定时自由运球、设置障碍物运球等。在设计训练场地时，应尽可能扩大场地范围，增加运动员的跑动距离。同时，每组练习的时间应设定在 3 分钟以上。无氧耐力则主要应用于短时间的冲刺跑、抢球、射门等比赛活动。结合足球专项的无氧耐力训练包括 1 对 1、2 对 2、快速直线带球、运球射门、小范围抢截球等。在进行足球无氧耐力训练时，场地设置不应过大，应根据运动员的数量进行合理调整。每组训练的时长不应超过 1 分钟，而间歇时间则应为训练时间的 2～3 倍。

二、心理素质训练

足球运动员不仅需要具备良好的身体素质，还需要拥有过硬的心理素质。在比赛双方实力相当的情况下，心理素质的高低往往成为决定比赛胜负的关键因素。因此，对足球运动员进行心理素质训练和指导是十分重要和必要的。

一般来看，足球运动员的心理素质主要包括以下几个方面：自信心、意志力、注意力，以及在足球比赛过程中的心理状态调控能力。

(一) 自信心、意志力和注意力的训练

一名优秀的足球运动员往往拥有出色的心理素质，这主要体现在自信心、意志力和注意力三个方面。因此，针对这三个方面的训练对于提高运动员的心理品质非常关键，有助于他们充分发挥潜能，取得更好的竞技成绩。

1. 自信心训练

优秀足球运动员普遍具有的一种心理特质便是自信心。因此，培养和提升足球运动员的自信心，是提升运动员心理素质水平的重要途径之一。

足球运动始终处于不断变化和发展的状态，这使得足球运动呈现出显著的多样性、复杂性和变化性等特点。因此，足球运动员在比赛中除了需要具备优秀的生理条件外，还需要拥有强大的心理承受能力，以防止比赛结果、环境和社会因素对自身的表现产生不良影响。为实现这一目标，足球运动员需要具备坚定的自信心。只有这样，运动员才能保证在比赛中的判断和行为正确无误，并对比赛的发展产生积极影响。自信心对于足球运动员的重要性不容忽视，它是运动员在比赛中稳定发挥、迎接挑战、突破自我的基础。

在自信心训练中，教练和运动员需要共同努力，通过多种方式提高运动员的自信心。例如，教练可以在训练中设置不同的挑战和任务，让运动员在面对困难和压力时，学会相信自己的能力，从而增强自信心。同时，教练还应关注运动员的心理状态，引导他们在面对失败和挫折时保持积极的心态，化挫折为动力，进一步提高自信心。

2. 意志力训练

意志力，作为足球运动员的核心品质之一，对于他们在赛场上的表现有着至关重要的作用。在现代足球比赛中，运动员需要面对高强度、高对抗的竞技环境，加之比赛时间较长，因此意志力的培养在足球训练

中占据着极为重要的地位。意志力是指运动员能够自觉地确立目标，并根据目标来调控和指导自己的行动，以克服各种困难和挑战，保持信心，从而实现预定目标。这种意志品质具有明确的目的性、顽强的抗压性、果断的决策能力和自制力。意志力是体现一个人主观能动性的关键因素。

在足球训练过程中，教练员应该有意识地引导运动员在训练中围绕特定目标，努力克服各种困难，从而培养他们优良的意志品质。例如，设置具有挑战性的训练任务，让运动员在完成任务的过程中培养出坚定的信心和决心；进行长时间的耐力训练，以锻炼运动员的毅力和耐力；进行集体协作训练，让运动员在团队中学会互相支持、互相鼓励，共同面对困难。此外，教练员应关注运动员在比赛中的心理状态，鼓励他们在面临挫折时保持积极心态，坚定信心，迎难而上；通过心理辅导和心理训练，帮助运动员提高自我调节能力，增强意志力。

3. 注意力训练

注意力，是指人在进行各种心理活动时，对一定客体对象的指向和集中。注意力的特性主要包括注意力的范围、稳定性、转移以及注意力的分配。在足球运动中，这些特性显得尤为重要。运动员在进行技术动作和实施攻守配合时，不仅需要把握全场的局势与变化，还要洞察对手和同伴的行动意图。这些都需要足球运动员具备高度集中的注意力，以及合理分配注意力的能力，从而能够合理地发挥技战术水平。

为了提高足球运动员的注意力，通常可以通过以下几个途径进行训练，如图5-7所示：

第一，提高足球运动员的观察能力。这并不是仅仅关注运动员对球的位置的观察和注意力，更重要的是培养他们对足球赛场的大局观，使他们能够将注意力转移到足球场上。这样不仅可以拓展足球运动员的观察面，还可以提升他们对整个赛场的把握能力。在训练过程中，教练员可以设计各种复杂多变的比赛场景，引导运动员关注场上的各种信息，从而提高他们的观察能力。

第二，锻炼注意力分配的能力。在比赛过程中，遇到复杂的情况时，教练员需要对足球运动员进行正确的引导，帮助他们科学地分配注意力，实现高效利用。在实际比赛中，情况瞬息万变，运动员需要快速做出决策。因此，在训练过程中，教练员可以设置一些模拟比赛场景的训练任务，让运动员在高压力的环境下锻炼注意力分配的能力。

第三，培养赛前注意力转移能力。赛前注意力转移能力也是一个非常重要的方面，需要进行重点培养。这是因为赛前注意力转移能力能够使足球运动员在赛前避免过度紧张和兴奋，从而做好充分的准备，为他们在比赛中的专业技能发挥奠定良好的基础。在训练过程中，教练员可以设计一些赛前准备活动，引导运动员将注意力从紧张的比赛氛围中转移出来，以便在比赛开始时能够迅速进入状态。

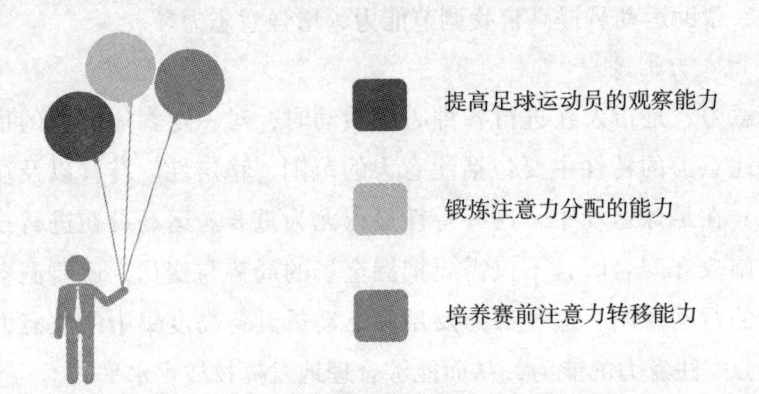

图 5-7 提高足球运动员注意力的主要途径

（二）足球比赛的心理状态调控

足球比赛的心理状态调控对于运动员取得理想成绩具有重要意义。在足球比赛前、比赛过程中以及比赛结束后，运动员需要对心理状态进行相应的调控，包括赛前、赛中、赛后。

1. 赛前的心理准备

赛前的心理状态对足球运动员的专业技能发挥有着直接的影响，因此足球运动员需要认真对待赛前的心理准备。通常，足球运动员的赛前心理状态可以分为四种：过分激动、赛前淡漠、赛前盲目自信和最佳战斗状态。其中，最佳战斗状态是进行足球比赛最为适宜的心理状态。因此，运动员需要通过科学合理的方法，将其他三种状态调整至最佳战斗状态，以确保自己的专业技能能够正常或超常发挥，如图5-8所示：

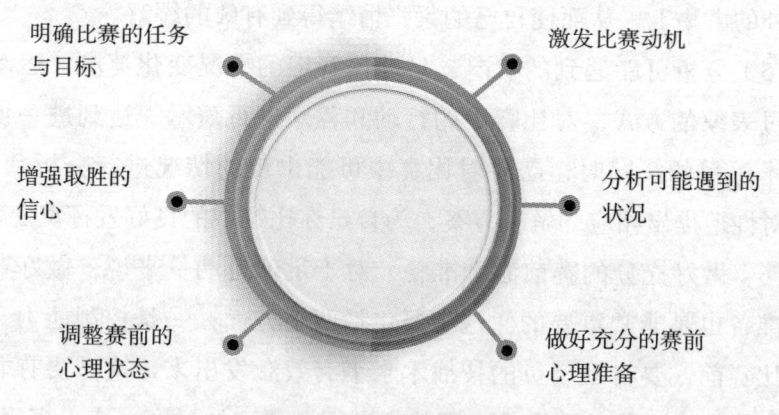

图 5-8 赛前的心理准备

（1）明确比赛的任务与目标。在进行赛前心理准备时，首先需要做的就是明确比赛的任务与目标。这一步骤看似简单，实则至关重要。合理的目标应该既符合运动员的实际情况，又能充分挖掘他们的潜力。目标过高，容易让运动员产生挫败感；目标过低，又可能无法激发出运动员的全部实力。因此，合理制定比赛任务与目标，对于调整运动员的心理状态，保证他们在比赛中发挥出最佳水平具有重要作用。

（2）增强取胜的信心。在足球比赛中，运动员常常会遇到各种不可预测的情况。因此，在进行赛前心理准备时，运动员需要做好充足的思想准备。通过认知训练，帮助他们正确评估自己和对手的实力，培养他们在面对困难时不畏艰难的比赛品质，从而提升他们的取胜信心。

（3）调整赛前的心理状态。在比赛前，运动员需要通过多种方法调整自己的心理状态，以保证自己在比赛中能够保持最佳的心理状态。这包括进行深呼吸、放松训练等方法，缓解紧张情绪；想象比赛顺利进行的场景，增强比赛信心；回顾过往成功的比赛经验，提高自己的心理素质等。

（4）激发比赛动机。在比赛前，运动员需要做好两件事：一是提升自己的积极性，这需要借助不同的方式和途径，对心理状态进行适当的调整；二是缓解自身在精神上的压力，这需要将自己的注意力转移到比赛以外的事物上，从而使自己的紧张情绪得到有效的缓解。

（5）分析可能遇到的状况。足球比赛中的情况变化莫测，运动员需要通过表象的方式，对比赛中的行动和程序进行演示，达到进一步熟悉技战术的目的。同时，需要对比赛中可能出现的情况进行分析和预测，有针对性地提出相应的解决方案，为自己在比赛中的良好发挥奠定基础。

（6）做好充分的赛前心理准备。对于足球运动员来说，做好赛前的心理准备也是非常重要的。这主要包括两个方面：一是控制能力，也就是在比赛前，要将运动员的技战术水平有效激发出来，这需要有非常好的控制能力；二是对不良的心理状态进行调整，如过度兴奋、盲目自信、赛前淡漠等，这些不良心理状态都可能对运动员在比赛中的发挥产生不利影响。因此，运动员需要在赛前做好充分的心理准备，以保证自己在比赛中能够发挥出最佳水平。

2.赛中的心理控制

在足球比赛的过程中，场上形势瞬息万变，各种情况都可能对运动员的心理状态产生影响，使其心理稳定性受到挑战。想要在足球比赛中获得胜利，运动员不仅需要具备高超的技战术水平和良好的身体素质，还需要拥有稳定的心理状态。特别是在势均力敌的比赛中，心理状态往往成为决定胜负的关键因素。运动员的生理状况、外部刺激以及认知三个方面的因素都会对他们的情绪和情感产生影响。从生理因素上看，情绪的产生受到许多因素的影响，包括植物性神经系统的活动水平、体内环境的稳定状况、肌肉的紧张程度以及疲劳程度、伤病状况等。心理调节方法则是控制这些生理内部刺激压力的有效手段。从刺激因素看，在足球比赛中，运动员的情绪常常受到观众、比赛环境、气候条件等外部因素的刺激。为了提高运动员在比赛中的心理稳定性，可以通过降低运动员对这种外部刺激的敏感度，使他们能够集中注意力在技战术的运用上。从认知因素看，大脑的各种中枢信息，特别是对过去经验的回忆，构成了认知因素的主要来源。当运动员受到不良情绪的影响，他们可能会表现出焦虑、急躁等。为了帮助运动员消除这种不良情绪，可以采用语言鼓励、自我暗示和安慰等方式，引导运动员进行积极的想象，从而有效地控制认知因素对运动员情绪的影响。

在比赛中，运动员需要学会调整自己的心理状态，保持冷静和专注，不受场上各种因素的影响，充分发挥自己的实力。这需要他们在日常生活中进行心理训练，提高自己的心理素质，学会在面对压力和挑战时保持冷静和自信。同时，运动员需要了解自己的心理状态，通过观察自己的情绪和情感变化，及时发现并解决问题，以确保自己在比赛中能够保持最佳的心理状态，从而取得比赛的胜利。

3. 赛后的心理调整

足球比赛结束后，无论结果如何，都对运动员的心理产生了积极或消极的影响。因此，教练员需要对运动员比赛后的心理状态进行分析，并采取必要的措施进行调整，以将消极因素转化为积极因素。具体来说，可以从以下两个方面进行：一方面，安排积极的赛后休息和心理咨询。赛后休息能够帮助运动员缓解紧张的肌肉和心理状态，以更好地恢复体力和精神。同时，心理咨询能够帮助运动员端正态度，分析比赛中的成败经验教训，以便在未来的比赛中更好地发挥。另一方面，化解消极因素，鼓励积极情绪。赛后，教练员需要及时发现并化解运动员心中的消极情绪，如失落、沮丧、焦虑等，帮助他们树立信心，鼓励他们在未来的比赛中继续努力。同时，通过表扬、激励和肯定等手段，增强运动员的自我肯定意识，培养他们的积极情绪，以更好地应对比赛的压力和挑战。

(三）心理素质的训练方法

对于足球运动员来说，提升心理素质需要经过持续的训练。根据实际需求，可以采取以下几种方法来训练和提升心理素质，如图 5-9 所示：

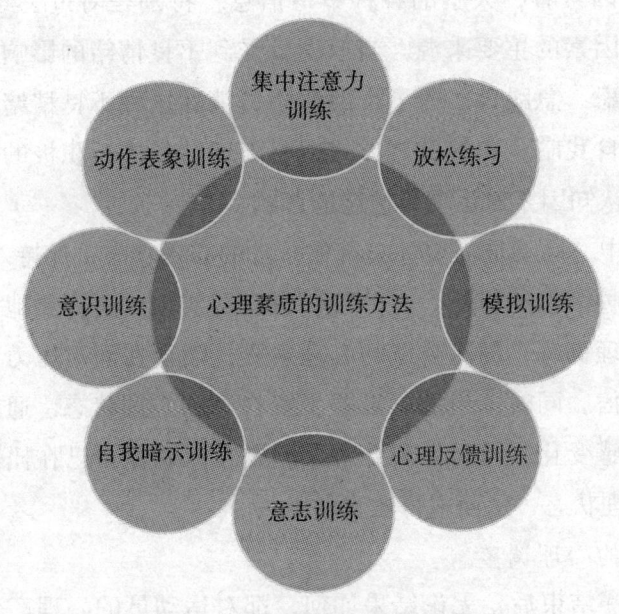

图 5-9 心理素质的训练方法

1. 集中注意力训练

在比赛中，运动员的注意力集中程度直接影响技战术能力的发挥。高度集中的注意力使运动员能更好地掌握场上情况，与队友配合更加默契，从而确保战术应用的效果。因此，集中注意力训练显得尤为重要。具体训练方法包括以下几种：第一种，采用意守某一点的气功练习以及视觉、听觉守点练习，有助于提高注意力集中度。第二种，将注意力集中于某一特定点，达到忘我境界，从而提高注意力集中能力。第三种，通过听取技战术要领、观看技战术演示后进行复述，培养在足球训练中集中注意力的良好习惯。第四种，为减少比赛中情绪波动，教练员应在日常训练中加入排除心理干扰因素的训练。

第五章　足球运动教学训练的实践探索

2. 动作表象训练

动作表象训练，又被称为念动训练，是一种非常有效的锻炼心理素质的方法，尤其适用于足球运动员的心理素质训练。在足球比赛前，运动员通常会进行技术或战术配合的表象体验。这种方法不仅可以对运动员的运动器官产生一定的刺激作用，还可以有效地调动这些运动器官，使其处于良好的运动状态，为技战术能力的充分发挥做好充分的准备。念动训练的关键在于让运动员在脑海中反复模拟比赛情景和动作，从而改善他们在实际比赛中的表现。通过这种训练方法，运动员可以在心理层面提前预演比赛过程，更好地熟悉比赛节奏和对手的战术，增强自身的应变能力和自信心。

3. 意识训练

在足球运动员心理素质训练中，意识训练是一种常见的方法。为了确保训练效果，请按照以下步骤进行训练：第一步，利用直观的教学手段，协助运动员形成正确的运动技能概念。第二步，通过想象力，运动员有序地控制肌肉诸部位，逐级放松，从而提高对肌肉的控制能力。第三步，通过动作表象训练，增强运动员集中注意力的能力。第四步，在注视固定目标的情况下，通过在脑海中重现足球技术动作表象，提高运动员的视觉表象能力。第五步，通过实际动作实践，加深运动员对技术动作的视觉表象理解。第六步，检验运动员的训练效果，为后续训练提供充分的依据和支持。

4. 自我暗示训练

在足球训练和比赛中，自我暗示训练是一种常见的心理素质训练方法。它主要通过意念和语言来调控和约束运动员的行为。运用这种方法，可以通过自我暗示、自我诱导和自我放松等形式，有效提升足球运动员的心理素质。

5. 意志训练

意志训练实际上是针对足球运动员在训练和比赛中克服困难的能力

进行锻炼。通常，提高运动员的意志品质是通过他们在训练过程中克服困难和接受高强度训练任务来实现的。在具体进行意志训练时，足球运动员通常会采用鼓励法、刺激法和强制法这三种方法。根据实际情况有针对性地选择和运用这些方法，可以确保达到最佳的训练效果。

6. 心理反馈训练

心理反馈训练是一种利用专业设备训练运动员心理素质的方法，该方法在足球运动员心理素质训练中得到了广泛应用。值得注意的是，在足球运动中运用心理反馈训练，主要是通过调节植物性神经系统的功能、内脏功能、心率、肌电和血压等指标，达到有效调节运动员情绪状态的目的。这种训练方法有助于足球运动员更好地应对比赛压力，保持良好的心理状态，从而提高比赛水平。

7. 模拟训练

模拟训练法在足球运动员心理素质训练中得到了广泛应用。其主要目的是通过模拟训练，在运动员的思维中构建合理的动力定型结构，以便在比赛中应对不断变化的现场情况，充分发挥个人技战术水平，从而有效提高运动员的临场适应性。

具体而言，模拟训练的形式主要包括以下几种：第一种，模拟对手。"知己知彼，百战不殆"，在足球比赛中，了解和分析对手至关重要。为了模拟对手，首先需要全面收集对手的资料，然后让部分队员全方位地模仿对手，包括其技战术风格、习惯和心理等方面。这样可以帮助运动员更好地了解对手，为比赛做好充分准备。第二种，模拟赛场气氛。在足球比赛中，观众、裁判员等场内人员以及周边环境会对运动员的注意力和情绪产生影响。对于心理素质较差的运动员来说，他们可能会因为观众的嘘声或裁判员的警告而无法正常发挥技战术水平，从而影响战术效果，严重时甚至可能影响比赛的胜负。因此，模拟训练应尽量模拟比赛场景，设置观众席，并模拟各种干扰动作和声音，以锻炼运动员集中注意力和调整情绪的能力。第三种，模拟赛场局势的改变。当前，足球运动水平日益提高，比赛局势变得越来越复杂，局势的转变往往在瞬间发生。这对运动员适应变化环境的能力提出了更高的要求。因此，在教学比赛中，教练员应有意识地改变比赛局势，以培养运动员在紧张局面下的沉着冷静和随机应变能力。

8. 放松练习

放松练习是一种通过调节意念和呼吸来达到放松效果的训练方法。在足球运动训练中运用这种方法，可以帮助运动员达到"外松内静"的效果，让肌肉得到充分放松，平静心情，降低大脑皮层的兴奋度，并缓解紧张或烦躁不安的情绪，这对足球运动员的训练和比赛都有很大的帮助。

技能提升篇

第六章 足球运动员运动技能的提升

本章节旨在深入探讨和阐释足球运动员技能提升的多个维度,包括球感、运动智力、战术意识以及个性和团队精神的培养。这些要素对于足球运动员来说是构建其竞技能力的基石,对于提升他们在足球场上的表现发挥着十分重要的作用。

第一节 足球运动员球感的提升方法

一、球感的概念与重要性

足球球感是球员在训练和比赛中对球的特性的感知能力,是球员具有的一种特殊专门化知觉。[1]

足球球感是运动员通过长期训练获得的对球的精准感知能力,这一能力体现在对球的形态、重量、弹性及其运动速度和方向变化的感知和控制能力上。在足球运动中,运动员需要准确判断来球的特性,如球的力量、旋转、速度、方向和弧度,以及合理控制出球的方向、距离、高度、弧度和速度。球感不仅是对球的控制,还包括对运动员本身步法的

---

[1] 李俊,张云飞.对影响足球运动员球感因素的研究[J].哈尔滨体育学院学报,2007(3):92-94.

调整和对身体平衡的控制。要建立和提升球感，运动员必须通过大量的实践，包括对不同性能的球进行接球、传球和控球的严格训练和比赛。这种训练除脚部技巧之外，还包括利用身体各部位进行颠球、控球、运球和传球的练习，以深入熟悉球的特性。这种全面的训练对于运动员在比赛中准确、及时地完成各种技术动作极为关键，是他们在足球运动中获得成功的重要因素。

（一）球感对足球运动员基本技术的促进作用

良好的球感使运动员能够更加敏锐地感知球的状态，包括它的速度、方向、旋转和弹跳的特性。这种敏锐的感知能力使运动员在接触球的瞬间能够做出最合适的动作，无论是在控球、传球还是射门时。例如，在控球时，准确判断球的来速和旋转可以帮助运动员更稳定地接住球，减少球的弹跳和偏移，从而快速转入下一个动作。在传球时，对球的感知能力可以让运动员更准确地控制球的力量和方向，确保球准确地送达队友。此外，球感的提升还与运动员的技术创新紧密相连。拥有良好球感的运动员能够在比赛中灵活运用各种技巧，创造出意想不到的球路和机会。他们能够在高速运动中对球的轨迹做出快速反应，甚至在紧张的对抗中展现出超凡的技术。

在提升球感的过程中，运动员的注意力、反应速度和身体协调性都会得到锻炼。这不仅仅是对球的控制能力的提升，更是对运动员整体技术水平的全面提高。因此，球感对于足球运动员的基本技术不仅能起到促进作用，更是技术提升的基石。通过对球感的持续训练和提升，运动员能够在比赛中更加自如地展现自己的技术，从而在高水平的足球比赛中占据优势。

（二）球感对足球运动员战术意识的促进作用

足球运动员的战术意识主要体现在比赛中的观察能力、快速思考和做出及时精确判断的能力，以及迅速执行技术动作的能力。这些能力的形成和提升基础在于运动员的良好球感。具备优秀球感的运动员能将注意力更多地聚焦于比赛中的即时反应，更加深入地分析和理解比赛情况，拓宽自身的视野。这样，运动员在比赛中能够更有效地运用技战术，提升自己的比赛表现。

具有良好球感的运动员能够在控制球的同时，更加敏锐地观察场上的形势，如对手的布局、队友的位置和比赛的发展趋势。这种对比赛的深度分析能力，使得运动员能够更快地识别机会和威胁，从而做出更加合理和有效的决策。此外，在快节奏的比赛中，运动员需要在极短的时间内做出反应，如选择哪条传球路线、何时进行突破或射门等。良好的球感使他们能够迅速而准确地处理这些情况，有效地将战术意图转化为实际动作。因此，球感不仅是个人技术的体现，更是战术执行能力的关键，对提高足球运动员的战术意识起着至关重要的作用。

（三）球感对足球运动员体能节约的促进作用

球感一般是在运动训练中形成的，但是盲目的训练并不会形成。在一定的基本技巧的基础上进行的合理的训练才可以达到增强球感的作用，也就是说球感与足球基本技术的教学之间存在着密切的关系。[1] 具备良好球感的运动员在控球、停球和传球等方面的准确性更高，这种精准度直接影响到球场上的运动效率，也有助于节约运动员的体能。当运动员能够精确控制球的落点和传递路径时，他们的队友就能够在更合适的位置接球，减少不必要的奔跑和调整。较少的移动能够节省队友的体能，使得球队的整体运动更加高效，能使球队在关键时刻拥有更多的体能储备。另外，良好的球感还使运动员在控球时更好地协调自身的各肌肉群。这种协调能力类似于汽车在制动的同时调整油门的过程，确保运动的平滑

---

[1] 沈煜，严春梅. 谈足球教学中球感对基本技术的作用 [J]. 青春岁月，2015（11）：151.

和效率。在足球比赛中，运动员需要不断地调整速度和方向，良好的球感使这些转换更加流畅，降低因为技术不精而产生的额外体力消耗。进一步来说，在面对对手防守时，具有良好球感的运动员能够更有效地保持球权，减少因为失误导致的反复抢回球权的体力消耗。在整场比赛中，这种效率的提升能显著节省运动员的体能，使他们在比赛的后半段能够保持更高的活力和反应速度。因此，在大学足球训练中，教练员有必要对学生开展球感训练。

二、球感训练的注意事项

（一）球感训练与其他训练相融合

在大学足球训练中，强化运动员的球感是极为关键的一环。考虑到大学足球队成员往往缺乏持续和系统的足球训练经历，他们在球感方面通常不及专业球员。为了有效提高大学足球运动员的球感，一个有效的方法是将球感训练整合到其他足球训练活动中，确保训练过程中始终以球为中心。为达成这一目标，大学足球运动员应该在日常训练中更频繁地与足球接触。无论是进行体能训练还是技能提升，足球都应该成为这些训练的一部分，从而让球感训练更为灵活多变。例如，在进行耐力或速度训练时，可以加入带球跑动的环节，或者在技术训练如控球、传球、射门时，特别强调球的控制和感知。通过这种方式，足球运动员的球感能够在实际操作中得到加强，帮助他们在比赛中更好地运用技巧和战术。再如，在进行力量训练时，特别是锻炼腰腹部力量，可以使用足球进行特定的腰部支撑训练，让运动员在锻炼中更好地感知并适应足球的弹性。同样，在进行下肢力量训练时，如原地高抬腿跑时，加入膝盖颠球的练习能极大提升运动员对球控制的精准度，这对于比赛中使用膝盖和脚踝配合发球或射门尤为重要。另外，有氧训练也可以融入球感训练。在进行诸如跑步这样的基本有氧训练时，结合运球练习可以显著提高运动员

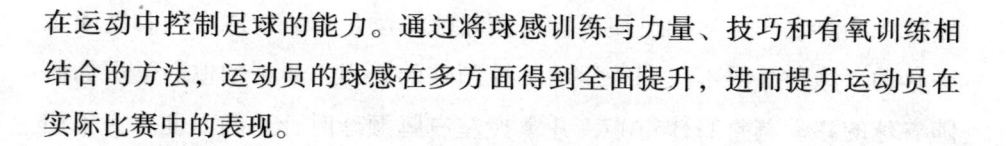

在运动中控制足球的能力。通过将球感训练与力量、技巧和有氧训练相结合的方法，运动员的球感在多方面得到全面提升，进而提升运动员在实际比赛中的表现。

（二）球感训练重在感官训练

球感的核心在于"感"，即通过特定的练习培养对足球位置和力度的预判能力，并通过重复练习形成肌肉记忆。这种训练使得运动员能在紧张的比赛中本能地做出反应，快速地进行运球和传球。大学足球运动员，往往在对抗比赛中过分专注球本身，导致防守或进攻时的失误，难以有效地把握比赛全局。球感训练的目的之一是训练运动员释放视觉注意力，通过感官训练促使大脑、听觉神经和身体肌肉协同工作。运动员通过身体的其他部位来感知和预判球的位置，而眼睛则用来观察对手的防守和进攻动态，球的走势只需借助余光判断。

为了增强感官训练，教练可以采用蒙眼练习方法。这种练习方法是将运动员眼睛遮盖住，通过听觉和触觉来感知足球的方向和力度。在这种情况下，运动员无法依赖视觉，被迫使用其他感官来判断球的位置和运动，这样的训练可以显著提高运动员对球的感知能力。通过长期的练习，这种感官训练方法能够有效提升运动员的球感，让他们在比赛中更好地把握球的动态，同时保持对整个比赛的全局观察，从而在比赛中做出更加精准和有效的判断和动作。

三、足球球感的提升方法

（一）无对抗状态下球感的提升方法

1. 盘球练习

盘球练习是一种有效提升球感的训练方法，主要是控制足球在脚下的移动。在盘球练习中，运动员需采取双脚分开、与肩同宽的站姿，足球位于两脚之间。运动员使用脚内侧轮流拨动足球，使球在两脚之间水平移动。这种练习不仅训练运动员控制球的能力，还帮助他们学习如何随着球的移动调整身体重心，并掌握左右脚颠球时合适的力度。为了加强训练的效果，教练在盘球练习过程中可以通过交谈或其他方式分散运动员的注意力。这种方法能够帮助运动员在不专注于球的情况下，仍然保持对球的控制，从而培养肌肉记忆和提高球感。通过这样的训练，运动员可以在比赛中更加自然地控制球，即使在面临分心的情况下也能保持对球的精准控制。

2.踩球与拉球练习

踩球与拉球练习包括脚掌踩拉球、脚背踩拉球、脚内侧拨球和脚外侧拨球等技术动作。教练员在训练时应采用不同的动作组合，如脚掌踩拉球配合脚内侧拨球，或脚背踩拉球配合脚外侧拨球等。这些练习的目的在于训练运动员在控制球的过程中流畅地完成各种动作的衔接。这种多样的技术组合能够提升运动员对足球的控制能力，使他们能够在球场上更加灵活地进行球的运转。通过这样的练习，运动员在比赛中能更有效地完成发球和传球，特别是在需要迅速变换动作和方向时。踩球与拉球练习的关键在于多样性和流畅性，通过反复练习，运动员能够增强对球的感知，提高技术动作的精确性和协调性。

3.趣味性练习

通过有趣的小游戏形式，可以在一定程度上增强运动员的球感。例如，可以组织运球过人挑战、在8字形路线上进行往返运球比赛等。另一个有效的趣味性练习是在一个划定区域内让运动员自由运球，同时设定规则使球和人不能相互碰撞。这种闪避练习有助于锻炼运动员对球的控制能力，提高他们在拥挤空间中的应变能力和敏捷性。

（二）对抗状态下球感的提升方法

在实际的足球比赛中，存在许多不可预测和不受控制的因素，因此，让运动员积极参与到对抗性的练习中是至关重要的。这种训练可以显著提升运动员面对突发情况的应对能力，使他们能够在各种复杂环境中灵活地进行发球和传球。通过模拟比赛中的对抗情景，运动员能够学习在压力和干扰下保持球的控制，同时提高他们对比赛情况的快速反应和适应能力。这样的训练能帮助运动员理解并适应比赛中的不确定性，增强他们的心理韧性和技术应用能力。

对抗状态下，足球球感的提升方法主要包括以下几种（图6-1）。

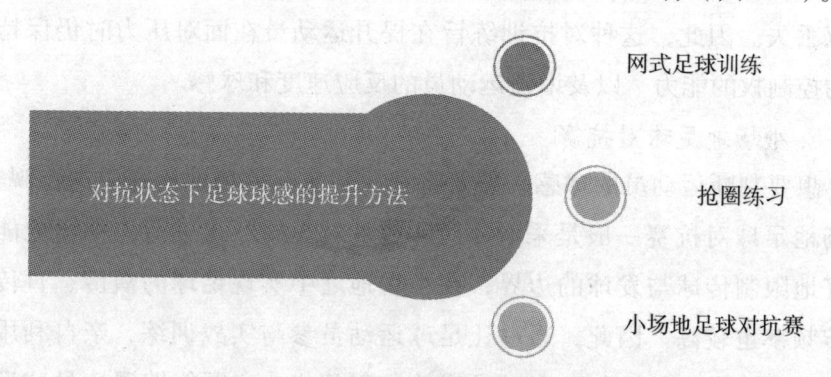

图6-1 对抗状态下足球球感的提升方法

1. 网式足球训练

网式足球训练是一种特别的训练方式，它的场地设置与传统足球场不同。在训练中，将一个半场足球场地用作练习区，中间设置类似羽毛球网的障碍物。场地两侧各组成一个足球小组，每个小组由3到5名球员组成。比赛和对抗的形式多样，可以是头球、颠球或连续传球。训练的目的是通过计分比赛的方式，促使双方球员运用技术确保足球不落地。

这种训练方式的优势在于它的灵活性和多样性，使球员能够在不同的技术挑战中提高他们的球感。通过这样的训练，球员可以学习在不同情况下如何更好地控制球，同时有助于增强球员之间的协作和沟通能力。网式足球训练因其创新性和趣味性，能够有效提升球员的球感和整体足球技能。

2. 抢圈练习

抢圈练习主要通过模拟比赛中的攻防情况来提高运动员的球感。这种练习可以采取不同的对抗组合,如 3 对 1、2 对 3 或 2 对 5 等。在这种练习中,持球的运动员需要在被对手包围的情况下学习如何有效地进行传球。该练习方法有助于增强持球运动员的球感,特别是在面对紧迫防守时,可以使运动员灵活运用脚法迅速改变球的位置,送出有效的传球。如果运动员的球感不够敏锐,他们可能难以有效地应对防守,从而导致球权丢失。因此,这种对抗训练旨在提升运动员在面对压力时仍保持对球的控制权的能力,以及增强运动员的反应速度和球感。

3. 小场地足球对抗赛

想要判断运动员的球感,需要将其放到实际的场地比赛中进行观察。小场地足球对抗赛一般是采取 4 对 4 或 5 对 5 的形式进行,小场地能够很好地限制传球与发球的边界,在小场地之中实现足球的横传、直传与回传频率也较高。因此,通过让足球运动员参与实战训练,亲自利用球杆来躲避防守,并且创造合适的进攻与射门机会,既能够锻炼足球运动员的球感,又能够提高其技能与战术水平。

第二节　足球运动员运动智力的训练与实施

一、运动智力训练的重要性

足球运动员的训练和比赛不仅是一种身体活动,而且是一种思维运动的过程。运动智力在足球中的作用虽然不如运动素质、技术和战术那样直观,但其重要性不容忽视。与运动素质、技术和战术的显著表现不同的是,运动智力的训练可能没有那么引人注目。然而,经验丰富的教练员都知道,体现在运动素质、技术和战术方面的身体能力,实际上是运动智力的一种表现形式。运动智力通过身体运动能力的表现来体现,它甚至是某些竞技能力（如战术运用能力）不可或缺的基础。因此，足球运动员在训练和比赛中的行为始终受到运动智力因素的影响，并受到思维力的指导。技术的灵活运用和战术的多变性正是思维力发挥作用的明证。从这个角度来看，智力训练是足球运动训练中不可或缺的一个重要部分。智力训练有助于提高运动员在比赛中的思维敏捷性、决策能力和战术适应性，是提升运动员整体表现和竞技水平的关键因素。

智力是人们进行有效认知活动的一种稳定的心理特质，它由五个基本要素构成：观察力、记忆力、思维力、注意力和想象力（图6-2）。运动智力作为一种特殊的智力类型，也包含这些基本要素，但其在运动领域有特定的表现形式。观察力的细腻和准确、记忆力的清晰和持久、思维力的敏捷和逻辑、注意力的集中和合理、想象力的丰富和联想是构成运动智力的关键因素。运动智力的形成、发展和成熟主要通过四个途径实现：一是深入学习文化知识，增强理论基础；二是实践和运用专项运动理论，将理论与实践结合起来；三是提升专项运动的意识，增强对运动细节的洞察力；四是探索创新训练方法，不断更新和完善技能。因此，深刻理解运动智力的结构和要素，及其形成成熟的基本途径是至关重要的。运动智力的培养和发展是一个系统的过程，需要综合运用多种方法和途径。

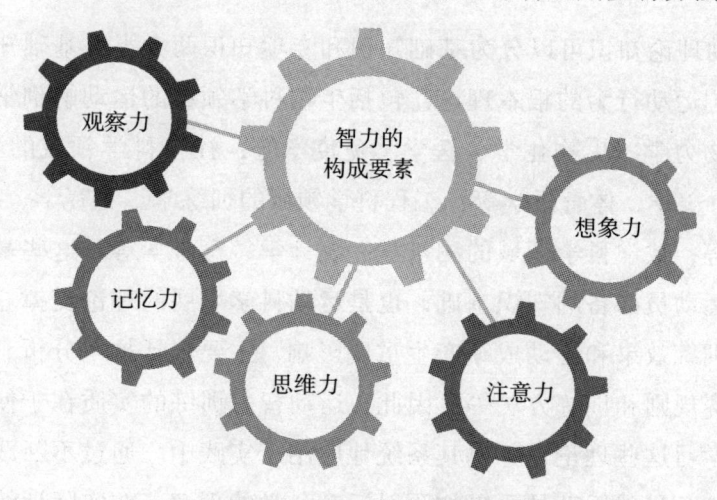

图6-2 智力的构成要素

二、球员运动智力训练的实施途径

（一）不断深入学习文化知识

文化知识是智力发展的基础，智力的提升是深化知识理解的关键。因此，运动智力训练需要在学习和应用知识的过程中得到有效培养。学习文化知识对于运动员的智力训练来说至关重要，它有助于提升运动员的逻辑思维能力，使运动员获取科学的文化知识，掌握竞技运动的基本原理，全面理解竞技能力及其发展的理论。为了实现这一目标，教练员在教学过程中应遵循教育和教学的基本规律，重视基础知识和专项知识体系的传授，特别是要注重基本概念、原理和原则等规律性内容的教学，强调不同类型知识间的逻辑关系，帮助运动员建立系统的知识框架。此外，教练员还应积极利用现代化的教学工具和方法，不断提高运动员的观察能力和综合分析能力，从而有效提升运动员的智力水平，为提升他们的运动表现和竞技能力打下坚实的基础。

（二）不断践行专项运动理论

运动理论知识可以分为基础知识和专项知识两大类。基础知识主要是指影响运动行为的根本理论，包括生物科学领域的运动解剖学、生理学、生物力学、生物化学、医学、免疫学等；社会科学领域的心理学、教育学、美学、体育哲学等；工程科学领域的训练学、竞赛学、技能学、体能学等；数学科学领域的测量学、统计学、符号学等。这些基础理论是足球运动员必备的知识基础，也是运动科学发展的理论支撑。专项知识会对训练效果和运动成绩产生重要影响，主要包括技术分析、战术理论、竞赛规则和训练方法等。因此，运动智力训练的实质在于使运动员不断地学习这些理论，并将其系统地应用于实践中。通过不断践行专项运动理论，足球运动员可以加深对运动科学的理解，在实际训练和比赛中更有效地应用这些理论知识,从而提高运动表现和竞技成绩。简而言之,系统地学习和实践运动理论是提升运动智力和运动能力的关键途径。

(三) 不断提升专项运动意识

专项运动意识是指足球运动员对足球专项运动的深入理解和认知,它是运动智力发展的关键组成部分。在运动智力的培养中,足球运动员除了要加强文化知识和专项理论学习,还需要加强足球专项运动的实践,通过实际操作不断提升对该项运动的理解和感知。因此,足球运动员在智力训练中应注重总结个人经验,提高实际运动操作水平,并在训练过程中不断加强形象思维和逻辑思维的演练,构建牢固的动作模式和灵活的战术应变能力。良好的足球专项运动意识是科学训练思维能力的成果,它既反映了足球运动员参加重大比赛的经验积累,也体现了训练过程的质量。因此,运动素质、技术和战术训练应深入渗透足球专项运动意识的训练之中,在提升足球运动员技术和战术水平的同时,不断加强其对足球专项运动深层次理解的培养,这样才能使其在比赛中更好地发挥个人水平,更好地实现个人和团队的竞技目标。

(四) 不断探索创新训练方法

发展运动智力的本质是提升运动员在运动训练和比赛中解决实际问题的能力。能够有效识别问题并找到解决方案,是运动智力训练的核心。因此,运动员和教练员应持续进行思维、观念和方法上的创新。很多年龄较大但仍然表现卓越的运动员之所以能够不断取得优异成绩,甚至延长自己的运动生涯,是因为他们和教练团队在思维、观念、理论和方法上不断创新。这意味着他们能够有效发现和分析问题,最终找到解决问题的方法。这些杰出的运动员之所以能够持续进步和发展,是因为他们擅长总结过去的经验、观察当前的情况并展望未来。他们能够深刻解读激烈的比赛过程,分析对手的优势和劣势,从而找到战胜对手的策略。

正是他们在方法和技术上的创新，使他们能够自觉、主动、积极地适应比赛的需求和挑战。因此，运动智力训练中的创新思维是运动员保持竞技优势和持续发展的关键。

三、球员运动智力训练的实施方法

（一）语言表达法

语言表达法是运动智力训练的一种基本方法。正确运用语言，不仅能有效传递知识，还能促进足球运动员的思维发展，深化他们对训练内容的理解，培养他们分析问题和解决问题的能力。在运动训练中，这种方法的应用形式多种多样，包括讲解、语言评议、口头报告、书面汇报以及默念和自我暗示等。书面形式的表达方式，如撰写读书笔记或训练日记，对于促进足球运动员的积极思维能力和逻辑思维能力尤为有效。默念和自我暗示是一种利用无声语言在大脑中模拟和表述动作过程的思维训练手段，足球运动员利用第一、第二信号系统之间的联系，在头脑中预演即将进行的动作，不仅可以提升自己的形象思维能力，还可以使自己在实际运动中更好地理解和执行这些动作。

（二）正误对比法

正误对比法是通过各种方式将正确与错误的技术或战术进行明显对比和分析的一种训练方法。这种方法通常是使用讲解、示范、图片和录像分析等手段，对正确和错误的动作进行详细的比较和讨论。这样的训练可以显著提升足球运动员在逻辑思维方面的辨识和判断能力，帮助他们更深入地理解正确的技术动作，并有效避免错误动作的发生。在实际应用中，正误对比法有多种实施方式。一种是通过语言描述动作过程，如教练员将正确与错误的动作用语言详细描述并进行对比，以激发足球运动员的辨识能力。另一种是使用影视录像、系列图片或进行现场示范，将正确与错误的动作或战术直观地展示给足球运动员,帮助足球运动员提高动作的形象思维能力和判断力。

(三)表象排练法

表象排练法是一种通过感知技术和战术,结合想象力和表象再现来强化运动员第一、第二信号系统结合的方法。这种方法对于提升足球运动员的形象思维能力和抽象思维能力非常有效。表象排练法的实施方式多种多样,包括对比表象、听讲表象和偶像表象。对比表象是指将足球运动员自身的错误动作与正确动作进行详细比较,足球运动员在心中仔细想象这两种动作的过程,然后进行对比分析,找出错误的原因,并确定纠正动作的具体方法。听讲表象通常需要教练员先讲述正确的动作方法,然后足球运动员在脑海中重复这一过程,并尝试在想象中展示整个动作。如果可能,足球运动员还可以尝试通过比画来描绘动作过程,进一步加强对动作的理解和记忆。偶像表象则要求足球运动员选择一个技术动作做得好的其他运动员作为学习的偶像。足球运动员在想象中模仿这位偶像的动作,从开始到结束反复进行。如果有条件,足球运动员还可以通过口述偶像的动作特点,加深对技术动作的理解。

(四)引进植移法

引进植移法是指从其他运动项目中吸取先进的理论、技术动作和战术打法,并通过分析、加工、改造和设计,使其适应本专项运动的特点。这种方法在提升运动员的思维创造力方面具有独特的效果。引进植移法主要包括三个方面:动作植移、战术植移和理论植移。动作植移指的是从非本专项运动中借鉴技术特征,并将其融入本专项运动的动作形态中。例如,排球运动中的时间差动作就是借鉴篮球运动中篮下虚晃投篮技术的结果。战术植移是一种从其他运动项目中借鉴战术打法,并赋予其适合本专项运动的战术形式。例如,排球运动中的前交叉快球实际上就借鉴了篮球运动中的掩护战术。理论植移指的是从其他运动项目中吸取先进的训练理论，用以指导本类运动项目的训练或比赛。例如，游泳训练中的无氧阈概念及其理论，现已被广泛应用于划船、自行车、中长跑等运动项目的科学训练中。因此，在足球运动智力训练中，教练员也可以在保持本项目特色的同时，吸收其他项目的优势，帮助足球运动员在思维和技术上实现突破，从而提升整体的运动智力和竞技水平。当然，并不是其他运动项目所有的动作、理论或战术都能够适用于足球运动，因此这就需要教练员仔细分析本项目与其他运动项目的共性与个性，并进行合理取舍。

（五）求异创新法

求异创新法是一种有效提升和培养足球运动员思维创造性的方法，包括对比求异、组合求异和改造求异等多种方式，其特点和价值各不相同。对比求异是指对两种或更多类型相同但细节不同的技术或战术进行比较，目的是寻找它们的异同点，深化对技术细节的理解。这种深入的比较有助于足球运动员在比赛中更加灵活地应用技术和战术。组合求异是指通过将不同事物的部分进行科学组合来创造新的技术或战术。教练员可以通过不同动作的组合变化来丰富战术的多样性，或者提高足球运动员在思维和方法上的创新性。改造求异指的是捕捉一些非常规但有效的变异动作，并对其进行改造，使之成为未来比赛中出奇制胜的技术。这有助于增加技术的多样性，并提供比赛中的意外元素，增强竞技优势。在实际应用中，教练员应善于激发足球运动员的研究兴趣和创新思维，使运动员不断探索和尝试新的技术和战术。通过求异创新法，足球运动员可以在传统训练的基础上开辟新思路，发展新技能，从而在竞技场上取得更好的成绩。

（六）生疑提问法

生疑提问法是一种旨在培养足球运动员积极探究态度和思维能力的方法。这种方法在实践中主要依赖两个关键技巧。第一，寻求原因。教练员需要培养足球运动员的好奇心和提问习惯。无论是面对新事物还是已知问题，足球运动员都应具备探究的态度。教练员应鼓励运动员勤于练习，勇于提问，通过提问使运动员深入理解技术和战术的原理和应用。第二，寻求规律。所有事物都遵循一定的发展规律，这些规律往往隐藏在表面现象之后。通过生疑提问的方式，教练员可以引导足球运动员深入思考现象之下的问题，理解其本质和规律。这不仅要求教练员对提出的问题和答案进行系统性的思考，还要引导足球运动员以有条理的方式进行思考。生疑提问的实施受限于问题的实际性和复杂性。系统性的问题和答案有助于提升足球运动员的思维条理性。因此，有计划、有逻辑地进行生疑提问是有效运用此法的关键。这种方法对教练员的理论知识和实践经验提出了较高的要求。

第三节　足球运动员战术意识的培养

一、足球战术意识的内涵

足球战术意识是运动员对足球运动客观规律的正确认识和反映，它是运动员在时间和空间上正确运用足球知识、技术、技能以及观察判断、选择、应变能力和心理活动的总和。[1] 战术意识是足球运动员在比赛中高效应用战术的能力，包括对比赛的理解、位置的选择、决策的制定以及团队合作。拥有良好战术意识的球员能够在比赛中更好地适应变化，为球队的成功贡献力量。一般来看，足球战术意识具有以下特点（图6-3）。

---

[1] 耿建华,马成全.足球战术意识的特点及分类[J].北京体育大学学报,2004,27(8):1151-1153.

自觉目的性

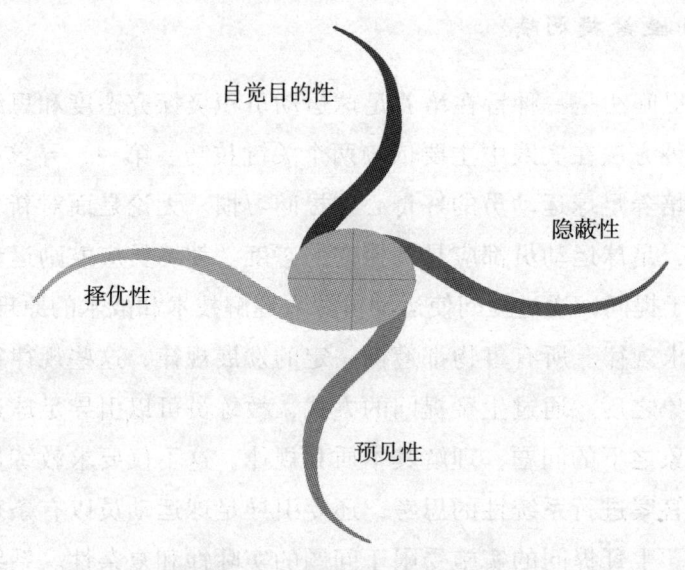

隐蔽性

择优性

预见性

图6-3 足球战术意识的特点

（一）自觉目的性

在足球运动中，足球运动员的每一个动作、每一次传球或防守，都是围绕着一定的战术目的展开的。这意味着，无论是进攻还是防守，他们的行为都不是随意的，而是为了实现具体的战术目标。这种战术意识的自觉性表现在足球运动员进行任何战术动作之前，已经在心中形成了一套战术计划和策略。他们的行动不是无目的的反应，而是基于对比赛形势的分析和对战术目标的理解。例如，当运动员选择进行一次传球时，他们已经考虑了传球的目的、接球队友的位置、对手的防守布局等因素。也就是说，足球运动员的行动中总是伴随着预先设定的目标和计划，他们在场上的行为是有意识、有策略的，旨在通过合理的方法实现预设的战术目标。

（二）择优性

足球战术意识的择优性特点主要体现在球员在比赛中面对不同情况

时的战术选择上。当遇到特定的比赛情景时，球员需要比较各种战术的优劣，并从几种可能的战术动作或方法中选择一种最适合当前情况的策略。在进攻时，球员的择优原则集中于选择对对手威胁最大、方法最简单、成功可能性最高的战术。球员需要评估不同进攻选项的潜在威胁程度、执行的复杂程度以及成功的可能性，然后做出选择。例如，面对两种进攻路线，球员会选择更可能撕破对手防线、更容易执行且成功率更高的一种。在防守时，球员的择优原则集中于选择安全系数更高、弊端更小、效果更好的防守策略。球员需要评估每种防守行为的风险程度、可能产生的负面影响以及预期的防守效果，从而选择最佳的防守策略。例如，在两种防守方式中，球员会倾向于选择风险更低、可能引发问题更少，并且能有效阻止对手的那种方式。也就是说，球员要根据具体比赛情景，权衡各种战术选项的利弊，遵循"利大于弊"的原则，做出最合适的战术选择。这种能力不仅要求球员对比赛有深刻的理解，还要求球员具备快速准确判断和决策的能力。

（三）预见性

在足球比赛中，场上局势瞬息万变，因此球员需要预测和预判足球场上的情况变化以及攻防过程的可能发展方向。球员要想取得良好的比赛效果，就需要具备对即将发生事件的洞察力，就必须能够在瞬息万变的比赛中快速理解当前的比赛形势，并预测接下来可能发生的攻防变化。例如，一个具备强烈预见性的防守球员能够预测对手的攻击路线和战术，从而提前做出防守部署。因此，球员需要在心中预演各种可能的场景，并为之制订相应的战术响应计划。这样球员才能够在比赛中始终保持主动，有效地应对各种变化，从而提高比赛的成功率。

（四）隐蔽性

球员要通过各种动作技巧去混淆对方的判断，以保持自己战术意图的隐蔽性，从而在比赛中占据优势。这种隐蔽性是足球战术中的重要组成部分，它不仅要求球员掌握技术动作，而且要求球员能够巧妙地隐藏自己的真实意图。例如，球员可能会使用假动作，如伪装传球或射门的动作，来迷惑对方，使对手难以准确判断自己的下一步行动。这种策略的目的是让对方产生错觉，误判球员的实际意图，从而为自己创造进攻或防守的机会。通过这样的隐蔽动作，球员可以在对方不备的情况下发动攻势或做好有效防守，赢得比赛的主动权。这种隐蔽性要求球员在比赛中具有高度的机智和创造力。球员需要在关键时刻迅速做出决策，并以不易被对方识破的方式执行战术动作。

二、足球战术意识的执行过程

（一）预测对手意图

在足球运动中，球员面临着场上瞬息万变的局势。因此，在对手采取实际行动之前，准确地推断出他们可能的战术动作对于球员十分关键。对对手意图的预测，即预测能力，是足球战术意识的一个重要方面。具备这种能力的球员能够及时并准确地识别对手的潜在行动计划，从而在比赛中采取合适的战术应对策略。能够预测对手意图的球员通常能在比赛中占据优势，因为他们能够提前做好准备，防范对手可能的攻势或找到突破对手防线的最佳时机。这种预测以观察对手的行为和动作为基础，球员需要对比赛节奏、对手习惯及战术布局进行准确理解。因此，及时、准确的预测能力是足球战术意识的重要体现，也是制定有效战术策略的基础。

在足球运动中，预测对手球员意图的过程涉及多个方面，其中视觉功能、知觉功能、模式识别和超前预测是关键因素（图6-4）。这些因素共同作用，帮助球员解读比赛情况，并做出快速反应。

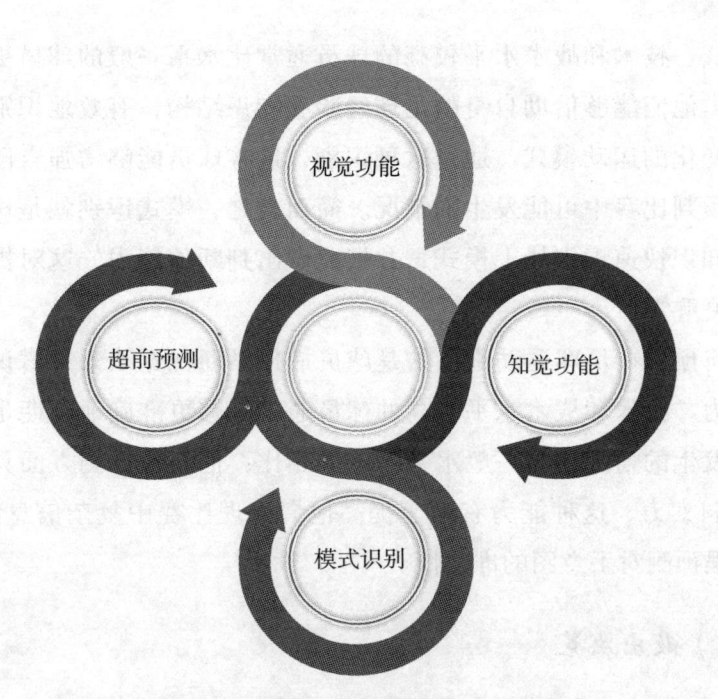

图 6-4 预测对手队员意图的关键因素

视觉功能是足球运动员的基础功能要求。运动员通过视觉系统观察对手的位置、动作和球的运动，从而获取关键的比赛信息。视觉功能不只是看到对手和球的位置，还包括理解这些信息背后的战术意图。

在足球运动中，知觉功能的作用远超过单纯视觉功能的信息输入和处理。知觉功能是指通过结合足球运动经验，对视觉系统所获取的信息进行深入的加工和分析，从而实现对场上局势的全面掌握。通过知觉深度地关注和观察这些动作，并在此基础上对观察到的情况进行分析和评估，可以使球员科学地预测对手的意图。例如，足球技术和战术意识水平较高的球员通常能够根据对手球员的身体姿态和运动轨迹预测他们的意图，并关注无球队员的位置和动向。相比之下，足球技术和战术意识水平较低的球员可能只专注于球的位置。产生这种差异的根本原因在于球员是否能有效利用外周视觉来提取相关信息。

模式识别指的是球员能够迅速且准确地识别并回忆起足球比赛中的

典型模式。技术和战术水平较高的球员通常比水平一般的球员更擅长于这方面。他们能够借助自身的足球经验和知识结构，有效地识别出比赛中不断变化的运动模式。通过这种识别，这些球员能够增强自己的预测能力，预判比赛中可能发生的情况。简而言之，模式识别就是球员利用经验和知识快速识别场上模式，并据此做出判断的能力，这对提高比赛表现至关重要。

超前预测在足球运动中指的是球员捕捉早期视觉线索并辨识比赛模式的能力。技术和战术水平较高的球员通常能够更准确地预期足球比赛中可能发生的情况，与一般水平的球员相比，他们在预测方面具有更为先进的洞察力。这种能力有助于提高他们处理比赛中复杂信息的效率，从而增强预测对手意图的准确性。

（二）做出决策

在足球比赛中，运动员在预测场上可能发生的情况之后，需要做出正确的决策，即决定自己接下来的行动。这个决策过程不仅涉及对当前比赛情况的分析，还包括对多种因素的综合考量。

第一，球员在做出决策时需要考虑对手的行为和策略，这要求球员能够理解和预测对手的可能动作。第二，球员在做出决策时需要考虑比赛的比分、剩余时间和当前的比赛节奏等因素，因为这些因素会影响球员选择保守策略还是积极进攻。第三，球员自身的技术能力和体能状况对决策同样有着重要影响，因此球员需要根据自己的技术特点和当前的体能状况选择最合适的行动方案。例如，一个技术型球员可能更倾向于利用技术优势进行突破，而体能强大的球员可能更倾向于选择利用身体进行对抗。第四，由于足球比赛环境的高度动态性，球员的决策通常需要在短时间内迅速做出，这就要求球员具备丰富的足球专业知识和良好的长期记忆，以便快速从过往经验中提取信息，适应当前比赛的需求。

球员在比赛中的决策能力是对其战术意识、知识水平和适应能力的综合考验，决定了他们在场上的表现和对比赛的影响。因此，球员应通过各种方式不断提升自己的决策能力。

三、足球战术意识的影响因素

（一）教学与训练的系统性

在大学足球教学与训练中，战术意识的培养不是短期内就能完成的任务，需要通过有计划、有组织的持续教学和训练过程来实现。为了有效地培养和提升学生的足球战术意识，教学活动必须定期且系统地进行。在这一过程中，教师应创造有利于学生战术意识发展的环境，包括鼓励学生积极思考，引导他们在训练和比赛中进行深入的观察和分析。例如，教师可以在训练或比赛后进行详细的战术分析和讲解，帮助学生理解不同战术选择的优势和局限，以及如何在比赛中有效应用这些战术。教师还可以鼓励学生培养"用大脑踢球"的习惯，即在比赛中不仅依靠身体技能，而且运用智慧和策略，对比赛进行理性分析和决策，进而引导学生在实际比赛中更好地理解和运用战术知识，提升他们的战术意识。

（二）技术方面的因素

在大学足球教学与训练中，学生的战术意识是在实践战术活动的基础上逐渐形成和发展起来的。为了有效地组织和运用各种战术，并在此基础上进行广泛的战术实践，学生需要具备全面而扎实的足球技术基础。在进行高校足球教学活动时，教师需要关注学生在足球技术方面的发展，因为这些技术能力直接影响到学生理解和应用足球战术的能力。例如，良好的传球、控球和射门技术是比赛中取得成功的必要条件，也是学生能够在实际比赛中理解和执行复杂战术的基础。因此，在足球教学中，除了对学生进行理论知识和战术理解的培养，还需要加强对学生足球技术方面的训练。

（三）非技术方面的因素

在足球教学中，学生战术意识的培养和发展受到多种非技术因素的影响，这些因素既包括学生个人内部因素，也包括外部环境因素。内部因素涉及智力和非智力方面。智力方面，如学生的观察力、记忆力、想象力、思维能力和注意力等，是理解和实施足球战术的重要基础。非智力因素则包括团队协作、互助精神、坚韧不拔的意志等，这些都对学生在团队中的战术执行和适应性有重要影响。外部因素主要是指教学环境和条件，如任课教师的教学理念、学校的足球师资和设施条件等。教师的教学观念对学生战术意识的培养至关重要，而学校的设施条件则直接影响到学生实践足球技能和战术的机会。因此，提升学生的足球战术意识水平不仅需要关注技术层面的训练，还要综合考虑学生的个人内部因素和外部教学环境。这些因素的综合作用，共同影响着学生足球战术意识的形成和发展。

四、足球战术意识的培养策略

（一）加强足球理论知识的学习

加强足球理论知识的学习，深入理解足球运动的规律和发展趋势，对技术和战术有透彻的认识，是正确运用技战术并在比赛中发挥出色的基础。培养学生的战术意识，可以通过长期的理论教育和定期观摩高水平比赛等方式来实现。理论教育有助于学生系统地了解足球运动的各个方面，包括规则、技术动作的细节、战术布局和比赛策略。观摩高水平比赛则能够让学生直观地理解理论知识在实战中的应用，以及如何在不同的比赛情景下灵活运用战术。

在足球教学过程中，存在一种常见的认识误区，即足球学习只是技术训练。要知道，虽然足球比赛强调球员的实战技能，但对理论知识的学习同样重要，它能够有效指导实战。考虑到学生的个体差异和知识水平的不同，足球教师应采用多样化的教学方法，提升学生的理论知识水平。例如，举办关于足球理论的专题讲座，或者分析经典比赛案例，这些教学方式有助于学生深入理解足球运动的基本规律和知识，从而增强他们的判断力和思维能力，提升足球战术意识。通过学习足球的基本规则以及生理学、心理学和力学等方面的知识，学生不仅能拓宽视野，还能更深刻地理解足球规则和裁判方法。这样的理论基础使学生在比赛中能够更加合理地应对对手，发挥自己的优势，同时能够提高创造性思维能力，更有效地运用技术和规则，为团队创造得分机会。

（二）固定套路的战术配合

固定套路的战术配合通常在无对手的情况下进行，即通过一系列的战术配合训练来加强球队成员之间的默契配合。具体来看，教练员和球员在训练中需要做到以下几点：第一，熟悉基本配合路线。球员需要熟练掌握基本的配合路线，这是灵活运用战术的基础。通过重复练习，球员可以对配合路线产生直观的理解和记忆，为后续更复杂的战术运用奠定基础。第二，理论与实践相结合。将理论讲解和实际练习结合起来有助于提高团队的配合效率，使队员之间相互了解，在比赛中步调一致，建立默契，为实战做好准备。第三，细致观察与及时指导。在训练过程中，教练员需仔细观察球员在配合中的跑位、时机选择、区域占领和技术运用是否合理，并对存在的问题及时进行指出和纠正。第四，技术问题的暴露与改进。战术配合练习中也可能暴露球员技术上的问题，这可以为技术训练提供新的内容和要求，使训练更具目的性和针对性。第五，情绪管理与思维活动。运动员应有意识地克服紧张和不良情绪，保持清晰的思维，确保在比赛中能够冷静应对各种情况。通过固定套路的战术配合训练，球员能够熟悉在比赛中可能采用的战术配合路线，深入理解战术的实质，学会根据比赛情况灵活变换配合时机和方式。

（三）在技术训练中渗透战术意识

足球运动的基础技术，如传球、接球和运球，不仅要求球员熟练掌握技术动作，更要求球员能够在实际比赛中根据场上情况灵活运用这些技术以获得进攻机会。例如，在进攻时，球队经常会面临如二防一、三防一的防守压力，在这种情况下，运用足球技巧摆脱防守，同时积极寻找进攻机会就变得至关重要。当场上空间较大时，球员可以采用接球转身的技术，这种技术不仅具有较强的机动性，还能加快运球或传球的速度，有助于创造得分机会。因此，在运用足球技术时，球员应根据场上位置变化采取合适的战术，通过合理的跑位和把握传球机会来提升自己的战术意识。同时，技术训练中应渗透战术意识的培养。例如，在接球训练中，球员不仅要注重接球的准确性，还要考虑接球后的衔接动作，以及如何在接球后快速做出决策并执行。通过将理论指导和实践结合起来，可以帮助学生更好地运用战术意识。此外，大学足球教学中战术意识的培养离不开实际对抗的比赛。教师可以根据学生的技术水平和团队合作程度，组织学生进行分组竞技比赛。在比赛中，教师可以通过观察学生的策略运用来进行指导和激励，强调团队合作的重要性。通过比赛中和比赛后的战略分析，学生可以总结球队的战术表现、个人在战略中的角色和战术意识，进而深化对足球战略的理解，提升个人的战术意识，增加团队比赛经验，使个人的战术意识得到持续增强。

第四节 球员个性和团队精神的培养

一、球员个性和团队精神的关系

球员的个性是指球员作为个体的性格特征、行为方式、情感反应和思维模式的总和。这些特征包括自信心、决断力、恒心、领导能力、抗压能力以及团队协作的倾向性等。个性在很大程度上决定了球员在场上的表现，如何与队友互动，以及他们对比赛中和训练中的态度。由此可知，球员的独特个性对足球队的整体表现具有一定的影响。团队精神是指球员在团队中的归属感、责任感和合作精神，它主要是球员对团队目标的认同、对团队成员的支持以及为实现团队成功而做出的共同努力。团队精神不仅体现在球员之间的协作和相互支持上，还体现在球员对团队价值观和文化的接纳上。拥有团队精神的球员更倾向于为了团队的利益牺牲个人利益，他们在场上的表现往往更加无私，更加注重集体成就。

球员个性和团队精神之间的关系是相互作用、相互影响的。球员的个性不仅会影响他在团队中的角色和表现，还会影响团队整体的氛围和表现。同样，团队精神也会对球员的个性产生重要的影响，它可以帮助球员发展和完善那些对团队有益的个性特质。通过理解这种复杂的相互作用，教练员和球队管理者可以更好地管理球队，培养出既具有强烈个性又充满团队精神的球员。

（一）个性对团队精神的作用

1.球员个性是团队精神的基础

在足球场上，每位球员的个性，如技术风格、决策方式和心理素质等，共同构成了球队的整体风貌。这种个性的集合，转化为团队的多样性和适应性，使球队能够应对各种竞赛情景。在足球比赛中，战术的多样性是取胜的关键。球员的个性决定了他们在场上的角色和功能。例如，一个富有创造力的中场球员能够发掘出不寻常的传球路线，而一名速度快、体力好的前锋则能够在决定性时刻突破对手的防线。当这些个性化的技能和特点被妥善融入团队战术中时，便能显著增强球队的整体实力。团队精神的形成则离不开对个性的尊重和理解。在团队中，不同球员的性格和技术特点需要得到平衡和融合。教练员和队友对于每位球员个性的认可和支持，能够促进更深层次的相互理解和信任，这是团队凝聚力和合作精神的基石。当球员感受到他们的独特价值被团队所重视时,他们更愿意为共同目标付出努力。

2.球员个性是团队精神的力量源泉

足球运动是一种充满激情与竞争的团队运动,在这个过程中,每位球员展现的个性成为推动团队向前的重要力量。在紧张且充满挑战的比赛中,球员的个性不仅体现在他们对比赛的理解和反应上,还表现在他们独特的技术和风格中。这些个性的集合,构成了球队独有的风貌,为球队在比赛中的表现注入了不可或缺的活力和创造力。

球员的个性在比赛中的展现,往往与他们的个人能力紧密相关。一名球员的独到见解、独特的技巧或是对比赛的敏锐洞察力,都能在关键时刻为球队带来意想不到的转机。这种个性的彰显不仅仅是技术层面的展示,更是球员对比赛的热爱和对胜利渴望的表达。例如,一名中场球员的精准传球,一名前锋的果断射门,或是一名守门员的关键扑救,都是个性与能力的完美结合。球队中球员个性的多样性,为球队带来了不可估量的价值。当球队中的每一位球员都能在适当的时机展现自己的特长和个性时,球队的战术选择和应变能力将大大增强。这不仅增加了对手的不可预测性,而且使球队在面对各种不同的比赛环境时能够展现出更加灵活和多变的一面。此外,当球队鼓励球员充分展示自己的个性和才能时,球队的创新能力将得到极大的提升。在足球比赛中,创新往往是取胜的关键。球员敢于尝试新的踢法,勇于在关键时刻承担责任,这种勇气和创造性不仅能够激发球队的活力,而且能够在比赛中创造出更多的机会。

(二)球员团队精神对个性的影响

1.团队精神可以促进球员个性的完善

在足球运动中,团队精神体现为对队友的支持和肯定。当一个球员的努力和技能得到队友的认可时,这种正面的反馈能显著提升球员的自信心和积极情绪。这种自信和满足感是个性完善的重要因素，它可以激励球员在未来的训练和比赛中更加努力，展现更好的自己。队友的支持也使球员在面对挑战和困难时更有勇气和动力去克服它们。在足球运动中，团队环境使球员的长处和弱点更加明显。在集体中，每个球员的个性特点都会被放大，这可以让球员更加清楚地认识自己，从而在队伍中找到属于自己的定位。球员在意识到自己的弱点后，会受到来自团队精神的激励，从而积极改善和提升自己。在这个过程中，球员会在个性上得到完善，成为更加成熟的运动员。此外，为了团队的整体利益，球员需要不断地调整自己的打法以适应整体战术。在这个过程中，有个性的球员要发挥自己的长处，学会如何与队友更好地协作。这种对团队的适应不仅是技术层面的调整，也是个性上的成长。球员通过与队友的互动，学习如何在保持个性的同时，更好地融入团队，实现自我与整体的和谐统一。

2.团队精神对球员个性有着控制作用

通过培养球员的集体意识和团队精神，可以使队员为了共同的目标而努力。这种集体意识的形成，源于球员在一起训练和比赛的长期过程中共同经历的挑战与成长。随着时间的推移，球员会逐渐形成强烈的使命感和归属感。团队精神产生的过程，会对球员的个性产生调控作用。在团队环境中，球员的行为和决策都会受到团队价值观和目标的影响。例如，球员可能会更加注重团队的利益，而非个人的成就，这种观念的转变使球员在场上的行为更加注重协作和配合。这种调控并非简单的外部强制，而是一种由外而内的自我约束。随着对团队价值观和目标的认同，球员的个性被逐渐塑造和调整，以适应团队的需求，进而强化团队的凝聚力和整体实力。

二、足球教学与训练中球员个性的培养

在大学足球教学与训练中，教练员应该注重培养球员的个性，因为

每个球员都有独特的技术特点和比赛风格。通过识别和发展这些个性化特征，教练员可以更有效地利用每位球员的优势，同时帮助他们改善不足之处。这样，球员在比赛中能更好地发挥自己的长处，对团队的贡献也会更加显著。培养球员的个性还有助于提升球员的创造力和决策能力。在足球比赛中，场上情况瞬息万变，这就要求球员能够迅速做出决策并创造性地解决问题。具有鲜明个性的球员往往能够在关键时刻展现出独到的见解并提出创新的解决方案，这对于提升球队的整体竞争力具有十分重要的意义。对此，教练员可以通过以下几种策略培养球员的个性。

（一）强调个性化训练与技能发展

在足球训练中，教练员应该识别每位球员的独特技能和潜力，并针对这些特点进行个性化的训练，而不是让所有球员都接受同样的训练方式和强度。例如，对于速度和敏捷性较强的球员，可以更多地安排其进行突破和冲刺的训练；对于技术细腻的球员，则可以更多地安排其进行控球和传球技巧的练习。通过这种个性化的训练，球员能够在自己擅长的领域得到更进一步的发展。

因此，教练员首先需要深入了解每位球员的特点，如他们的技术特长、身体条件、心理特性和对比赛的理解能力等。这种了解可以通过观察球员在训练和比赛中的表现，以及与球员的直接交流来实现。了解球员的特点后，教练员可以根据每位球员的不同需求制订训练计划。除了对技术层面的关注，教练员还需要关注球员的心理发展。心理素质对于球员的表现至关重要，教练应通过正面的激励和心理辅导帮助球员建立自信，使球员学会在压力下保持冷静。通过鼓励球员在场上大胆尝试、自主决策，可以促进他们的创造性思维和解决问题能力的发展。教练员还需要持续跟踪和评估球员的发展情况，并根据评估结果调整训练计划。这种持续的评估和调整可以确保训练始终符合球员的个性和发展情况，有助于球员的持续进步和成长。

（二）鼓励创造性和自主决策

在足球教学中，教练员应鼓励球员发挥创造性思维和自主做出决策。这可以通过设置特定的训练场景，让球员在没有教练员指令的情况下自行解决问题和应对挑战。例如，在对抗训练中，教练员可以让球员自己决定如何配合和突破对手的防守。这种训练方式不仅有助于球员提高自我认知以及场上应变能力，而且能促进球员的个性和独特风格的形成。教练员还可以在训练和比赛中鼓励球员进行自主决策。这可以通过减少场上指导和让球员在某些场景下自行决定最佳行动方案来实现。例如，在攻防演练中，教练员可以让球员根据比赛情况自行选择攻击或防守策略。通过这种方式，球员可以在实际比赛中锻炼自己的决策能力，提高场上应变能力。教练员还可以通过正面反馈来鼓励球员发展自己的创造性和自主决策能力。当球员尝试新的技术或在比赛中做出独特决策时，教练员应给予认可和鼓励，即使这些尝试并未总是成功。这种积极的反馈可以增强球员的自信心，鼓励他们在未来的训练和比赛中继续进行创新和自主决策。

（三）提供反馈和心理支持

教练员在训练过程中应该提供定期和具体的反馈，这不仅应包括技术和战术方面，还应包括对球员个性特质的评价和建议。通过认可球员的独特之处和努力，可以增强他们的自信心和自我价值感。通过提供心理支持，可以帮助球员应对压力和挫折，培养坚韧和积极的心态。这种全方位的支持，有助于球员在挑战中不断成长，塑造更鲜明的个性。

在训练过程中，教练员需要对球员的表现进行仔细的观察，包括他们在技术、战术和心理素质方面的表现。反馈应该是具体的、建设性的，并且是针对每个球员的具体情况的。例如，对于技术表现，教练可以指出球员在特定技能上的进步，同时提出进一步改进的建议。这种个性化的反馈有助于球员了解自己的优势和需要改进的地方，激发他们继续努力的动力。另外，球员在足球训练和比赛中难免会遇到挫折和压力，教练员应该帮助他们学会如何应对这些挑战，教授球员应对压力的策略，鼓励他们在面对失败时保持积极和坚韧的态度。因此，教练员应该创造一个支持性和鼓励性的环境，让球员可以自由地表达感受和顾虑，而不用担心受到负面评价。除了足球技能的提升，教练员还应该支持球员在学业、社交和其他生活方面的发展。通过了解球员的个人生活和挑战，教练员可以更好地提供有针对性的支持，帮助球员实现全面而个性的发展。

三、足球教学与训练中球员团队精神的培养

（一）树立全局意识、大局观念

在足球运动中，团队精神的培养是保障球队成功的关键因素。团队精神并不排斥球员的个性展示，而是要求个性能够融入团队的整体行动中。团队精神的核心是全局意识和大局观念，即球员在场上应考虑的不仅仅是个人表现，更重要的是球队的整体需要和目标。在足球比赛中，每个球员的角色和职责虽然不同，但他们必须意识到自己是团队的一部分，他们的行动和决策将直接影响球队的表现。这种意识促使球员在比赛中互相帮助、照顾和配合，每个人都为实现集体目标贡献自己的力量。例如，一个前锋在得分机会面前，可能需要做出是否自己射门或是传球给更有机会的队友的决定。这种决策就是全局意识的体现。

在平时的训练中，教练员应有责任、有意识地培养球员的全局观念，在训练过程中不仅要关注球员技术和体能的提升，还要培养他们的团队合作和战术理解能力。通过团队战术训练、模拟比赛情景等方式，球员可以学习如何在不同的比赛环境中做出最有利于团队的决策，放下个人的需求和感受，将团队的利益放在首位。无论遇到什么样的个人挑战或

第六章 足球运动员运动技能的提升

困难,在团队中,每位球员都必须全力以赴。因个人问题而不参与训练或比赛,不仅会影响团队的整体表现,也会阻碍球员自身的发展。因此,只有当一个团队的所有成员都全身心投入、共同努力时,才能成为真正的优秀球队。此外,教练员还应鼓励球员在场外建立良好的关系,增强团队内部的凝聚力。通过团队建设活动、集体讨论等,球员可以增进对彼此的了解和信任,这对于场上的合作具有十分重要的意义。

(二)团队氛围的营造

为培养球员的团队精神,还应该营造良好的团队氛围。一个具有积极氛围的团队,通常会有更高的团队凝聚力和协作效率。在这样的环境中,球员更愿意分享信息,协助彼此解决问题,并在比赛中传球和支持队友。这种无私的态度和团队合作精神是实现团队目标的基础,同时能帮助球员建立起相互之间的信任和尊重。

团队氛围可以反映出整个队伍以及各个运动员的情绪状态、彼此间的相互关系以及可能出现的冲突等方面的倾向。良好的团队氛围与队伍的目标导向活动、攻克难关和共同分享胜利的喜悦等方面密切相关。每位运动员都承担着为自己所在团队营造积极氛围的责任。团队中占主导地位的是一种充满活力、愉快的氛围,这种氛围能够影响并激励运动员,并在一定程度上影响他们的自我感知和行为表现。团队氛围的好坏是判断一个团队是否具有凝聚力的关键指标。在评估一个团队的氛围时,不应局限于考虑情感生活层面,还需要涵盖团队内部主导的道德标准和价值观。因此,在足球教学与训练中,营造良好的团队氛围,需要做到以下几点。

1.建立并维护一套道德准则

这些准则应为团队成员的行为提供指导,获得大多数队员的认同,同时队员应遵循这些准则。这些准则应起到调节运动员行为的作用,反映出该团队的社会定位、情感响应特点以及成员的道德素养。团队的准则集合体现了团队的价值观和道德方向,对于团队文化的构建至关重要。

2. 注意团队的情绪状态

通常，成功和胜利会给运动员和整个团队带来满足感，使他们情绪高涨、信心增强，并激发其拿出更大的努力以取得新的成就。失败也能起到促进作用，尤其是在分析失败原因、吸取教训后，它可以帮助团队减少未来失败的可能性，克服消极情绪，振奋士气。然而，无论是成功还是失败，都可能带来不良情绪。例如，在胜利时，可能会出现过于自满和自大的情绪；而在失败时，可能会出现情绪低落和消极态度。这种情绪不仅影响运动员，甚至教练员和团队领导也可能受到影响。因此，合理管理和调节情绪状态对于维持团队的稳定和积极氛围具有重要的作用。

3. 注重队员之间形成的相互关系

在一个团队中，个人间的关系可以分为事业上的（即基于共同目标和活动的关系）和个人的（基于情感的深层关系）。这两种关系在队伍中并存，它们的相互作用和影响程度取决于团队的凝聚程度和成熟度。在团队形成初期，个人关系往往占据主导地位。而在更成熟的团队中，由于队员被共同的目标和动机所联结，事业关系则更为重要。在任何团队中，事业关系通常都是主导力量，它不会压制个人间的好感和依恋，反而能够促进这些个人关系的积极作用。这种关系确保了团队成员之间的良好互动，有助于建立高效和谐的工作环境。同时，个人关系也非常重要，它不仅反映在团队成员之间的相互同情和理解上，还包括成员之间更广泛的情感交流和支持。

为了培养良好的团队氛围，教练员和团队领导应鼓励和促进这两种关系的健康发展。这意味着既要强调团队的共同目标和事业上的合作，也要关注队员间的个人情感和相互理解。只有当队员感到自己是团队不可或缺的一部分，并对自己在团队中的位置感到满意时，他们才会更加乐意为共同的目标和利益而努力，才会勇于克服困难、迎接挑战。因此，营造健康、积极的团队氛围需要维持个性与团队之间的平衡，以确保团队成员间的和谐相处和有效合作。

（三）加强团队内的人际沟通

良好的沟通不仅能够提升团队成员之间的理解和信任，而且对于建立共同的目标、价值观和战术理解具有十分重要的意义。

在足球教学与训练中，通过开放的态度和有效的沟通技巧，教练员可以鼓励球员之间的交流和分享，确保每位球员的声音都被听到和尊重。这种沟通不仅涵盖技术和战术方面，还包括团队的目标设定、战略规划以及球队文化的建设方面。教练员应定期组织团队会议，讨论比赛策略，分析训练效果，并鼓励球员提出自己的看法和建议。教练员还需关注球员间的非正式交流。团队活动、聚餐或其他非正式场合的互动有助于加强球员间的情感联系，促进更自然的交流和相互理解。这些活动为球员提供了一个放松的环境，帮助他们建立起团队内的友谊和信任，从而增强了团队的凝聚力。任何团队都可能会出现意见分歧和冲突，有效的沟通可以帮助快速解决这些问题，避免冲突升级。因此，教练员应具备必要的冲突解决技能，能够中立地调解不同意见，确保每个球员的感受都被充分理解和尊重。在团队沟通的过程中，教练员还应注重培养球员的自我表达能力和倾听能力。球员应被鼓励表达自己的想法和感受，同时学会倾听他人的观点。这种双向沟通有助于增强球员之间的理解，培养他们的团队合作能力。

第七章　足球运动教学与训练质量的提升

在足球教学和训练中，不断寻找和实施新的方法对于提高教学质量和训练效果具有十分重要的意义。传统的教学和训练方法虽然有效，但随着足球运动的不断发展和学生需求的变化，寻求更为动态和互动的训练方法变得尤为重要。本章将深入探讨几种创新的教学和训练方法，包括足球游戏在足球教学中的应用、组合训练法在足球训练中的应用，以及"以赛代练"在足球教学中的应用。这些方法旨在通过增加教学的趣味性、提高训练的实战性以及提高学生的参与度来提升教学与训练质量。

第一节　足球游戏在足球教学中的应用

一、足球游戏在足球教学中的应用价值

（一）有利于激发足球学习兴趣

在足球教学中，足球游戏本身具有一定的趣味性和互动性，教练员可以利用足球游戏为学生提供一种轻松愉快的学习环境，这对于提高学生的参与度和学习动力具有显著效果。足球游戏通常包含各种富有创造

性和挑战性的元素，这些元素能够吸引学生的注意力，使他们在参与中体验足球的乐趣。与传统的技术练习和理论学习相比，游戏化的学习方法更能够激发学生的好奇心和探索欲，使他们在做游戏的过程中自然而然地学习足球技巧和战术。此外，足球游戏还能够为学生提供即时的反馈和成就感。在游戏中，学生能够直接看到自己的表现和进步，这种即时反馈对于增强他们的学习动力极为重要。当学生在游戏中实现某个技术动作或者帮助团队取得胜利时，他们会获得成就感，从而增强对足球的学习兴趣。

（二）有利于开展专项针对性教学

在大学足球教学中，教练员可以通过足球游戏模拟真实比赛情景，从而有针对性地训练学生的特定技能。例如，通过设置不同的游戏规则和目标，教练员可以专门训练学生的射门技巧、控球能力或防守策略。这种方法比传统的技术训练更具吸引力，因为它在保持趣味性的同时，能够让学生在类似实战的环境中练习和提高特定技能。此外，足球游戏还能够帮助学生更好地理解和应用足球战术。通过参与游戏，学生能够在实践中学习战术，并在做游戏的过程中不断尝试和调整，从而更深刻地理解战术的运用和效果。这种实践学习方式对于学生掌握复杂的足球战术具有重要的意义。

（三）有利于培养学生的规则意识

在足球教学中，通过足球游戏，学生可以在实践中直接体验和应用足球规则。与传统的课堂讲授相比，这种互动式学习让学生在真实的比赛环境中学习规则，从而更容易理解规则的应用和重要性。例如，在游戏中，当学生犯规或违反比赛规则时，他们会立即接收到相应的反馈，如犯规的判罚。这种直接体验有助于学生更加清晰地认识到遵守规则的必要性。在游戏中，所有参与者都必须遵循相同的规则，这能够教育学生在竞技体育中遵守规则。通过这种方式，学生可以学会尊重规则背后的体育精神。另外，足球游戏的多样性和可调整性允许教练根据教学目标设置不同的规则，学生则能够在不同的环境中学习和适应各种规则。这种灵活性使学习过程更加丰富和有趣，帮助学生提高了适应不同规则的能力，这对于他们未来参与更高级别的足球比赛非常重要。

二、足球教学中足球游戏的主要类型

（一）热身类足球游戏

热身类足球游戏是指在足球训练或比赛前进行的一系列游戏活动，其主要目的是让球员的身体逐渐进入比赛或训练的状态。这类游戏通常包括轻松有趣的活动，如带球跑、小范围的传接球练习，旨在提升球员的体温、肌肉灵活性、运动神经的反应速度以及身体的供氧能力。通过这类游戏，球员可以有效地预热身体，降低运动中受伤的风险，同时提升运动表现。足球是一项对抗性和竞技性都很强的运动，因此良好的热身对于预防受伤和提升运动效率至关重要。趣味性和多样化的热身游戏，不仅能够激发学生对足球运动的兴趣，还能有效地提高他们的身体协调能力和反应速度。

（二）技术类足球游戏

技术类足球游戏，如传球、接球、射门、运球、控球等，旨在提高球员的基本足球技能。教练员可以通过模拟比赛的小型游戏或特定技能挑战的形式，让球员在实际操作中练习和提高这些技能。这类游戏的目的是通过有趣的方式让球员重复练习技术动作，从而使球员加深对技术的理解和掌握。例如，小型的对抗赛、技术障碍赛和技能挑战游戏等都属于这一类。在足球技术教学过程中，技术类的足球游戏可以使传统的技术训练和理论讲解变得更加生动有趣，从而能够激发学生的参与热情。

这类游戏着重于练习基本的足球技巧，如传球、运球、射门和防守等，同时通过游戏的形式使技术训练更加贴近实战，提高课堂教学的效果，促进学生的身心健康发展。

（三）战术类足球游戏

战术类足球游戏有助于培养球员的战术理解和执行能力。这类游戏设计用来教授球员在特定比赛情景中如何使用团队战术和策略，如进攻组织、防守布置、转换球权时的快速反应等。通过这类游戏，球员能够在模拟的比赛环境中学习如何根据战术指导进行位置调整、队形变化和战术执行。战术类游戏不仅有助于提高球员的战术意识，还能够帮助他们了解如何在团队中有效地沟通和协作。足球战术具有一定的抽象性，与传统的足球技术不同，通过战术类游戏，可以使战术教学更加形象化和实用化，并显著提高课堂教学的趣味性和实效性。例如，模拟特定攻防场景的小型比赛或团队战术演练都是战术类游戏的典型。这类游戏通常模拟实际比赛中的战术布局和场景，让学生在游戏中学习如何在不同的比赛情况下应用战术，以此提高他们的战术应变能力。

三、足球游戏在足球教学中的应用策略

（一）优化课堂准备环境的游戏应用

在足球教学过程中，教师可以借助足球游戏开展准备工作，鼓励学生在轻松的氛围中进行足球技能的练习，如传球、接球和抢球等，进而提高足球准备活动的效果。通过创造性地设计足球游戏，教师可以将传统的热身和技术练习变得更加生动和有趣。例如，在"传球达人"游戏中，教师可以让学生围成圆圈进行传球练习，同时加入抢球的元素来增加游戏的挑战性和互动性。此外，通过采用蛇形跑、螺旋跑、猴子抢球等多样化的足球游戏，教师可以根据学生的身心特点设计不同的准备活

动，增强他们的协调性、敏捷性和反应能力。这种多样化的足球游戏活动还能够营造一种积极、愉悦的课堂学习氛围，从而提高学生的足球运动能力和学习效果。

（二）优化足球技术教学中的游戏活动

在大学足球教学中，教练员可以通过足球游戏进行课堂教学，不断优化足球游戏的教学方法，实现更高效的教学目标。例如，在教授头部触球技术时，教师可以根据学生的足球技能水平，将他们分成不同的小组进行训练。每个小组可以参与不同的游戏活动，如顶推足球游戏或头传球游戏，这些游戏旨在增加头部触球的练习机会，从而提高学生的相关技能。通过这样的分组和游戏安排，教师能够更加精准地针对学生的技能水平进行教学，确保每个学生都能在适合自己水平的游戏中得到有效训练。另外，在教授触球技术时，教师可以设计"传球比快"等游戏活动。在这类游戏中，学生可以按照规定的时间进行传球练习，目标是在规定时间内完成最多的传球次数。这种游戏有助于增加课堂的趣味性，提高学生的参与度和学习动力。根据学生的足球技术水平，教师可以适当调整游戏难度，以确保每个学生的技术都能在挑战中获得提升。

（三）加强战术训练课程中足球游戏的应用

在高校足球教学中，战术是重要的教学内容。在足球比赛中，采取有效的战术可以为比赛胜利奠定基础。足球战术知识内容比较抽象，如果单纯地对学生进行战术理论讲解，学生会比较难以理解和接受。因此，教师需要有效利用足球战术游戏，加强对学生足球战术素养的培养，加深学生对战术知识的理解和应用。例如，教师可以通过组织学生开展人盯人、攻堡垒、三对三以及二过一等有效活动来进行足球战术训练。通过这样的游戏活动，既可以增强战术课堂教学的趣味性，为学生营造良好的课堂环境，又可以提高学生的身体对抗性和协调性，加深学生对战术知识要点的理解。例如,在攻堡垒的足球游戏中,教师结合实战培养学生的战略战术能力和谋划能力,既让学生体会到了战略战术的内涵和重要性,又培养了学生的团队合作精神。

第二节 组合训练法在足球训练中的应用

一、组合训练法的基本内涵与形式

组合训练法,就是在训练中将多种不同的练习手段进行有机组合的训练方法。[1] 实施组合训练法,常常需要将学生组织成固定的小组,并要求他们根据训练指导相互协作进行训练。这种方法的特点在于,它强调多人共同参与的训练模式,而不是常规的个人训练。在这种训练方式中,学生不是单独进行训练,而是作为固定小组的一部分,通过团队合作来完成训练任务。这与传统的单人训练,即学生独自进行技能或体能训练的方式形成了鲜明对比。通过组合训练,学生能够在团队协作的过程中学习和提升,因此,这种方法有助于增强学生的团队精神和合作能力,同时能提高训练的效率和趣味性。

组合训练法在体育教学中以其多样性和有效性受到广泛应用,尤其是在团队运动训练,如足球、篮球等领域。这种训练方法能够针对不同的训练目标,采用多种形式,其中较为常见的主要包括以下几种(图7-1):

---

[1] 华庭福.高校足球教学应用组合训练法的策略探索[J].成才之路,2021(27):30-31.

组内对抗训练　　　　　组内配合训练

组合间对抗或配合训练

图 7-1　组合训练法的常见形式

（一）组内对抗训练

组内对抗训练主要是在同一小组内部进行攻守对抗。教师根据训练目标制定对抗项目，如控球、防守等，然后让小组成员在组内分成攻守两方，进行实战演练。这种形式能够提高学生在实际比赛中的应对能力，促进小组内成员间的沟通和协作，进而提高团队合作的效率。

（二）组内配合训练

组内配合训练主要是小组内部的技术配合。例如，在射门练习中，一名学生负责传球，另一名学生负责射门，之后两人交换角色。这种训练形式能够提高学生的技术技能，如传球的准确性和射门的技巧，也能够增强小组成员间的默契和团队意识。

（三）组合间对抗或配合训练

在这种形式中，每个小组都会与其他小组进行对抗或者配合练习。这不仅要求学生在小组内部进行有效的沟通和协作，还要求学生考虑如何在更大范围的团队中发挥作用。这种形式对于提升学生的战术理解、空间意识和团队战略规划能力具有良好的效果。

二、组合训练法在足球训练中的应用价值

（一）有助于促进学生的团队合作

组合训练法往往涉及多种训练活动，如技术练习、战术演练和体能训练等。在这些活动中，球员需要与其他队员一起合作。例如，当进行攻守演练时，球员需要相互配合，共同实施战术计划。这有助于锻炼他们的个人技能，培养他们的团队责任感。通过这样的练习，球员能够学会如何在场上更有效地与队友沟通和协作。此外，组合训练法中的小组对抗赛或团队挑战项目，能够增强球员之间的默契和团队凝聚力。在这些训练活动中，球员必须共同努力才能达成共同目标，如赢得一场小型比赛或完成一项团队挑战。这种共同努力的经历有助于加强他们之间的信任，建立起更紧密的团队关系。因此，在足球训练中应用组合训练法，有助于促进团队合作。

（二）有助于提升学生的身心素质

组合训练法通常包括力量、速度、耐力和灵活性等多方面的体能训练。通过这些多样化的体能练习，学生能够全面提高自己的体能水平，如增强肌肉力量、提升速度和反应能力、增强耐力和提高身体的灵活性等。这些身体素质的提高不仅有助于学生在足球场上的表现，还能增强他们的体质。组合训练法还有助于增强学生对足球技术和战术的理解。通过综合技术练习和战术演练，学生能够在实践中学习和掌握足球的基本技能，如控球、传球、射门和防守等，同时能够更好地理解和执行足球战术。这种技术和战术训练的结合有助于提升学生的足球技能以及战略思维和比赛洞察能力。从心理层面上看，组合训练法有助于提高学生的心理承受能力。面对训练和比赛中的挑战，学生能够学习如何有效地应对压力，增强心理韧性和逆境应对能力。

（三）有助于提升学生的技战术能力

在足球教学中应用组合训练法，学生能够重复练习控球、传球、射门、防守等基本技能，并通过各种游戏和模拟比赛的形式，将这些技能应用于更加贴近实战的场景中。通过这种综合实践的训练方式，学生能在提升个人技术的同时更好地理解技术在实际比赛中的应用。另外，通过团队对抗赛、战术模拟演练等方式，学生也能够学习和练习各种足球战术。综合训练法可以帮助学生理解战术的理论基础，并使学生在实际比赛情景中练习如何根据战术要求做出反应和调整。这种训练方式有助于提升学生的战术规划和执行能力，以及增强他们的比赛洞察力和决策能力。因此，在足球训练中应用组合训练法，能够有效提升足球运动员的个人技战术水平和整体表现。

三、组合训练法在足球训练中的应用策略

（一）组合体能训练

1. 结合"球训"组织学生参与体能训练

在足球训练中，可以结合"球训"组织学生进行体能训练，这样的方法有助于提升学生的体能素质，并培养他们的球感。足球是运动员训练的基本工具，在体能训练中运用足球来组织各种训练活动，能够有效提升学生的球技和对比赛的理解。

不同于传统的跑步等形式，组合体能训练模式是通过带球跑这样的活动，将球技训练与体能训练结合起来。例如，教师可以组织学生进行带球快跑练习，以提升学生的耐力素质和速度素质，增强他们的控球能力和对比赛节奏的感知能力。在这种训练中，学生需要在快速移动的同时控制球，这对他们的协调性、集中力和反应速度是一种挑战。对此，学生可以两人一组进行带球快跑，每隔一定距离进行一次传球，这样的

第七章　足球运动教学与训练质量的提升

练习方式增加了训练的趣味性，可以有效提高学生的传球精准度和接球能力。

2.高度重视力量训练

在足球训练中，力量训练的重要性不容忽视。足球运动员的力量素质直接影响着他们的对抗能力和专项技术的发展，决定着他们专项技术动作的速度。因此，在体能训练过程中，教练员应特别关注力量训练的实施。在现代足球竞技中，运动员在进攻和防守过程中经常会产生身体的接触和拼抢，这就对他们的力量素质提出了更高的要求。因此，在体能训练中应用组合训练法时，应将力量训练与快速训练结合起来，以保证运动员能够迅速发挥出较强的力量，从而有效执行足球运动中的各项技术动作。有效结合力量训练和快速训练，将为学生掌握足球运动中的其他相关技能提供坚实的基础。

（二）组合技术训练

在足球运动中，足球运动员的技术熟练程度直接影响着其比赛中的表现和最终成绩。因此，足球训练必须重视技术训练，要有效地提升学生的足球技术，训练计划必须遵循足球的运动规律，并充分考虑学生的个人情况。教练员在制订训练计划时，应该从基础开始，逐步提高难度，并强调反复练习，以加深学生对足球技术的理解和掌握。在技术训练中，创新也是提升训练效果的关键因素，因此教师应在激发学生的足球运动兴趣的同时培养他们的创新思维。这意味着教师应采用更科学、有效的训练内容和方法。例如，运用模拟比赛和实战训练能够提高训练的实用性和真实性，帮助学生在类似真实比赛的环境中练习和应用所学技术。这种训练方式不仅能够提高学生的足球技术水平，还能增强他们在比赛中的应对能力和对战术的理解。

足球技术的组合训练应该按照逐步增加难度和速度的原则来进行，从较简单和缓慢的动作开始，逐渐过渡到更复杂和快速的技术动作。这可以通过采用三站循环练习的方式来进行，每站之间设置 8 米的距离，在训练场地上，布置 10 个标志杆，每两个标志杆之间保持 1 米的间隔。在训练方法和内容方面，学生需要进行跑动练习，绕过最后一个标志杆后返回起点。在这个过程中，两名学生应保持 5 到 10 米的距离，边跑动边进行传球和接球练习。这种练习模式有助于锻炼球员的跑动和控球技术，并提高他们的传接球技巧和协调能力。

（三）组合战术训练

在足球战术训练中，运用组合训练法能够有效提升学生的实战能力。而要使学生具备更强的实战水平，关键在于让他们深入掌握各种战术。因此，教师需要将组合训练法应用于战术训练中，通过实施"一对一战术""二过一战术""三对二战术"等不同形式的训练，帮助学生提高对战术的理解和应用能力。在进行"一对一战术"训练时，教师可以将学生分成两人一组，使学生在规定的足球场地内进行单对单的对抗训练。训练场地可以设置在中路或边路，目标是让一方将球带到对方的底线以取得胜利。完成一轮后，攻守双方进行互换，以此来增强对抗性和足球技术的实际运用。在"二过一战术"训练中，教师可以组织三人小组，使学生在设定的足球场地上练习如直传斜插和斜传直插等战术动作。一轮训练结束后，组内成员交换攻守角色，以便学生更全面地理解和练习战术动作。在"三对二战术"训练中，教师可以将学生分成五人小组，在更大的足球场地上进行攻防练习。当进攻方的球出界或越过底线后，攻守双方需要交换角色，这样的训练有助于学生更好地理解和实践攻防转换的战术。通过这种"一对一战术＋二过一战术＋三对二战术"的组合训练模式，教师能够有效强化战术训练的实际效果。

第三节 "以赛代练"在足球教学中的应用

一、"以赛代练"的内涵

以赛代练教学模式是指利用竞赛代替训练的教学模式。[1] "以赛代练"是通过模拟比赛或实际比赛来进行技术、战术和体能的训练。这种方法强调在比赛情景下的实战练习，旨在让球员在与真实比赛类似的环境中学习和提升。"以赛代练"强调比赛的实用性和紧张感，因为这样能更好地模拟比赛中的各种情况，如对抗、战术应用、心理压力等。在这种训练方式中，教练员可以根据训练的需求设定特定的比赛场景，如进攻演练、防守反击、定位球战术等，让球员在实际比赛条件下练习技术和战术动作。"以赛代练"还能有效提升球员的竞技心理以及团队合作和比赛意识。在比赛模式的训练中，球员需要适应比赛的节奏，做出快速判断和反应，这对于提高他们的比赛实战能力非常有帮助。"以赛代练"以终身教育和健康第一为教学理念，以培养高质量人才为目标，它是体育教学改革深化的重要支撑，通过实战训练，有助于提高学生的足球技能，培养他们的团队精神、竞技态度和应对压力的能力。

二、"以赛代练"在足球教学中的应用意义

（一）提升学生的实战能力

"以赛代练"模式通过模拟真实比赛的环境，使学生能够在与比赛类似的条件下应用所学技能。这种教学方法使学生能够直接面对比赛中可

---

[1] 欧雪琴，潘锋.以赛代练教学模式提高中学生足球运球能力研究[J].考试周刊，2019（A3）：120-121.

能遇到的各种情况，如对抗、战术执行、团队协作等，从而有效提升他们的实战技能和比赛经验。

当学生在"以赛代练"的环境中训练时，他们面临着与实际比赛相似的压力和挑战，包括技术技能的运用，如传球、控球、射门等，还包括战术决策的快速制定和执行，如如何根据比赛情况调整战术、如何与队友有效配合等。在这样的训练中，学生需要实时做出决策并对比赛情况做出反应，这样的经历有助于提高他们的应变能力和决策能力。此外，"以赛代练"还使学生能够在接近实战的环境中体验比赛的紧张感和竞争压力，这对于培养他们的心理承受能力和竞技心态非常重要。通过这种方式，学生可以学习如何在比赛中保持冷静、集中精力，并在压力下保持最佳表现。在比赛中，学生需要与队友密切合作，共同应对对手的挑战。这种合作和沟通训练有助于增强学生的团队精神，提高他们在实际比赛中的团队协作能力。

（二）提高足球教学趣味性

在足球教学中应用"以赛代练"，通过引入比赛元素，创造一种充满活力和竞争的学习氛围，能够激发学生的学习热情和兴趣。

传统的足球训练通常侧重于技术动作的重复练习，这虽然对技能提升有益，但有时可能会显得枯燥乏味。相比之下，"以赛代练"将学习和比赛融为一体，让学生在参与比赛的同时学习和练习足球技能。这种方法使学习过程变得更加生动和有趣，学生不仅学习了足球技能，还体验了比赛的刺激和乐趣。在"以赛代练"的环境中，学生能够体验到比赛的紧迫感，他们需要在有限的时间内做出快速反应，与队友协作，对抗对手。这种真实比赛情景的模拟能够增加训练的挑战性和学生参与的乐趣。学生在比赛中的直接参与和体验使足球学习变得更加吸引人，远比单纯的技术演练更能激发他们的兴趣。此外，"以赛代练"通过不断变换比赛情景和规则，提供了丰富多样的学习体验。教师可以根据学生的水平和学习需要，设计不同类型的比赛和挑战，如小范围比赛、技术挑战赛或战术应用比赛。这种多样性不仅能够使学生全面提升足球技能，还能使足球学习过程变得更加多元和有趣。

（三）增强学生的心理素质

"以赛代练"可以提供一个类似真实比赛的环境，学生必须面对与正式比赛相似的情景和压力。在这种环境下，学生需要学会如何管理自己的情绪，学会如何在紧张的比赛中保持冷静和专注，以应对来自比赛的压力。这些技能在足球比赛中至关重要，但在普通训练中很难获得。通过"以赛代练"，学生能够在安全的训练环境中逐渐适应比赛的压力，并学习如何在面对压力时做出有效的决策和反应。在比赛情景的训练中，学生会经历从落后到追赶、从失误到挽回的过程，这些体验有助于他们建立起面对困难和逆境的坚韧心态。学生学会如何在比赛中应对失败和挑战，如何从错误中吸取教训并迅速恢复，这些都是足球运动员在长期运动生涯中必备的心理素质。足球是一项团队运动，学生需要在比赛中与队友有效沟通，共同制定和执行战术。在这个过程中，学生学习如何在团队中建立信任，如何在紧张的比赛中支持彼此。这种团队中的社交互动和合作有助于提高学生的社交技能和团队合作能力。因此，在足球教学中应用"以赛代练"，能够有效地增强学生的心理素质，包括应对压力的能力、心理韧性、团队合作能力和社交技能等。这些心理素质的提升对于学生在足球运动甚至是未来生活中具有重要意义。

三、"以赛代练"在足球教学中的应用策略

（一）模拟比赛情景

在足球教学中应用"以赛代练"，需要教练细致地设置模拟比赛的各个方面，包括场地设置、规则遵循、比赛氛围的营造和针对性训练内容

的设计。在场地设置方面，教师需要根据真实比赛的标准来布置训练场地，如提供标准大小的足球场、正确布置球门和明确边界线。教师还可以通过设置障碍物和标记来模拟特定的比赛情景，如用圆锥标出防守球员的位置，以练习进攻策略等。为了更好地模拟比赛，应严格遵循足球比赛的规则。在模拟比赛中，所有的足球规则都应当被执行，包括越位、犯规、角球、任意球等。这样的做法有助于学生在遵守规则的前提下练习和提升技能，同时增强他们对比赛规则的理解和适应能力。营造比赛氛围也是模拟比赛情景的重要方面。教师可以通过模拟比赛前的热身、球队会议、战术布置等环节来营造紧张而正式的比赛氛围。在模拟比赛中，教师扮演裁判的角色，对比赛进行控制和指导，学生则像在正式比赛中一样进行比赛。这种氛围的营造有助于提高学生的专注度和投入感，使他们更加认真地对待每一次模拟比赛。在模拟比赛的内容设计上，教师需要根据学生的技能水平和训练目标来安排不同的比赛情景。例如，教师可以设置一些特定的战术目标，如突破防守、高效传球、控球技巧等，让学生在模拟比赛中针对这些目标进行练习。教师还可以通过变换比赛策略或调整队形来提供不同的训练挑战，这样学生可以在多样化的比赛情景中练习并提升自己的足球技能。

（二）实施分组竞赛

在足球教学中应用"以赛代练"，需要根据学生的技能水平、体能状况和足球理解能力进行合理分组。这一步骤至关重要，因为分组可以确保比赛的公平和激烈程度，同时促使每位学生都能在比赛中得到挑战和成长。教师可以根据学生的表现和进步对小组进行动态调整，以维持组间的竞争平衡。在分组竞赛中，教师应设计多种比赛形式和场景，以覆盖足球训练的各个方面。这些比赛可以是小范围的对抗赛，如五对五或七对七的比赛，也可以是专门针对某一技术或战术的练习，如进攻演练、防守策略或定位球练习。通过这种多样化的比赛安排，学生能够在不同的比赛环境中练习和应用所学技能，从而全面提升足球技术和战术理解能力。在分组竞赛的过程中，教师的角色不仅应是比赛的裁判，还应是指导者和观察者。教师需要在比赛中观察学生的表现，及时给予学生指导和反馈，帮助学生改进技术动作和战术执行。此外，教师还应鼓励学生在比赛中进行自主决策，以提高他们的比赛智慧和团队协作能力。为了确保分组竞赛的有效性和安全性，教师还需要在比赛前对学生进行足够的热身和技术指导，确保学生在比赛中遵守规则，避免受伤。教师还应注重培养学生的体育道德和精神，如尊重对手、团队合作和公平竞争。

（三）反馈与分析

在应用"以赛代练"进行足球教学的过程中，进行反馈与分析，可以帮助学生理解和消化在比赛中的表现，促进他们在技术、战术和心理素质等各个方面实现提升。反馈与分析的过程允许学生和教师共同探讨比赛中的行为，理解其背后的原因，从而为未来的训练和比赛制定更有效的策略。

反馈与分析的过程通常在模拟比赛或实际比赛之后进行。教师可以与学生一起回顾比赛的录像，这能使分析过程更加直观和具体。通过观看比赛录像，学生能够从第三方视角观察自己和队友在比赛中的表现，包括技术动作的正确性、战术的执行情况以及比赛中的决策过程。在反馈过程中，教师应指出学生在比赛中的亮点和需要改进的地方。对于表现良好的动作或决策，教师需给予肯定和鼓励，强调其对比赛的积极影响。对于存在问题的部分，教师应提供具体、有建设性的建议和指导。例如，如果一个学生在防守时位置选择不当，教师可以详细解释正确的位置选择方法和原因。反馈与分析过程还应包括学生的自我评价。教师可以鼓励学生分享他们自己对比赛的看法，讨论他们在比赛中的感受和思考。这种自我评价过程有助于学生发展批判性思维，提升自我反思能力，同时能促进教师对学生需求和想法的了解。通过系统的反馈与分析，学生不仅能够深入理解比赛中的表现和结果，还能够在技术、战术和心理层面得到全面的提升。这种以数据和事实为基础的反馈方式，使学生能够更加清晰地认识到自己的优势和不足，为未来的训练和比赛奠定坚实的基础。

参考文献

[1] 西安交通大学体育中心. 大学体育与体质健康 [M]. 西安：西安交通大学出版社，2020.

[2] 田麦久，刘大庆. 运动训练学 [M]. 北京：人民体育出版社，2012.

[3] 汤信明. 足球运动教学与训练 [M]. 武汉：华中科技大学出版社，2012.

[4] 吴超. 足球运动科学训练研究 [M]. 长春：吉林人民出版社，2021.

[5] 殷晓辉. 足球训练技巧与教学实践 [M]. 天津：天津科学技术出版社，2019.

[6] 文玉超，蔡正杰，沈寅豪. 高校足球理论教学与实践训练 [M]. 北京：研究出版社，2020.

[7] 王薇，黄德彬，轩志刚. 球类项目教学与运动训练 [M]. 长春：吉林人民出版社，2021.

[8] 刘涛. 足球理论与实践 [M]. 北京：北京体育大学出版社，2009.

[9] 张慧斌. 实用体能训练理论与方法 [M]. 北京：中国轻工业出版社，2010.

[10] 胡鸿瑞. 大学生足球运动身体素质训练方法的研究 [J]. 健与美，2023（11）：118-120.

[11] 聂柏其. 游戏教学法在高校足球教学中的应用 [J]. 产业与科技论坛，2023，22（15）：200-201.

[12] 骆秉全，王坤.我国体育教育指导思想的历史演变及特征研究 [J].西安体育学院学报，2023，40（3）：264-271.

[13] 熊文.学校体育"健康第一"理念的溯源、误区及再定位 [J].体育教学，2023，43（4）：4-7.

[14] 孙文，杨柳，袁昌国.组合训练法在高校足球训练中的应用研究 [J].体育视野，2023（7）：119-121.

[15] 杨杰.基于组合训练法的高校足球教学优化研究 [J].健与美，2022（7）：135-137.

[16] 连殿冬.高校校园足球训练中足球意识培养探析 [J].武术研究，2022，7（5）：125-126，130.

[17] 王欢.高校足球教学中组合训练法的应用 [J].田径，2022（5）：32-34.

[18] 刘晓梅，秦安娜，张诗雨."以赛代练赛练结合"：体育教学新思路探析 [J].青少年体育，2021（11）：79-80.

[19] 华庭福.高校足球教学应用组合训练法的策略探索 [J].成才之路，2021（27）：30-31.

[20] 叶松，汪婕.将足球游戏引入高校足球教学的必要性及实施策略研究 [J].文体用品与科技，2021（15）：129-130.

[21] 冯志钢.足球游戏在高校足球课中的应用 [J].文体用品与科技，2021（5）：162-163.

[22] 姜虎.提升高校足球运动员球感的常用方法研究 [J].体育风尚，2020（8）：121，123.

[23] 崔志英，张劲松.青少年足球运动员战术意识的培养策略 [J].体育风尚，2020（8）：223，225.

[24] 李敬凯.高校足球教学训练中学生战术意识的养成 [J].科技风，2020（8）：74.

[25] 欧雪琴，潘锋.以赛代练教学模式提高中学生足球运球能力研究 [J].考试周刊，2019（A3）：120-121.

[26] 郑剑锋. 高职足球教学中学生团队精神的培养 [J]. 体育风尚，2018（12）：179.

[27] 戴成梁，孟凡良，温育，等. 体育足球教学中的球感训练方法研究 [J]. 时代教育，2018（13）：144.

[28] 沈煜，严春梅. 谈足球教学中球感对基本技术的作用 [J]. 青春岁月，2015（11）：151.

[29] 马霞. 青少年足球团队精神的培养 [J]. 新教育，2014（10）：69-70.

[30] 张文漪. 对足球运动团队精神的研究 [J]. 体育科技文献通报，2013，21（7）：48-50.

[31] 张细谦. 新世纪我国基础教育体育课程改革的价值选择 [J]. 体育学刊，2013，20（2）：49-53.

[32] 王居海. 足球运动员个性和团队精神的培养 [J]. 青年文学家，2012（11）：194.

[33] 汤景瑞. 小议足球运动中团队精神的培养 [J]. 黑龙江科技信息，2011（23）：176.

[34] 吴楠，陶澜. 足球运动员心理训练分析 [J]. 学周刊，2011（8）：5.

[35] 黄明，邹娟花. 对现代足球运动特征的新诠释 [J]. 体育世界（学术版），2010（5）：97-99.

[36] 李飞. 对高校体育教学模式中"以赛代练"的应用探讨 [J]. 体育科技文献通报，2009，17（7）：80-81.

[37] 李俊，张云飞. 对影响足球运动员球感因素的研究 [J]. 哈尔滨体育学院学报，2007（3）：92-94.

[38] 耿建华，马成全. 足球战术意识的特点及分类 [J]. 北京体育大学学报，2004（8）：1151-1153.

[39] 田麦久. 运动训练周期的宏观设计 [J]. 福建体育科技，1993（2）：1-22，60.

[40] 田麦久. 关于运动训练过程的系统研究 [J]. 体育科学，1988（2）：21-26，94.

[41] 薛伟. 浅析足球游戏在足球教学中的合理运用 [J]. 井冈山医专学报，2007（4）：79-80.

[42] 王苑. 论高校足球运动训练中的体能训练 [J]. 田径，2022（5）：34-35.

[43] 吴家荣，程公，邹延宁. 对我国足球技术分类理论的梳理和评判 [J]. 沈阳体育学院学报，2008（1）：110-112，120.

[44] 李静. 对足球技术概念的新界定及其理论探索 [J]. 成都体育学院学报，2008（6）：56-59.

[45] 汤夏. 足球教学训练中常见运动损伤的致因分析与预防对策 [J]. 当代体育科技，2019，9（12）：23-24.

[46] 汪玉华. "比赛教学法"在普通高校足球教学中的应用效果研究 [D]. 武汉：武汉体育学院，2023.

[47] 水祎舟. 足球运动专项体能训练设计理论与实证 [D]. 北京：北京体育大学，2016.

[48] 郭潇. 青少年足球战术训练设计理论研究 [D]. 北京：北京体育大学，2011.

[49] 何盛. 我国大学生足球运动系统发展之研究：素质教育与大学生足球运动的变革 [D]. 成都：四川大学，2003.